Caspar Goldwurm, Hans Weiditz

Kirchen Kalender aus dem Jahr 1564

Caspar Goldwurm, Hans Weiditz

Kirchen Kalender aus dem Jahr 1564

ISBN/EAN: 9783743304239

Hergestellt in Europa, USA, Kanada, Australien, Japan

Cover: Foto ©ninafisch / pixelio.de

Manufactured and distributed by brebook publishing software (www.brebook.com)

Caspar Goldwurm, Hans Weiditz

Kirchen Kalender aus dem Jahr 1564

Kirchen Ca-
lender. Jn welchem nach

Ordnung gemeyner Allmanach/ die
Monat/ Tag/ vnd fürnembsten Fest
des gantzen Jars/ mit jrem gebrauch/ Auch
der Heyligen Apostel/ vnd Christlichen Bi
schoff/ Lerer/ vnd Martyrer/ Glaub/ Le
ben/ vnd bestendige bekandtnuß (welches
sie mit jhrem eygnen blůt vnnd sterben be=
stettiget haben) Kürtzlich verfasset/ vnd mit
vilen schönen Figurn/ vber vorige E=
dition/ gezieret vnnd gemehret.
Allen Christen sehr tröst=
lich vnnd nützlich
zuwissen.

✱

Caspar Goldtwurm
Athesinus.

Getruckt zu Franckfurt am Meyn/
Bei Christian Egenolffs Erben.
✱ 1 5 6 4. ✱

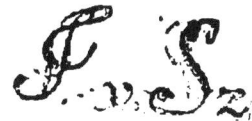

※ I. C. A.

☞ Hic miranda patres docti, iuuenesq; uidebunt,
Quæ non sunt alio sic patefacta libro.
Res hominum gestas & clara exempla piorum:
Nam uelut in tabula, candide Lector, habes.

Dem Wolgebornen Gra
uen vnnd Herrn/ Herrn Reinharten
von Iſenburg/ Grauen zu Bü-
dingen/ ꝛc. meinem gnedi-
gen Herrn/

Gottes Gnad vnd Frid durch ſeinen
eingebornen geliebten Son/vn-
ſern Heylandt vnd Selig-
macher Jeſum Chri-
ſtum.

WOLgeborner Graue/Gnä
diger Herr/ Ich habe vor
kurtz verſchienen Jaren/
ein Hiſtoriſch Calendarium/ darinne
allerley merckliche hiſtorien/ ſo ſich vff
ieylichen beſonderen tag zůgetragen/
verfaſſet ſein/im Truck laſſen außge-
hen/ Dieweil aber nicht allein ſoliche
weltliche hiſtorien/ ſo von groſſen Für
ſten vnd Herrn beſchrieben/ luſtig vnd
nützlich ſein zuleſen/ Sonder es ſeind
auch allen Chriſtlichẽ ſtendẽ zu Chriſt

A ij

licher vnderweisung/ vnd sterckung vnsers Christlichen glaubens/ nöttig zuwissen/ die warhafftigen vnd gegründten historien der lieben Heiligen Gottes/ vnd der Christlichen Ritter/ welche vmb wares erkandtnuß vnd freies offentlichen bekandtnuß willen Jesu Christi/ vnnd seines heiligen worts/ jhr gůt vnd blůt dargestreckt vnd vergossen haben/ Derhalben hab ich für nützlich vnnd gůt angesehen/ auch ein Geystlich/ Christlich vnd KirchenCalender hiemit zustellen vnd zuuerfertigen/ in welchem ich auffs kürtzest/ der Heiligen Apostel/ vnnd derselbigen Jünger/ auch anderer Christlichen lerer vnd vorsteher der Christlichen Kirchen/ glauben/ bekandtnuß/ vnd in solcher jhr bestendigkeyt/ beschrieben/ wie derselben H. Apostel/ vnd anderer bewerten Martyrer Namen/ in gemeinē Calendern/ so mann an die wend hencket/ oder sonst gebraucht/ verfaßt sein.
Wo

Vorrede.

Wo aber etwa einer darunder gefunden/ der in keiner warhafftigen histori seins glaubens vnd bekandtnuß gewiß zeugknuß hat/ hab ich andere/ so von alten vnd newlichen zeiten gelebt/ vnnd jhr leben/ glaub vnd bekandtnuß warhafftig beschrieben sein/ an die statt gesetzt/ vnd jhren standt vnd wesen auffs kürtzest verzeychnet. Es hat aber nicht allein mich als den geringsten/ vnd vnwirdigsten/ sonder auch vor alten vnd jetzigen zeiten vil Gottselige vnd gelerte menner/ solcher Historien offt vnnd vil in gemeinen offentlichen Predigen zugedencken/ vnnd die zuhörenden zu gleicher erkandtnuß/ vnnd bestendigen bekandtnuß Jesu Christi zuuermanen/ vñ durch offentliche gewisse schrifften vnd zeugknuß/ die lieben Heyligen als zu einem fürbildt denselbigen nach zufolgen/ fürzustellen/ bewegt vnd verursacht/ die grosse Tyrannei des arglistigen vnd bösen Satans/ welcher bald

A iij

inn der angehenden Kirchen/ die war-
hafftigen Historias vonn den waren
Christlichen heiligen männern Got-
tes/ zuuerleschen/ vnnd zudempffen/
durch seine arglistigkeit vnd Tyrannei
vnderstanden hat/ also daß wenig wa-
re Historien/ dann was in der Apostel
geschicht von S. Luca/ vnnd nachfol-
genda in der Kirchenhistori/ so von Eu
sebio/ vnd andern geschrieben/ vberblie
ben vnd vff vnsere zeit/ doch auch (was
Eusebij vnd anderer so die Kirchenhi-
stori geschrieben) nicht gantz inn allen
glaublich/ des sich der Heilig Jerony-
mus In Epistola ad Cresiphontem
beklagt/ gebracht worden sein/ welches
ich dißmal in seinem werth bleiben las
sen wil. Gleich aber wie sich der Teuf
fel in der angehnden Kirchen Christi/
mit henden vnd füssen dahin bemühet
hat/ damit ja kein warhafftige geschich
te der Heyligen Martyrer Christi zu
vnns möchten gebracht werden/ Also
hat

Vorrede.

hat er sich mit gleicher arglistigkeyt vñ Tyrannei beflissen/ vnnd dahin bearbeyt/ wie er nur vil Gottloser/fauler/ vnnd gefressiger Mönch/ vnd jres gleichen erwecken möchte / welche die Christliche Kirchen mit vnzeligen vnd grossen Büchern/ voller lügen vnd fabeln möchten beschwern/ welches dem leidigen Teuffel auch ein zeitlang gerathen/ Dann die welt mit solchen offentlichen erlogen vnd erdichten schrifften vñ lügenden dermassen beladen vñ vberschüttet worden / daß der meiste theyl wenig nach den historien der Patriarchen/ Propheten/ Könige/ Aposteln vnd anderer Heiligen/ so in Göttlichen vnd andern warhafftigen schrifften verfasset sein/ gefragt/ vnd derselbigen gedacht haben/ ja die Gottlosen leerer haben jnen dieselbigen auß den henden gerissen/ vnnd als für ärgerliche/ vnd vnzüchtige beschriebene Historias verworffen/ vnnd das arme einfeltige

A iij

Vorrede.

Völcklin allein auff jre lügenden vnd altweibische fabeln vnd merlin Prediger gewisen.

Möcht aber einer fürwerffen/ Es muß dennoch nicht alles erdicht vnnd erlogen sein/ was solche Geystliche leut mit solcher andachte/ eyfer/ fleiß vnnd saurer arbeyt/ beschrieben haben. War ist es/ in solchen werden wol etliche Legenden gefunden/ welche der warheyt gleich lauten/ jedoch ist der mehrerteyl eytel lügen vnd betrüge/ Vnnd ist wie Lucretius saget/ den auch D. Hieronymus in vorgemelter Epistel ad Ctesiphontem anzeucht/

Ac ueluti pueris absinthia tetra medentes,
Cùm dare conantur, prius oras pocula circum
Contingunt, dulci mellis flauoq́; liuore, &c.

Das ist/ Wann mann den Kinderen Wermůt oder etwas anders bitteres geben/ vnnd sie betriegen vnnd bereden

Vorrede.

reden wil das ihnen gesundt vnnd nütze sei / schmiret mann ihn zuuor das Trinckgeschirr mit Honig / vnd süssen dingen / darmit sie des bitteren gewonen vnd nicht gewar werden. Also haben die lügen Geyster den einfeltigenn erstlich das maul mit honigsüssen worten geschmiret / vnnd vnder solcher süssigkeyt eytel Gifft vnd Gall zutrincken geben / das ist / mit vergiffter vnnd verfälschter leere grewlich verderbet vnd verfüret / wie soliches (leider) noch zusehen ist / an denen Armen leuthen / welche noch in solcher finsterniß stecken vnd gefangen ligen / Gott wölle sich derselbigen Gnedigklich erbarmen / vñ sie auß solcher Finsternuß vnd dienstbarkeyt gnediglich erledigen / vnnd mit seinem heyligen wort erleuchten. Welche aber die Historien vonn den lieben Heyligen vnd Märtyrern Gottes / lesen / predigen / bedencken vnnd recht betrachten wöllen / die müssen nit allein

A v

Vorrede.

vnnd fürnemlich auff ihr eusserlich leben/ vnd wesen/ vnd was sie gessen/ getruncken/ wie sie gewachet/ gebettet/ vnnd mit was Regulierten kleydung sie bekleidet gewesen sein/ bedencken vnd betrachten/ Dann dise eusserliche werck betriegen offt/ vnd werden darauß auch nicht gründtlich rechte heilige Martyrer Gottes erkant/ dann der sein vil/ nicht vmb jres eusserlichen lebens/ sonder vil mehr vmb anderer schädlicher vrsachen/ als abgötterei/ falscher vnd verderblicher lehr vnnd jhrthumb willen verdampt/ ins elendt geschicket/ vnnd etliche getödtet worden/ Wie solches alte vnnd newe Historien bezeugen/ Derhalben muß mann nit auff oberzelte vngewisse ding/ Sonder vil mehr auff die gewißheyt Christlicher leer sehen vnd acht haben/ Das ist was sie offentlich mit vnd auß grundt Heiliger schrifft geleert/ bekandt/ vnd was sie darüber bestendigklich erlitten haben/

Vorrede.

haben/ Wie auch Apollinaris saget/ Vbi non est Christi ueritas, ibi nec Martyrñ ueritas est. Vnd so wir jrer lehr vnnd bekandtnuß gewiß sein/ sollen wir derselbigen lehr vnnd bekandtnuß als Gottes wort annemen/ vnnd demselbigen glauben/ vnnd in warem gehorsam nachfolgen. Darnach werden vns alle zeit in heiliger Göttlicher schrifft viler Heiligen mäner Gottes/ Exempla/ als zu einem fürbildt jnen in warem glauben vnd Gottseligen leben vnd bestendiger bekantnuß nachzuuolgen/ für augen gestelt/ Wie der Apostel Sanct Paulus Heb. 13. vermanet/ vnd spricht: Bedencket an ewere lehrer/ welche euch das wort Gottes gesagt haben/ welcher end schawet an/ vnd folget jhrem glauben nach/ ıc. So wir solches thün/ so beweisen wir den liebē Heiligē/ welche hertzlichs verlangen habē nach vnser seligkeyt/ vil höher ehr/ dañ wañ wir jnen groß Tempel/
Clöster/

Vorrede.

Clöster/ Clausen/ vnd andere Abgöttische/ Teufflische dienst/ auffrichten/ welche offentlich Abgötterey vnd falsche verehrung der Heyligen/ nicht allein die Schrifften der Propheten/ die Lehr Christi vnd der Aposteln/ sonder auch die lieben alten Vätter vnd Vorsteher der heiligen Christlichē kirchen/ mit grossem ernst gestraffet/ vnd verdampt/ vnd vns allein auff den einigen Mitteler vnnd Heylandt Jesum Christū gewisen haben/ Dauō vnder vil anderen der Heilig Chrysostomus in Matthæum Homil. 45. capite spricht: Quomodo fugietis ā iudicio gehennæ? Ecclesias ædificantes, nō Ecclesiasticæ ueritatis fidem tenentes? Scripturas legentes, scripturis non credentes. Prophetas & Apostolos & Martyres nominantes, non opera Martyrum imitantes, nec ueritatis confessionem sequentes,&c.

Item Augustinus, De uera Reli. cap. ult. Sancti honorandi sunt propter

pter imitationem, non propter religionem. Item, Necq̃ enim nos uidendo angelos beati sumus, sed uidendo ueritatem, qua etiam ipsos diligimus Angelos,& his cōgratulamur. Quare honoramus eos charitate, non seruitute. Nec eis templa construimus, nolunt enim sic se honorari à nobis: Qui nos ipsos, cùm boni sumus, templa summi Dei esse norunt. Rectè igitur scribitur Ioannem ab Angelis prohibitum,ne se adoraret &c. Apocal.19.

Dise vnd andere gewisse Sprüche der heiligen Vätter/ zeygen vnd leren vnns/daß wir kein Creatur auff Erden/lebendig oder todt/ja auch die Engel im Himel nicht anbeten/ sonder allein den einigen ewigen Got/den Vatter vnsers Heylandts Jhesu Christi/ sollen lernen erkennen vnnd anrüffen/ wie er sich durch seinen Lieben Sohn hat geoffenbaret/vnd vff das verdienst desselbigen Heylandts vnd Mittelers vnser vertrawen stellen vnnd setzen/
Welchs

Vorrede.

Welchs auch alle Heiligen Gottes vns zum exempel gethan vnd bewisen haben. Wir sollen auch die hohen vnd grosse wolthaten Gottes bedencken/ vnnd Gott darfür loben vnnd dancken/ so er der gantzen welt durch seine liebe Heyligen/ in dem bewisen vnnd genediglich erzeyget hat/ daß er durch dieselbigen vnd ire mündtliche predigen vnd schrifften/ in alle welt sein heiliges Göttliches wort hat lassen außbreiten/ dadurch vil Königreich/ Landt/ Stett/ vnnd allerley Völcker zu warem erkandtnuß Gottes vnd seines lieben Sohns Jesu Christi/ gebracht/ vnd allerley Gottlose lehr vnd abgötterey abgeschaffet/ vnd der ware Gottesdienst an die statt ist vffgerichtet worden/ Darüber haben die lieben Heiligen ihr leben gelassen/ zu bestetigen/ daß alles was sie geleert vnnd auffgerichtet haben/ sei Gottes wort vnd sein vnwandelbarer rath vnd wille.

vnnd

Vorrede.

Vnd wiewol der Teuffel vnnd die Tyrannen allezeit hefftig sich wider solches volck Gottes grewlich vnd mit gewalt gestelt/ vnd dasselbige vnder zutrucken vnderstanden/ Jedoch sehen wir/ wie der Allmechtig vnnd barmhertzig Gott sein Kirche/ durch seinen wunderbarlichen rath/ regirt/ vnd wider alle anfechtung des Teuffels vnd der welt beschützet vnnd erhalten hab/ Die Tyrannen vnnd verfolger aber/ hat er endlich auch zeitlich vnnd ewiglich grewlich verdampt vnd gestrafft/ deren wir hienach zum schrecken allen Tyrannen/ vnd zu trost Christlichen Kirchen/ etliche kurtze Historias/ vonn dem elenden außgang vnd grewlichen straff solcher verfolger der Christlichen Kirchen/ anziehen wöllen.

Nero Domitianus, vnder welchem nebē andern H. Aposteln vñ Jüngern Christi/ auch der Apo. S. Paul. geköpffet/ ist zuletzst toll vñ vnsiñig wordē/
vnd

vnd von den Wolffen im wilden walt
jämerlich zerrissen. Etlich wöllen er
hab sich selbs/ durch solche vnsinnigkeit
beweget/ vmbbracht/ Im 30 jar seines
alters/ vnd 14 jar seiner Regierung.

Domitianus, der ander verfolger
der Christen/ ist von seinen eignen die
nern in seiner Schlaffkamer erstoch=
en/ vnnd sein leib von den Fledermeu=
sen vnnd anderm Vngezifer zurissen
vnd zum theyl gefressen/ daß sein leib
mit stücken ist hinweg getragen vnnd
begraben worden/ Im 35 jar seines al
ters/ im 15 jar seiner Regierung/ Da=
uon Orosl. lib. 7. cap. 12.

Traianus, der Dritte verfolger der
Christen / welcher wiewol er durch
Plinÿ Secundi warnungs Schrifftē/
von seiner Tyrannei wider die Chri=
sten abgewisen worden/ jedoch wolt
Gott seine vorige Tyrannei nicht vn=
gestrafft lassen/ dann er ist am Bauch
fluß gestorben. Etliche wöllen jhm sei
mit

mit gifft von den seinen vergeben worden.

M. Aurelius Antoninus Verus. der vierdte verfolger der Christen / ist auch sampt vil tausent Menschen gestrafft worden / dann inn der höchsten verfolgung der Christen/ fiel so ein erschrecklich Pestilentz/ vñ ander kranckheyten ein/ daß in Italia etliche Lande/ Stett vnnd Flecken/ gantz außgestorben/ In solchem elenden stand vergaß er der Tyrannei wider die Christen/ vnd starbe der Tyrann auch selbs in höchstem jamer vnd elend.

Septimius Seuerus, der Fünffte verfolger der Christen warde von Got grewlich mit stettigen auffrüren/ kriegen vnd andern widerwertigkeyten angefochten / daß er der Christen/ sie zuuerfolgen/ vergaß.

Iulius Maximinus, der Sechste verfolger der Christen / ist von seinem eygenen Volck sampt seinem Sohn ja-

merlich vmbbracht/ vnd sein haupt zu
einem spectakel ghen Rohm geschickt
worden/ Daruber das volck fro ward/
vnnd sagt sprichworts weiß/ Von sol-
cher argen art soll mann keinen hundt
lebendig lassen.

Decius, der Sibendt verfolger der
Christen/ in der schlacht wider die Go-
then/ ist sein sohn vmbbracht/ vnd er in
einer pfützen versuncken/ Also ist er
von dem Teuffel leibhafftig hinweck
gefürt worden.

Valerianus, der Acht feindt vnnd
verfolger der Christen / ist nach vilem
vberfall/ so ihm von den Alten lieben
Teutschen in der höchsten verfolgunge
der Christen in Italia beschehen/ inn
Mesopotamiam getrieben/ vnnd von
Sapore dem König inn Persia vber-
wunden/ gefangen/ vnd ime seine bede
augen außgestochen worden/ vnnd der
König hielt jn für seinen fußschemel/
vnd wañ der König off sein pferdt stei
gen

Vorrede.

gen wolt/ müst er/ Valerianus, sich nider bucken/ vnnd also den König auff jhm auff vnd absteigen lassen/ in solchem elendt ist er endtlich gestorben.

Aurelianus, der Neundt verfolger der Christen/ diser ist vff ein zeit durch einn Stral vom Himel hefftig erschrecket worden/ Dieweil er aber doch inn seinem Tyrannischen vornemen wider die Christen bliebe/ ist er vonn seinem eygenen schreiber erstochen worden.

Diocletianus, der Zehendt verfolger der Christen / diser ist an seinem gantzen leib zerschwollen vnd auffgebrochen/ vnd innwendig vnd außwendig von grewlichem gewürm verzeret worden / vnnd ist mit elendem heulen vnd bellen wie ein hundt gestorben.

Maximinus, sein mitgesell / der Eilffte verfolger/ ist mit gleicher straffe/ elendiglich getödtet worden.

Vorrede.

Constantius, Anastasius, der Arianische Ketzer gabe disem vrsach zu der Zwölfften verfolgung der Christen/ aber es blieb nicht vngerochen/ dann Anastasio brach das Rott zum Maul herauß/ vnnd müst inn seinem eygnen Rott ersticken/ Constantius warde mit dem wilden fewer entzündt/ vnd ist in grosser vnsinnigkeyt vmbkomen.

Iulianus, der abtrünnig ist an sein statt kommen/ aber in der schlacht wider die Persier ist er geschossen/ daß sein blůt inn die höhe gesprungen/ da er solches gesehen/ hat er gesagt: Vicisti tandem Galilæe.

Valens vnd Maxentius, die Dreizehende verfolgunge der Christen. Valens ist in der schlacht wider die Gothen mit allem seinem Volck erlegt/ vnnd er in einem hauß mit etliche seinem gesind verbrandt worden. Maxentius ist mit vil seiner diener jämerlich inn der Tyber ersoffen.

Durch

Vorrede.

Durch Gensericum vnd Hunerich der Gothen vnnd Wenden König/ ist die vierzehende grewliche verfolgung der Christen beschehen/ Gott hat aber dieselbige auch wunderbarlich gestillt vnd sie gestrafft/ dann sie selbst vneinig worden/ vn̄ sich vnder einander erwürgten/ wie die vnsinnigen tollen hund.

Dise kurtze erzelung von den Tyrannen vnnd verfolgern der Christen/ habe ich darumb gethan/ dieweil in disem Calendario vnd in andern schrifften vil mal/ ja schier in einer jeglichen Historia/ diser Tyrannen vnd irer verfolgung meldung beschicht/ darauß die frommen Christen sehen/ daß Gott alle zeit/ vnd noch heutiges tags/ das vnschuldig blüt seiner Heiligen nicht wil vngerochen/ vnd die Tyrannen vngestrafft lassen/ Darumb vermanet der Prophet Dauid alle Könige/ Fürsten vnd alle Gewaltigen/ vnd spricht Psalm. 2.

Vorrede.

So lasset euch nun weisen ihr König/ vnd laßt euch züchtigen ihr Richter vff erden/ Dienet dem Herrn mit forcht/ vnnd frewet euch mit zitteren/ Küsset den Sohn/ daß er nicht zürne/ vnnd ir vmbkommet auff dem wege/ dann sein zorn wirt baldt anbrennen/ Aber wol allen die auff n trawen/ ꝛc.

Wiewol aber dises für E. G. als einem hocherfarnen vnd in disen vnd anderen Historien wolgeübten geleerten Grauen/ ein geringes Werck ist/ vnnd ich selbs vnwirdig geacht/ solche schrifften E. G. zůzuschreiben/ Jedoch hat mich E. G. Gnedigs gemüt gegen mir/ so ich abwesendt vnnd gegenwertig gegen mir vilfaltig gespürt vnnd befunden/ inn fürgenommener Dedication freudiger vnnd freier gemacht/ Vnnd mir zweiffelt nicht/ E. G. werden dises werck/ auß angeborner Gräuelicher gůttigkeyt/ Gnedigklich annemen/ vnd daßelbige für ein zimliche anzey-
gung

Vorrede.

gutts meines begirigen vnnd danckbaren gemüts gegen E. G. gnediglich erkennen/ ansehen vnnd bedencken/ daß ich hiemit vnder E. G. namen vnd authoritet/ denen fürnemlich wil gedient haben/ welche solche Historien in fremden spraachen nicht verstehen/ noch in anderen weitleufftigen schrifften lesen können/ die haben hiemit ein handtbüchlin/ eines Christlichen Calendarij/ des sie sich zu sterckung ihres glaubens vnnd besserung ihres lebens/ nach jrem lust vnd gefallen/ mögen gebrauchen. Thü hiemit E. G. vnd derselben geliebten Gemahel/ sampt der gantzen Regierung/ in Gottes des Allmechtigen schutz vnd bewarung befelhen. Geschrieben vñ geben zu Weilburg in der Herrschafft Nassaw vñ Sarbrucken/ Anno Domini 1559. den 7. Feb.

    E. G. gantzwilliger

        Caspar Goldtwurm
           Athesinus.

Omnibus in rebus fœliciter omnia cedent,
Si statuas finem principiumq; Deum.

Kir=

Kirchen Calender.

Januarius, Jenner/
* Hat xxxj. Tag. *

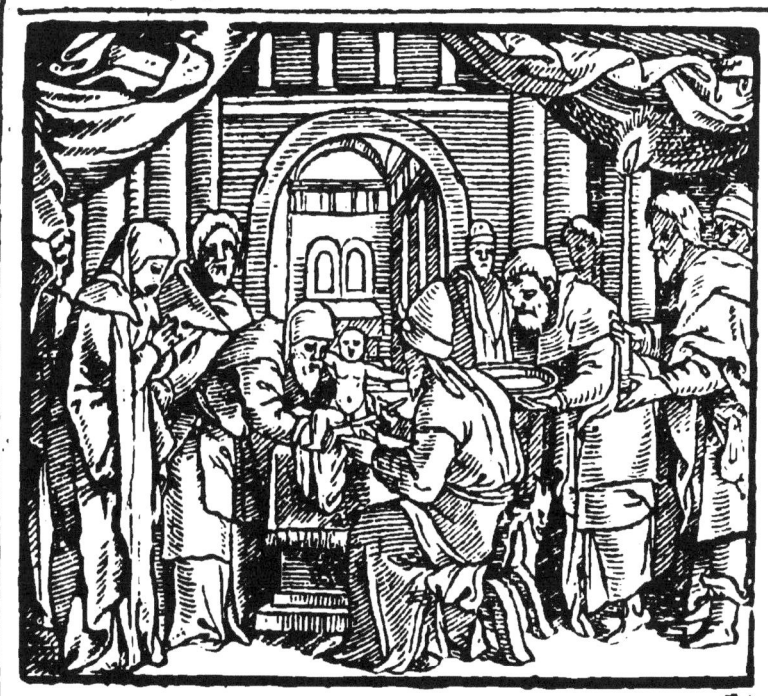

Jsen Tag begehen wir in der Christlichen Kirchen die beschneidung Christi/ vnder welche er sich begeben hat/ darmit er vns von dem fluch vnnd anklag des Gesetz

Beschnei-
dūg Chri-
sti.

entlediget/vnnd der verheyssung so vns in
im beschehen/theylhafftig machte/Luc. 2.

Im xxx jar darnach/ist er von Johanne
im Jordan getaufft/vnd vom Vatter erklä-
ret vnd offenbart worden/Joan. 1. Matth.
3. Luc. 17. Nach solcher Tauff vnnd erklä-
rung hat er angefangen gewältiglich zu pre-
digen vom Reich GOTTES. Nach dreien
Jaren seiner predig/ist er/im neunzehendē
jar Tybery/gecreutziget/gestorben/begra-
ben/vnd am dritten tag vom Todt aufferr-
standen/vnnd auffgefaren ghen Himel/da
er sitzet zu der rechten Gottes seines Him̄-
lischen Vatters/vnnd ist vnser einiger Mit-
ler/vorspruch vnd Heylandt.

Gleich

Ianuarius, Jenner. 3

Gleich wie Sanct Stephanus der erst Martyrer vnder den Christen geweſt/ welches Achten mann heut pfleget zubegehen/ Alſo iſt auch der fromme vnd gerechte Abel in der erſten Kirchen Gottes/ vonn ſeinem mörderiſchen brůder Cain/ vber dem Opffer erſchlagen worden/ Aber ſein todt iſt nit vngerochen blieben/ dann Cain iſt aller gnaden vnnd ſegens beraubt/ vnnd endtlich in höchſter verzweifflung vmbkommen/ ewiglich geſtorben vñ verdorben. Geneſ. 4. Abel aber lebet ewigklich/ vnnd iſt ein figur Jeſu Chriſti geweſt. †

Solcher mordt hat ſich vngefährlich zůgetragen nach etlicher meynung/ nach erſchaffung der Welt 70. vor der geburt Chriſti 3801.

Dieweil mann diſen tag den Achten Johannis pfleget zubegehen/ hab ich S. Johañ Huſſen wöllen an die ſtatt ſetzen/ Diſer iſt zu der zeit K. Sigmunds/ vñ des willen/ daß er beſtendiglich/ mit Jo. Baptiſta wider

Abel.

Johan Huß.

Ianuarius, Jenner.

wider die Geistliche vnd fleischliche hůrerey des Bapsts vnd seiner gesellschafft geprediget vnd geschrieben hat / zů Costnitz durch vnbillichs vrtheyl des partheiischen Concilij/ zu dem todt verurteylt/ vñ verbrandt/ vnd in bestendiger bekandtnuß vnd anrůffung Jesu Christi/ im Herzen entschlaffen/ Aber sein vnschuldiger todt ist nicht vngerochen bliben/ dañ darauß groß spaltung/ vnthů/ vnd grewlich blůtuergiessen wider die feind des Euangelij erfolget ist. Er ist verbrandt im 1416 iar Christi / den xxx Tag Maij. /5

Dieweil

Ianuarius, Jenner. 5

❡ Jeweil wir von den vnschuldigen Kindelin an seinem Tag meldung gethan/ wöllen wir auff disen achten tag/ auch der drei vnschuldigen Gottseligen Knaben/ Abednego/ Sadrach/ vnnd Mesach/ gedencken/ dise drei knaben/ dieweil sie das auffgerichte güldene Abgötische bild Nebucadnezars nicht wolten anbeten/ vnd verehrn/ sein sie inn bestendiger bekandtnuß Gottes blieben/ vnd in einn glüenden Ofen geworffen/ die männer aber so die knaben verbrennen solten/ sein von den Fewerflammen verdorben/ die knaben aber gantz an leib vnnd kleydern vnuerletzt blieben vnnd erhalten/ Dardurch ist der König vnnd gantz Babel zu warer erkandtnuß Gottes gebracht worden/ Dan.3. Ist beschehen im 3398 jar nach erschaffung der Welt / Regni Nebucad. 18.

❡ Iser Simeon ist ein frommer vnd Gotsfürchtiger mann gewest/ zu Hierusalem wohhafftig/ er wartet vff den trost Israel/ vñ der Heylig Geist füret jn eben zu der stunde inn Tempel/ da den Herrn Christum seine Eltern/ nach dem Gesatz/ Leuit.12. darstelten / Da nam er das Kindlin auff seine arm/

arm/vnd lobet Gott mit frölichem hertzen/
vnd weissaget in solchem lobgesang von im
vnnd seinem Geistlichen Regiment vnnd
Reich/Luc.2.

Es ist auch ein ander Simeon gewest/
Bischoff zu Seleutia inn Persia zu der zeit
Saporis des persischē Königs/ welcher võ
den persischen weisen als ein auffrürer vnd
verräther des lands verklagt/dardurch die
Christen hefftig beschwert/vnd er auch ge-
fangen/ vnd hundert Christen vor vnd mit
jhm vmbbracht worden/ Beschehen/ nach
der rechnung Eusebij, im 348 Jar Christi.

E
E
vj
Drei Kö-
nig Tag.

Disen Tag sindt die Weisen zu Christo
kommen/vnnd jhre herrliche innerliche
vñ eusserliche gaben geopffert. Ob es aber
drei oder mehr König (wie wirs inn gemein
nennen) gewest seien/ist kein zweifel es seien
mehr gefertē gewesen. Es werden aber
Magi inn Persia/für weise Geistliche män-
ner gehalten/ als wie bei vns die Leerer vñ
prediger Gottes worts / Also werden sie
auch ohne zweiffel / auß der Prophetia
Dan.9. (welcher auch ein zeitlang in persia
gelebt vnd geleert hat) die zukunfft Messie
erler-

Ianuarius, Jenner. 7

erlernet/ vnnd mit grosser begirdt dieselbig
durch wunderbarlich mittel des vorgehen-
den Sterns antroffen vnd gefunden haben.
Etliche haben den dreien Königen namen ge-
ben/ Melchior/ das ist ein durchleuchtiger
König: Caspar/ Cantzler: Balthasar/ Prin-
ceps militiæ, darmit haben die alten anzey-
gen wöllen/ daß alle Reich vnd Stend dem
Herren Christo vnderworffen sein sollen/
vnd daß in einem guten Regiment dise drei
ämpter hoch von nöten seien.

Isidorus

| pi
| S
| viij
| Isidorus.

ISidorus Episcopus Hispalensis, Dieser hat vil vber die Bücher der Heyligen geschrifft geschrieben/ welche noch zum teyl vorhanden sein. Er hat gelebt vnd geleert zu der zeit Heraclij des Römischen Keysers/ Anno Christi 630.

Es ist sonst noch ein Isidorus geweßt/ welcher vmb bestendiger Christlicher bekandtnuß willen/ neben anderen Christen/ vnder Decio dem Römischen Keyser gelitten/ vnd endtlich von dem Tyrannen vmbbracht/ vnnd vonn der elenden Welt zu der Himmlischen gesellschafft abgefoderet ist worden.

| si
| A
| viij
| Iulianus.

IVlianus ist geweßt ein Antiochener/ vñ hat vmb bestendiger bekandtnuß Christi willen/ vnder dem Tyrannischen Keyser Diocletiano gelitten/ vnnd ist bestendiglich gestorben.

Es ist ein anderer geweßt/ darvon Prudentius meldet. Item ein anderer Viennensis, ein Gallier/ nit allein ein weltlicher/ sonder auch ein Christlicher Ritter geweßt/ welcher auch vnder Diocletiano Ritterlich vmb Christlichs namens willen gestritten vnd

vnd gelitten hat. Es ist auch ein Cardinal diß namens gewesen/welcher vom Bapst Eugenio in Vngariam,zwischen dem König Laßlaw zu Poln/vnd König Albrechts Ehegemahel fride zumachen/ ist geschickt worden/ Vnnd der ward gemacht im 1444 jar/ vnd zogen mit Heeres krafft wider die Türcken/vnd schlügen bei die 40 tausent/ König Laßlaw ward verwundt vnd starb/ deßgleichen auch der Cardinal.

DIser Erhardus ist ein Schottlender gewest/welcher das Euangeliō Jesu Christi in Beyerland außgebreitet/ vnd bestendigklich auch am Rheinstram hinundwider geprediget hat. Mann schreibet er soll S. Otilien durch Gottes gnad ihr gesicht wider bracht haben. Er hat gelebet Anno Christi 750.

Erhardus Schnephius/ ein Doctor der Heiligen Schrifft/gehöret auch inn die zal/ welcher anfencklich im Wirtenberger vnnd Schwabēland/darnach in der Graffschafft Naßaw/ Sarbrucken/zu Weilburg/vnnd darnach zu Marpurgk in Hessen/vnd widerumb im Wirtenberger land zu Tübingen

beſtendiglich geleert vnnd gepredigt hat/
Endtlich vnder Carolo v. zu der zeit des Jn-
terims vertrieben vnd ghen Jenam komen/
daſelbſt er Profeſſor vnd prediger geweſt/
biß ins 58 jar/ Jm ſelbigen iſt er den j. No-
uemb. Rectore Philippo Grauen zu Naſ-
ſaw/Sarbrücken/M.G.H. Son/ ſeliglich
geſtorben.

den
C
r
Zacharias
Propheta.

Dīſer iſt von Gott ſonderlich erwecket/
die Juden/ nach dem ſie auß der Baby-
loniſchen gefencknuß wider heim komen/
zu tröſten/ vnd den Tempel/ das iſt/ Geiſt-
lich vnd Weltlich Regiment/ wider auffzu-
richten/ fürgeſtelt worden. Diſer hat durch
den Heiligen Geiſt vil von Meſſiah Chri-
ſto, ſeinem leiden/ ſterben/ vnnd höchſten
wolthaten geweiſſagt/ cap. 9. 12. 13.

Item Zacharias ein ſon Joiadæ des Ho-
henprieſters/iſt von dem Gottloſen König
Juda/ Joas genannt/ getödtet worden/ 2.
Paral. 24.

Item Zacharias vom geſchlecht Abia/
1. Par. 24. auß diſem ſtammen iſt Johañes der
Täuffer entſprungen/ Luc. 1. Diſer iſt zwi-
ſchen dē Tempel vñ Altar erſchlagē wordē/
Matt. 23. Darumm/ dweil er mit Joañe ſeinē
ſon bezeugt/ Chriſtus were der Meſſiah võ
Maria geboren/ vnd ſchon vorhanden.

Ianuarius, Jenner.

Eugenius ist ein Christlicher Carthaginenser Bischoff gewest / Diser ist inn der verfolgung der Christen / so von den Vandalis beschehen / in grosser gefehrligkeyt gestanden / entlich vmb Christlicher bestendiger bekandtnuß willen vnder Hunerico getödtet worden.

Es ist auch ein ander Eugenius / welcher zu Rohm Schůlmeister gewesen / Diser hat Valentinianum Gratiani des Römischen Keysers Son erwůrgt / Tripar. lib. 9. cap. 45.

Es sein auch sonst noch etliche Römische Bäpst gewesen diß namens / welche / dieweil sie vilerley gebräuch in der Römischen Kirchen auffgerichtet vnnd verordnet haben / werden sie auch in die zal der heyligen von jnen gesetzt.

di S. xj
Eugenius.

IM Achten Jar Hunerich des Wendischen Königs / haben die Ariani die waren rechten Christen hefftig verfolget / darüber die Christen entsetzt / vnd sich mit weib vnd kind / in die hölen / vnd verborgene ort verkrochen / daselbst sein sie hunger / durst / vnnd frost halber gestorben / Vnder denen ist Cresconius ein Priester zu Misenz /

cat S. xj
Cresconius.

C ij

in einer Hölen des Bergs Zigna todt gefunden worden/ vnd mit jhm vil andere bekante Christen sein in beständiger Bekandtnuß in Christo seliglich entschlaffen. Vnd ob dise fromme Christen wol hie hunger vnd kummer gelitten/ so werden sie doch in ewigkeyt gespeißt/ erquickt/ vnd erfrewet/ Dañ welcher von disem lebendigen brodt isset/ vnd des lebendigen brunnens trincket/ den wirt nicht hungern noch dürsten ewiglich. Ioan. 6.

oc
E
xiij
Hilarius.

Diser ist Episcopus Pictauorum geweßt/ ein Gottseliger vnnd Christlicher Bischoff/ welcher inn Franckreich/ trewlich vñ fleissig/ das Euangelion von Jesu Christo geprediget/ vnnd außgebreitet hat/ Er hat gelebt zu der zeit Constantij, Iuliani, Iouiniani, Valentiniani, Römischen Keisern/ vom Constantio ist er vmb warer erkantnuß Christi willen in Phrygiam geschicket worden/ daselbst hat er x Bücher wider die verderbliche Arianische Secten/ vñ anders geschrieben/ Nach vilen anfechtungen ist er wider in sein Bistumb kommen/ vnnd daselst fridlich vnd frölich in Christo gestorben/ Im Jar Christi 361.

Der

Ianuarius, Jenner.

DEr Wendisch König hat ein grosse verfolgung der Christen/ auß anregen der Arianischen Secten/ angerichtet/ Dann er ließ ein gebott außgehen/ daß er keinen an seim hoff oder in seim land leiden wolt/ welcher sich der Arianischen Secten nit ergebē wolt/ Disem gebot widerstrebten vil bestendiger Christen/ Da hat der Tyrann bei vier tausent/ neunhundert vnd sechs vnd sechtzig Christen/ jung vnd alt/ jämerlich lassen tödten/ vnd etlich des landts verwisen/ von hauß vnd allen ihren hab vnd gütern verjagt/ Vnder denen war auch diser Felix/ welcher 44 Jar zu Abderita Bischoff gewest/ Victo. Lib. 2. de Vandalica persecutione. Von anderen heiligen Martyrern/ so Felix geheyssen/ wirdt gemelt Trip. lib. 5. cap. 18. lib. 7. cap. 27.

Se
G
xiiij
Felix.

DIocletianus vnd Maximianus, Römische Keyser/ grosse Verfolger der Christen/ Dise belegerten inn phrygia ein statt/ in welcher ein grosse zal der frommen Christen war. Dise statt haben sie endtlich mit fewer anzündet/ vnd darinn jung vnnd alt/ weib vnnd man/ jämerlich verbrennen

li
A
xv
Adauctus.

C iij

laſſen/Vnder diſem hauffen war auch diſer Adauctus/võ hohem geſchlecht in Welſch landt geborn/ Er iſt auch zuuor bei diſen Keyſern in groſſem werd vnd ehren gehalten worden/ Endlich aber iſt er in beſtendiger bekandtnuß Chriſti/neben andern/getödtet worden/ Im jar Chriſti vngefehrlich 307. Euſebius lib. 10. cap. 11.

Mar B vj
Marcellus

MArcellus iſt ein Römiſcher Chriſtlicher Biſchoff geweſt/welcher vnder Diocletiano in beſtendiger bekantnuß Chriſti getödtet worden.

Es iſt noch einer ein Biſchoff zu Anticyre in Galatia geweſt/diſer hat gelebt vñ gelert zur zeit des Keyſers Conſtantij. Er hat hefftig geleert vnd geſchrieben wider die Arianiſch Secten/Trip. li. 3. ca. 9. Item li. 4. ca. 24. Es iſt auch noch ein Marcellus geweſt/ zu der zeit Maxentij des Römiſchen Keyſers/welcher jhn hefftig angefochten/ daß er des Chriſtlichẽ namens verleugnen ſolt. Dieweil er aber beſtendig bliebe/ warde er von jm zu eim Vieh hirten verordnet/ darnach inn ſtinckende ort verſtoſſen/ daſelbſt iſt er in höchſter gedult geſtorben.

Anthonius

Ianuarius, Jenner. 15

Anthonius ist ein Eremita, vñ ein Fürst
vnder den Mönchs orden geseßet wor/
den/er hat gelebt zur zeit des Keysers Con
stantini/ Diser hat sich keiner geschriebnen
Bücher sonderlich gebrauchet/ sonder ne/
ben dem Christlichen verstandt/ hat er

C iiij

auß den natürlichen dingen vnnd wirckung vil dings gelernet/ Er hat die fromen Christen in der verfolgung der Arianischen Secten/ mit Göttlichem wort getröstet/ vnd in warem Christlichem glauben bestetiget. Trip.lib.1.cap.1. Item lib.8. cap.15. Er ist frölich gestorben 105 Jar alt.

Ein anderer Antonius ist gewest/ Lisibonensis genant/ diser soll in Hispania den Saracenis das Euangelion geprediget haben/ Anno Christi 1200. Zu padua in Italia/ ist er in einem herzlichen Tempel begraben. Disen Antonium beten die Papisten an/ für bewarung des wilden fewers/ vnnd dz er jnen ir Vieh/ sonderlich die Schwein/ vor schaden bewaren sol.

Pri D xviij
Prisca.

PRisca ist ein Römische Adeliche Jungfraw gewest/ welche Christum vnd sein heiliges wort bestendiglich bekandt/ wider alle Tyrannei/ Endtlich ist sie mit grewlichen vnträglichen plagen getödtet/ vnnd inn warer Christlicher bestendigkeyt vnd höchster gedult entschlaffen/ Im jar Christi 273.

Priscus ist ein frommer Christlicher man gewesen/ welcher neben anderen zu derzeit Valeriani im 259. jar Christi/ vmb bestendi-
ger

Ianuarius, Jenner. 17

ger vnd freudiger bekandtnuß Christi wil‐
len grewlich ist geplaget/vnd endlich vmb‐
bracht worden/Eusebius lib.7.cap.12.

JM Jar nach der geburt Christi 180/vn‐
der Antonino Vero, hat sich zu Wien
vnd Leon in Franckreich ein grewliche ver‐
folgung wider die Christen erhaben, Vnnd
sonderlich tobten die Tyrannen wider dise
Heilige Jungfraw Blandinam / Solches
leyd sie mit wunderbarlicher gedult. In jrer
marter bekandte sie mit freudigem gemüt/
Ich bin ein Christin/ vnnd mann kan mich
keiner vbelthat bezeihen. Sie ist zum offent
lichen spectakel auffgehencket/vnd die wil‐
den thier an sie gehetzet/sie zu zerreissen/A‐
ber es wolt sie kein thier Tyrannischer weiß
berhüren/darnach ist sie einẽ wilden Ochsen
fürgeworffen/ vnd von demselbigen grew‐
lich gestossen / aber doch beim leben behal‐
ten / Endtlich haben die henckers bůben sie
selbs ermordt. Eusebius lib.5.cap.1.

CA
E
XIX
Blandina.

FAbianus ist ein Christlicher Römischer
Bischoff gewest / welcher in bestendiger
erkandtnuß Christi/ vnder Decio dem Ty‐
rannischen Römischen Keyser ist getödtet
worden. Eusebius lib.6.cap.21.29.

Fab
E
XX
Fabian/
Sebasti‐
an.

C v

18 Ianuarius, Jenner.

¶ Sebastianus ist von Meylandt bür-
tig/vnder Diocletiano Römischen Keyser/
ist er ein Rittermessiger kriegsfürst gewest/
nachmals ist er aber ein Christlicher Ritter
worden/vnd ist auff befelh des Keysers an
eiñ baum gebunden/vñ haben jn die kriegs
knecht in grossem grimm mit jhren pfeilen
durchschossen/vnd in bestendiger bekandt-
nuß Christi ertödt/Anno Christi 287. Dises
gedenckt S. Ambrosius psal. cxviij. Disen
halten

halten die Schützen inn ihrer brüderschafft
für ihren patron/ Etliche wöllen/ abergläu
biger meinung/ keine Nieren essen/ dieweil
Sanct Sebastian an demselbigen solt am
meisten beleidigt worden sein.

Agnes.

DIse Agnes ist ein Römisch keusche jung
fraw gewest/ Da dise 13. jar alt war/ ist
sie nicht allein Christlichs glaubens/ sonder
auch ihrer keuscheit halben hefftig angefo-
chten worden / Dann Simphronius der
Vogt ließ sie nackendt zu einem offentlichen
spectakel vnd schmach den Christen/ in ein
gemein frawenhauß führen, Daselbst aber ist
sie durch wunderbarliche schutz der Engel/
in warer keuscheit vñ in bestendigem Christ
lichem glauben erhalten/ vnd die verfolger
grewlich gestrafft worden. Nach viler mar-
ter aber/ so sie im fewer gelitten/ befalhe A-
spasius der Statthalter zu Rom/ daß man
ihr ein messer solt inn halß stechen/ vnnd sie
vollendt vmbbringen / Solchs ist gesche-
hen zu der zeit Diocletiani vnd Maximiani/
Anno Christi 306. Hæc Ambros. de Virg.
Item de Offic. libro 1, capite 41. Item
Prudent.

Diser

vin
A
xxij
Vincen-
tius.

DIser Vincentius ist zu Valentia inn Hispania vñ warer vñ bestendiger Christlicher bekandtnuß willen grewlich gemartert/vnnd erstlich mit kolben schier biß auff den todt geschlagen/ vnd jämerlich an seinem leib zerrissen/ darnach auff einen Rost gelegt/vnnd mit glüenden kolen gebraten/ Endtlich ist er von den Christenmördern geköpffet worden/ Solche grewliche vorgemelte marter/ schandt vnnd schmach hat er vmb Christliches namens willen/ gantz gedultig vnnd bestendiglich im glauben erlitten/vnd erstanden/ Darumb er billich Vincens/das ist/ ein Christlicher vberwinder des fleischs vnd des Teuffels / genant/vnd darfür gehalten wirt. Diß ist beschehen vnder Diocletiano Römischē Keyser/ ut Pruden. scribit.

Disen rüffen die an / welche inn grosser schandt vnnd schmach stehen/daß er sie vertheidingen/vnnd bei ehren erhalten wölle. Mann helt auch / wo diser tag sich helle erzeygt/ daß vil vnd köstlicher wein soll wachsen im selbigen jar.

Emerentiana

Emerentiana ist ein gespiel vnd mitgesellin geweſt vorgemelter S. Agnes/ dann da mann die H. Agnes hat wöllen zur Erden Chriſtlicher weiß beſtatten/ haben die Heyden die Chriſten mit gewalt vnnd Tyranney von ſolcher verſamlung vertrieben/ vnnd inn der flucht vil Chriſten mit ſteinen todt geworffen/ Vnder diſem hauffen der Chriſten warde auch gefunden diſe heilige Emerentiana/ ſtrafft vnd ſchalt auß Chriſtlichem Eyffer die Gottloſen Tyranniſchen Heyden/ Darüber ergrimbten die Heyden/ vnnd haben ernſtlich mit ſteinn auff ſie geworffen/ vnnd iſt alſo neben dem grab S. Agnes inn beſter diger bekandtnuß Chriſti entſchlaffen/ Anno Chriſti 306.

cen B xxiij
Emerentiana.

DIſer iſt bürtig auß der ſtatt LICAONIÆ Liſtris, ſein Vatter iſt ein Heyd/ vnnd ſein mutter ein geborne Judin geweſt/ Wie ſolches paulus ſelbſt bezeuget in der anderen Epiſtel/ ſo er an Timotheum ſelbſt geſchrieben/ cap. j. Nach dem aber Sanct paulus zum anderen mal ghen Liſtram komen/ hat er jhn zu eim geſerten in Greciam vnnd Macedoniam zuziehen mit ſich genommen/ vnd hat jhn auß beſonderlichem bedencken nach

Ti C xxiiij
Timotheus.

Ianuarius, Jenner.

nach Jüdischer weiß beschnitten/ Acto.16. Darnach da er wider inn Asiam kommen/ hat er jhn zu Epheso zu einem Bischoff verordenet/Nach dem er solches ampt Christlich vnd trewlich xv. Jar lang außgerichtet hat/ist er zu der zeit der regierũg Neronis/ in bestendiger Christlicher bekandtnuß/wilniglich vnnd gedultiglich getödtet/ vnd im Herrn Jesu entschlaffen.

Paulus

Ianuarius, Jenner.

PAulus/vorhin Saul genant/ist im Jar da Christus auffgefaren ist ghen Himmel schier am ende des Reichs Tiberij/auß einem grewlichen verfolger der Christen/zu einem Apostel/vnd außerweltem werckzeug/das Euangelium Christi zu predigen/bekert vnnd verordnet worden. Actorum capite 9. 1. Timoth. 1. Er hat also bald angefangen zu Damasco zu predigen/Darnach ist er inn Arabiam, vnnd von dannen wider ghen Damascum gezogen/darnach gereiset durch Iudæam, Syriam, Ciliciam, Cyprum, Pamphiliam, Licaoniam, Phrygiam, Galatiam, Misian, Ioniam, Macedoniam, Græciam, Achaiam, &c. Nach solchen reisen ist er ghen Rohm für den Keyser Neronem gefangen gefüret/vnnd daselbst zwey Jar gefencklich gehalten/vñ nach solcher erledigung hat er noch x. Jar geprediget/Im dreizchenden Jar Neronis ist er zu Rohm geköpfft worden/nach der Aufferstehung Christi sechs vnnd dreißigk / vnd hat nach seiner bekerunge geleert 36. Jar.

Pauli bekerung.

lus
e
xxvj
Policarpus.

Diser ist ein Jünger gewest Johannis Apostoli/ Er hat vil jar lang in Minori Asia, zu Smirna, die Christliche Kirchen regieret/ Er hat gantz hefftig geleret/ geprediget vnd gestritten/ wider den verderblichen Ketzer Marcion/ Endtlich/ dieweil er in Christlicher bekandtnuß bestendiglich beharret/ vnnd dem Teuffel vnnd Tyrannen nicht hat wöllen in Christlichen sachen weichen/ ist er im 86 Jar seines alters vnder M. Antonino & L. Vero, Römischen Keysern/ im iar Christi 170. auff einen scheitterhauffen/ mit fewer angezündet/ gelegt worden/ Dieweil jhn aber das fewer nit hat wöllen verzeren vnd ertödten/ ist er auff befelch der Tyrannen im fewer erstochen worden/ Vnnd wie das golt/ also auch sein glaub vnd bestendigkeyt/ durch solches creütz vñ Marter/ bewert worden/ Darvon Eusebius lib.3. cap.35. lib. 4. cap. 15. lib.5. cap.20.

mo
F
xxvij
Ignatius.

Diser ist auch ein discipulus gewest Ioannis Euangelistæ, vnnd ein Christlicher Bischoff zu Antiochia/ Er ist im eilfften Jar des Keysers Traiani/ gefengklich ghen Rhom geführet/ vnd daselbst Christlicher

cher bekandtnuß halben verurtheylet/daß er den Lewen, ihn zu zerreissen/solte fürgeworffen werden/Ob solchem vrtheyl vnnd grewlichen todt hat er sich gantz mit erschrecken/oder von bekandter warheyt abzwingen lassen/sonder da er das brüllen der wilden Thier gehöret/hat er mit freudigem Christlichem gemüt gesagt: Frumentum Christi sum, & per dentes bestiarū immolor, ut mundus panis inueniar, Das ist/wol an ich bin ein frucht od korn des Herren Christi/vñ muß jetzt von den zenen der wilden Thier zermalet werden/darmit ich ein sauber vnd rein brodt erfunden werde. Eusebius lib. 3. cap. 36. Item Iero. in Cata. script.

DIser Carolus wirdt darumb inn die zal der Heiligen Christen gezelt/dieweil er vil Christlicher tugendt vnd thaten begangen hat/Sein Vatter hat pipinus geheyssen/welcher den Francis erstlich den Christlichen namen vnd glauben zuerkennen geben hat/Er hat angefangen zu regiern anno Christi 769. Er hat auch Rittermessige vnd glückliche krieg wider die vnglaubigen geführt. Zum ersten inn Aquitania/hat er

bi S xxviij Carolus.

Ianuarius, Jenner.

die Vasconas vberwunden. Zum andern/ hat er Desiderium den Longobardischen König in Italia gefangen/ vnd gantz Longobardiam eingenommen. Zum dritten hat er die Sachsen durch langwirigen Krieg zu Christlichem glauben gebracht. Zum vierdten/ den Hertzogen Benevolanum in Campania/ hat er vberwunden/ꝛc. Sonderlich hat er sich beflissen gemeine schůlen vnd Kirchen anzurichten/ vnd zuerhalten/ als das Osnabrückische Anno Christi 777. Item das Bremische/ 785. Item Parisiensem Academiam, An. 791. Item in Italia hat er wider vffgerichtet Papiensem & Bononiensem Academiam. Er ist zu Ach gestorben/ gantz in Christlicher bekandtnuß/ den 28 tag Januarij / Anno Christi 814. Anno Aetatis suæ 72.

le
A
xxix
Valerius.

DIser Valerius ist ein mitgehůlff gewest S. Petri. Er hat mit S Materno vnnd Euchario den Ersten Bischoffen zu Trier/ das Euangelion durch Franckreich außgebreitet / Nach absterben obgemelter Bischoff/ ist er an ihr statt Bischoff zu Trier erwelet vnd bestettiget worden/ Vnd ist in bestendiger bekantnuß Jesu Christi gestorbē.

Nach

Ianuarius, Jenner.

Nach Valerio ist ein leerer vnd außbreiter Christlicher leer gewesen S. Paulinus/ Diser ist vonn Constantio dem Römischen Keyser ins elendt geschickt/ vnd endtlich in Phrysia vmb Christlicher bekandtnuß willen vmbbracht worden.

Nach disem ist Maximus Bischoff worden/ welcher den heiligen Athanasium inn seinem elendt vffgenommen vnd miltiglich ein zeitlang gehalten hat/ Darvon hernach weitter/ ꝛc.

Zu der zeit da Diocletianus vnnd Maximianus im jar Christi 306. die Kirchen Christi grewlich verfolgten/ ist vnder anderen auch diser Anthimus Bischoff zu Nicomedia/ vmb der bekantnuß Christi willen/ geköpfft/ vnd mit jm vil frommer Christen jämerlich getödtet worden / vmb des willen/ daß sie fälschlich verargwont worden/ als hetten sie des Keysers Palast mit fewer angesteckt vnd verbrennt. Mann list daß etliche Christen/ so zum fewer verurtheylet wordē/ freiwillig ins feur gesprungē seien/ Die Christē so nit verbreñt/ die wurdē hauffenweiß in schifflin gesetzt/ vñ vffs Meer geschicket/ da musten sie von vngestümigkeyt des Meers hinunwider getrieben werden/

Anthimus Adelgundis.

D ij

28 Ianuarius, Jenner

vnd endtlich jämerlich ertrincken / Darvon
Eusebius Eccle. histo. lib. 6. cap. 8.

¶ Adelgundis ist ein Abbatissa gewesen
Viniacensis / in Gallia / Befind sonst nichts
besonders von jhr beschrieben.

---

men
C
xxxj
Vigilius.

Vigilius ist ein frommer Christlicher erster Bischoff gewest zu Trient / inn der Graffschafft Tyrol gelegen / Diser hat bestendiglich daselbst den waren Christlichen glauben bekandt / vnd geleert / Er hat auch nicht allein gewaltig wider allerley Heydenische vnd andere vnder den Christen erwachsene abgötterey geprediget / sonder auch auß besonderem Christlichen eifer / hat er alle abgöttische bilder vnd Gözen / auß seinem Bisthumb verstossen / Darüber ward der abgöttische gemein pöfel ergrimbt / vñ in solcher vnsinnigkeyt / haben sie den frommen Vigilium vmbbracht / Im Jar Christi 420. Wolt Gott daß mein liebs Vatterlandt / obgemelte Graffschafft / noch dergleichen fromme Bischoff hette / odder haben möchte / Aber es ist eitel Epicurisch werck mit den ietzigen Bischofflichen stenden / Gott erbarms.

Februarius,

Februarius, Hornung
Hat xxviij. Tag.

Jſe Brigida iſt ein keuſche Chriſtliche Jungfraw geweſt / inn Schottenlandt wonhafftig / welche auch in warem erkandtnuß Jeſu Chriſti gelebt / vnnd anderen vil vnglaubigen Schotten / durch jhren Chriſtlichen wandel vnd täglich vermanen vnnd leeren / den Chriſtlichen glauben anzunemen vrſach geben vnnd angereitzt hat / Sie hat gelebt im jar Chriſti 440.

Es iſt noch ein andere Brigida / welche ein Schwediſche widtfraw geweſt / diſe hat vil wunderbarliche zůkünfftige dinge geſehen vnd verkündiget / wie dann jhre ſchrifften / noch vorhanden / ſolches außweiſen / Sie iſt fridlich geſtorben / Im Jar Chriſti 1390. Von der ſchreibt Cran. li. 10. Saxon. cap. 13.

Auff diſer weiber vnnd anderer Weiſſagerin weiſſagung haben die alten mehr dañ auff der propheten / Chriſti / vnd der Apoſtel weiſſagung / dräwung / vermanung vñ leer gehalten. Dardurch die heilige ſchrifft gantz vnder die banck geſtoſſen iſt worden.

Brigida.

Pur
ē
iſ

Marie
Liecht
meß.

MAria iſt nach der menſcheyt ein mütter
vnſers Herrn Jeſu Chriſti/ welcher võ
Heiligen Geiſt inn jhrem Junckfräwlichen
Leib empfangen/ vnd von jhr menſch ge-
boren iſt/ Luc.ij.

Sie iſt geweſt ein Tochter Eli/ ſonſt Jo
achim genant/ Anna iſt jhr mütter geweſt/
wie Epiph. ſchreibet/ vnnd Ioan. Damaſ.
lib. 4. de fide Orthodox. cap. 15.

Diſen tag / nach dem die tag jhrer reini-
gung kommen/ haben ſie/ Maria vnd Jo-
ſeph jhr vertrawter/ Jeſum das Kindlein
dem

Ianuarius, Jenner.

dem Herrn im Tempel nach dem gesetz/dar gestelt/vnd jhre gaben geopffert/Leuitici capite duodecimo, & Exodi capite decimotertio, & decimoquarto.

Auff disen tag gebrauchen die Abgöttische Papisten grewliche abgötterei/vnnd zauberey/Dann sie lassen Kertzen/Kreuter/vnnd andere von Gott reine Creaturen geschaffen/Segnen/Weihen/vnd mit dem Sew/ich wolt sagen Weihwasser/besprengen/Dardurch dann vil zauberey/aberglauben vnd Abgötterey beschicht/wie offentlich im Papsthumb zusehen ist.

BAsilius Magnus ist ein fürtrefflicher Christlicher Bischoff vnd leerer gewesen zu Cesarea inn Cappadocia/Sein Vatter ist ein Schůlmeister gewest/in seiner jugendt hat er zu Athen studirt/vnnd seindt seine mitgesellen gewest/Gregorius Nazianzenus vnnd Libanius. Nach dem er durch Greciam vnd Asiam die fürnembste Christliche gemeynde besuchet hat/ist er widerumb ghen Cæsaream kommen/vnd daselbst ein zeitlang die heilige schrifft gelesen

Blasius.
Basilius.

D iiij

vnd geleert. Auß vn
gunst des Bischoffs
zu Cesarea ist er inn
pontum gewichen/
vnnd daselbst mit et-
lichen seinen Discipu
lis xiij. Jar blieben/
Dieweil aber die A-
rianische Secte vn-
der Valente dem Kei
ser hoch erwüchß/ist
er widernmb ghen
Cesaream/denselben ketzern zuwiderstehn/
gefordert vnd beleytet worden. Nach ab-
sterben Eusebij ist er mit gemeyner wahl
vnd huldung der fromen Christen daselbst
zu einem Bischoff erwelet/ vnd verordenet
worden / Hat auch sein Bischoff lich ampt
trewlich außgericht/ vnd gantz hefftig wi-
der die Arianische Secten gestritten / wel-
che Valens der Keyser liebet/schützet vnnd
erhielte/Darüber er zornig warde/vnd ließ
ein Mandat anstellen/in welchem Basilius
ins elend solt erkandt werden/Als er aber/
der Keyser/das Mandat selbst vnderschrei
ben wolt/kundt er keinn büchstaben/ja kein
tüttel schreiben/ dann die feder jm zum drit
tenmal zerbrochen/Dennoch wolt er nit zu-
schreiben

Februarius, Hornung.

schreiben ablassen/da fienge jhm die handt
dermassen an zuzitteren vnd wancken/daß
er gar nicht schreiben kundt / Darüber er-
zürnet der Tyrann/vnd nam das Mandat
vnd zerriß es/Also muſt er wider ſeinen wil
len den Heyligen Baſilium durch wunder-
barlichen rath Gottes zufriden laſſen. Der
heylig Baſilius iſt fridlich inn beſtendiger
Chriſtlicher bekantnuß in Chriſto entſchlaf
fen/Anno Chriſti 390. Euſebius libro 11.
cap. 9. Trip. lib. 7. cap. 22.

¶ Blaſius wirt für einen Helffer wider
den huſten/keichen/vnd weetagen vmb die
bruſt angeruffen.

Er Gottloß Wendiſche König Hune-
richus/der Arianiſchen Secten anhen-
gig/hat ein grewliche verfolgung der Chri
ſten angerichtet/Darunder iſt auch diſe ehr
liche Matrona S. Victoria geweſt/ Diſe/
als ſie auffgehenckt vnnd grewlich gemar-
tert ward/hat ſie jr eygener man/mit zwei-
en kleinen kindern/welcher vmb der marter
willen den Chriſtlichen glauben verleucke-
net hat/ ſich vnderſtanden/auch ſie inn der
höchſten marter dauon abzuwenden/Aber
diſe Chriſtliche fraw verachtet ſolche ſchmei

Victoria.

34 Februarius, Hornung.

chelrede der alten schlangen / vnd blieb bestendig in Christlicher bekandtnuß / darumm sie billich Victoria / das ist / ein vberwindung des Teuffels / vnd des eygnen fleischs genant werden mag / Sie ist auch wunderbarlich wider der Tyrannen meynung / nach aller solcher marter / beim leben erhalten worden / Darvon schreibt Victor. libro 3. De Vand. persec.

**Ag
A
v
Agatha.**

Die Agatha ist ein Christliche Jungkfraw gewest / welche vnder dem Tyrannischen Keyser Diocletiano / vmb Christliches glaubens willen / mit grewlichen plagen vnnd peinen / ist angefochten worden / Solches alles hat sie nicht allein mit bestendigem gemüt / sonder auch mit frölichem hertzen erlitten / vnnd mit lieblichen Christlichen reden / des Teuffels vnnd der Tyrannen mutwillen vnd gewalt verlacht / vnd ist also in bestendiger bekandtnuß Jesu Christi seliglich entschlaffen. Etliche melden / daß ihr von dem Quinciano dem Sicilianischen Landtverweser / sei allerley vnzucht zugemutet / vnd groß ehr angebotten worden / wo sie von irem Christlichen glauben abstehen / vnd seins willens pflegen würde / Sie aber

Februarius, Hornung.

aber blieb keusch vnd bestendig in jhrem leben vnd glauben / darumb must sie also gemartert werden.

Dise Agatham betten die Abgöttischen an/ für die wütigkeyt des fewers / darmit solches nicht vberhandt neme.

DIse ist ein Edle vnd von gestalt innerlich vnd eusserlich wol gezierte Christliche Jungfraw von Alexandria gewest/ Vñ dieweil sie von Galerio Maximino vmb jhrer schöne willen / vnzucht mit jhr zuüben/

Dor
B
vj
Dorothea

hefftig angefochten worden (nam lis cum forma magna pudicitiæ,) hat sie zuuerwaren jhre jungfräwliche ehre/ jr Vatterland/ hauß/ hoff/ vnd alle güter verlassen/ vnd sich bei nacht an andere ort/ da Christen vnd ehrliche leut versamlet gewest/.gemacht. Eusebius lib. 8. cap. 17.

Ein andere Dorothea / dise ist vonn jrem eygenen Vatter Valentino / vm̄ Christliches glaubens willen / den Tyrannen zu martern vnnd zu tödten vbergeben/ Sie ist auch vnder dem Keyser Nerone mit jhrer schwester Euphemia geköpfft / vnd jre leib in das wasser geworffen worden.

Es ist auch noch ein Dorothea gewest/ welche zu Cæsarea Cappadociæ, dahin sie in der verfolgung der Christen geflohē/ in bestendiger bekandtnuß Christi auch geköpfft worden/ꝛc.

Fe
C
vij
Robertus
Barn-

AN statt Richardi / des mann an disem tag gedenckt/ dieweil ich kein gewisse histori finde/ wil ich disen frommen man Robertum Barns hiemit in die zal der heiligen Martyrer setzen / Diser ist ein Englender/ nicht weit von Lumma bürtig/ gewesen/ in seiner jugent ist er in der Augustiner Orden garet-

getretten/darinn ist er auß fürtrefflicheyt
seines Ingenÿ zu einem Mönchischen Do¬
ctor gemacht wordē/Nachmals ist er durch
die heilige schrifft/so durch D. Martin Lu¬
ther wider ann tag gebracht/zu warer er¬
kandtnuß Jesu Christi gefürt worden/vnd
hat hefftig dem Bapst vnnd seiner leer wi¬
derstanden/darumb er auch in disem Mo¬
nat Februario/im jar 1525. von den Enge¬
lendischen Bischoffen/gefencklich angenō¬
men/Im dritten jar aber hat er außgebro¬
chen/vnnd ist entrunnen/vnnd in Teutsch¬
landt zu D. Martin Luther kommen/da¬
selbst ist er ein zeitlang erhalten worden/
Zuletst aber wider in Engelandt kommen/
daselbst Gottes wort bestendiglich vnd of¬
fentlich geprediget/vnnd vmb solcher be¬
kandtnuß willen mit andern mehr zu Lon¬
din verbrandt worden/vnnd mit wunder¬
barlicher Christlicher bestendigkeyt vnnd
gedult/im Herrn Christo entschlaffen/den
dreissigsten tag Julÿ/Anno Christi/Tau¬
sent fünffhundert viertzig. Hæc D. Mar-
tinus Lutherus, Ioan. Baleus.

Februarius, Hornung.

bru
D
viij
Malachias

DIser Malachias ist der letst prophet der Juden gewest/ welcher das alt Testament mit seiner prophecei hat beschlossen/ Darnach durch Johannem Baptistam/ hat sich angefangen die gnadereich zeit des Newen Testaments/ vnd (Gott sei lob) biß auff vnsere zeit erstrecket worden. Diser prophet Malachias/ hat die sünd des Volcks/ vnnd sonderlich der pfaffen Abgötterey/ hefftig gestrafft/ vnd sie zur büß vermant/ Er hat jhnen auch geweissaget den vndergang des Jüdischen Regiments/ vnd verkündiget die zükunfft Christi/ Wie solches alles sein gantze prophecei außweiset.

Ap
C
ix
Apollonia

DIse Apollonia ist ein fromme Christliche Alexandrische Jungfraw gewesen/ welche vnder Decio dem Tyrannischen Keyser in der Statt Alexandria/ neben vnd mit andern vil frommen Christen/ grosse anfechtung erlitten hat/ Endtlich ist sie nun inn jhren alten tagen auch gefangen/ vnnd jhr erstlich/ vmb jhres freudigen vnd beständigen bekantnuß willen alle jhre zeen außgeschlahen/ darnach vor der statt einn grossen scheitterhauffen/ mit fewer auffgerichtet/ vnd jhr geträwet/ wo sie nit mit jhnen jhre

Götter

Februarius, Hornung. 39

Götter verehre vnnd anbette/ so wöllen sie
sie offentlich martern vnd lebendig verbren
nen/ Apollonia aber verachtet jre Götter/
vnd ließ sich jre träwwort nit von warer be
kantnuß abschrecken/ vnd ist selbst vnverse
hens mit freudigem gemüt in das fewer ge
sprungen/ vnd also durchs fewer der trüb
sal bewert worden/ Im jar Christi 153. Eu=
sebius lib. 3 cap. 31.

Dise Apolloniam rüffen die aberglaubi
schen für den zeenweethumb an.

Von

Vonn diser finde ich nichts besonders/ dann daß sie ein Schwester S. Bernhardi gewest ist / darumb wöllen wir die Histori von Soloma der mutter der sieben edlen Judischen knaben/welche vonn Antiocho vmb des waren Gotes dienst willen/ jämerlich gemartert vnd getödtet worden/ kürtzlich sagen. Dise Soloma hat müssen zůsehen/ daß gemelter Tyrann sieben jhrer jungen söne/ so jämerlich hat gemartert vñ zůgerichtet/Solches hat sie nicht allein wider weibliche vnd mütterliche art / mit freudigem gemüt gesehen/ sonder hat sie zu der bestendigkeyt/ mit grossem mut/ vermant/ Darüber der Tyrann ergrimbt / vnnd befahle/ die alte heilige fraw / nach dem alle jhre kinder hingerichtet worden / auch zu peinigen. Also warden jhre alte zarte glider entblösset / vnnd die hende übersich gebunden jhre brüst/ daran sich jhre liebe kindelein getrencket haben / sein jhr schmertzlich verwundet worden / Zuletst/ da mann sie zur Bradtpfannen gebracht / ist sie williglich zur marter gangen / vnd gestorben/ 2.Macch.7. Item Ioseph. &c.

Dise

Februarius, Hornung.

D Ise Crispina ist zu der zeit Diocletiani vnd Maximiani der Tyrannen / vmb Christlicher bekandtnuß willen/ in langwirige vnd beschwerliche gefengknuß gesetzt/ vnd jämerlich offtmals gemartert/ vnd endlich offentlich fürgefärt/ vnnd als ein vngehorsame auffrhürische fraw (dieweil sie der Heyden Götzen nicht opffern/ vñ sie anbeten wolt) angeklagt/ Solches hat sie bestendiglich mit Christlichem gemüt verantwortet/ auch sich jrer kinder vnd anderer freunde/ weinen/ bitten/ vnd vermanen nicht jrren lassen/ sonder bestendig in Christlicher bekandtnus blieben/ vnnd endtlich auff befelhe des Tyrannen enthauptet worden/ Im Jar Christi 306. Augustinus in Explicat. Psalm. 137.

laſ
S
xj
Crispina.

D Ise Gottselige Christliche fraw / ist vn der Decio dem Tyrannen vngefehrlich im Jar Christi 253. in der gemeinen grewlichen verfolgung / so zu Alexandria entstanden / mit etlichen vilen frommen Christen gefangen/ grewlich gepeinigt/ vnd endlich enthaupt/ vnd in grosser Christlicher bestendigkeyt vonn disem elenden leben hinwegk

ti
A
xij
Dionysi.

Februarius, Hornung.

genommen. Eusebius libro sexto, capite 41.

Es ist auch ein andere Dionysia geweſt/ welche im viij Jar Hunerichs des Tyranniſchen Königs zu Carthago/ auch iſt gefangen/ vñ wider gemeine zucht offentlich entplöſſet/ vnd zu einem ſchawſpil fürgeſtelt/ mit rüten geſtrichen worden / Solchs alles hat ſie gedultiglich gelitten/vnd geſprochen/ O jhr teuffels knecht/ewer ſchandt vnd marter/ſo jr mir hiemit anthůt/ iſt mein höchſte ehr / vñ ergetzlicheyt / vñ der eingang zur ewigen herrligkeyt. Hæc Victor. lib. 3. de Vandal. perſec.

Caſtor.

DIſer Caſtor iſt ein pannonius geweſt/ welcher auch ein fürtrefflicher Steinmetz vnnd Bildthawer geweſt / Dieweil er aber auff hefftiges anſuchen der Heyden/ ihre Heydniſche abgöttiſche Bildnuß nicht hat wöllen arbeyten/ vnd zu irem abgöttiſchen gebrauch zůbereyten/ ſonder ſie vmb ihrer abgötterey vnd Gottloſen lebens willen/ hefftig geſtrafft/ vnnd zur Chriſtlichen bekandtnuß vermanet/ iſt er zu der zeit der Regierung Diocletiani des Tyranniſchen Römiſchen Keyſers/ in ein beſonders dar-

Februarius, Hornung. 43

zů verordnets Instrument eingewickelet/ vnnd ins wasser geworffen / vnd also in bestendiger bekandtnuß Christi/auß der tieffe des wassers / das ist/auß aller trübsal vñ gefehrlicheit inn die ewige rhů genommen worden.

Auff disen tag haltet mann sei gůt Aderlassen/vnd andere artznei zunemen.

Nach absterben Jouiani/hat das kriegs uolck disen Gottseligen mann Valentinianum zů einem Römischen Keyser erwelet/Julianus aber/da er noch in Fräckreich lag / ist auff ein zeit zů einem abgöttischen Tempel/ Fortunæ genant/kommen/ Dahin beleytet jn / nach Königlichem gebrauche/auch Valentinianus/Da ward er vonn einem Heydnischen pfaffen/mit wasser oder andern abgöttischē gebräuchen bespren get/darüber der Valentinianus/als ein eiferiger Christ/dermassen bewegt vnd erzürnet wordē/ daß er den pfaffen mit der faust ins angesicht geschlagen / Er hat auch den lappen daran er besprengt war/inn angesichte Juliani des Keysers / also kṛ ͦt vonn seinem kleyd abgeschnitten / hiṅweg̃ 'ſ⸺ worffen / vnnd mit füssen getretten/Darüber Julianus zornig ward/vnd befalhe jn/

*Va
Cxiiij*
Valentinianus.

E ij

44   Februarius, Hornung.

doch vnder anderm schein / ins elend zuuer schicken/ Er ist aber doch endtlich/ wie gemelt/ durch gemeine wahl/ nach absterben Jouiani zum Römischen Keyser erwehlet/ vnd bestettiget worden/ Anno Christi 368. Ruff.libro 2.cap.1. Theod.lib.3. cap.16. &c.

Lent D XV Faustinus.

ES ist ein Faustinus presbyter Brixiensis gewest/ welcher vnder Adriano Römischen Keyser/ vmb warer Christlicher bekandtnuß willen getödt ist worden.

Es ist ein ander Faustinus gewest / welcher zu Rohm in der verfolgung Diocletiani/ auch vmb Christlicher bekandtnuß willen getödtet ist worden / Diser ist ein leiblicher bruder S. Beatricis gewest.

Faustus aber ist ein Alexandrinus gewesen / Diser hat grewliche verfolgung erlitten/ vnd endtlich vnder Maximiano Römischem Keyser geköpfft worden/ Eusebius lib.7.cap.10.

Es ist auch ein ander Faustus Episcopus Regiensis in Franckreich gewest/ Hat gelebt vmb das jar Christi 500.

Dise

Februarius, Hornung.

Ju E xvj
Iuliana.

Dise ist ein keusche vnd Christliche jungfraw gewest zu Nicomedia/welche vm̄ warer erkantnuß Christi willē/vnder Diocletiano dem Tyrannischē Römischen Keyser/neben vil anderen frommen vnd bestendigen Christen getödt worden.

Julianus Antiochenus/Item Viennensis in Gallia/dise seind auch vmb Christlicher bekandtnuß willen/vnder Diocletiano getödtet worden/In derselben verfolgung war Diocletianus gantz vnsinnig mit toben vn̄ wüten wider die heiligē Christen/welches weret zehen jar/Im xix. jar seiner Regierung/hat er in einem jar (Damascenus aber schreibet inn 30 tagen) 17000. Christen mit grewlichen peinen vnd plagen lassen vmbbringen/vnd aller Christen Tempel/Heuser/vnd Wonung schleyffen vnd verbrennen. Er hat jhn auch alle jre bücher ins fewr lassen werffen vnd verbrennen.

li E xvij
Dioscorus

In der grossen verfolgung der Christen vnder Decio/im jar Christi 152. ist vnder andern Christen auch diser Dioscorus/ein Knab von xv jaren/gefengklich angenommen/vnnd für den Richter gefürt worden/ Disen hat der Richter vmb seiner jugendt

E iij

willen/erstlich mit freundlichen worten ver=
füren/darnach aber mit etlichen harten pei=
nigungen/zur abgötterey mit gewalt zwin=
gen wöllen/Diser knab aber blib bestendig
in Christlicher bekandtnuß/ vnnd förchtet
sich gar nicht vor der grewlichen marter/ ja
auch nit vor dem todt/darob sich der Rich=
ter höchlich verwunderet/dann er alle fra=
gen/so jhm fürgelegt waren/mit besonde=
rer bescheidenheyt gantz weißlich verant=
wortet hat/Der Richter hat jm auch nicht
am leben thůn sonder seiner jugent verscho=
nen wöllen/vnnd jhn ledig gelassen/Euse=
bius lib. 6. cap. 41.

con
G
xviij
Germani-
cus.

IN der grewlichen verfolgung der Chri=
sten/so in Asia geschehen/vnder M. An=
tonino Vero Römischen Keyser/im jar
Christi 170.ist vnder andern auch diser Ger=
manicus in warer Christlicher bekandtnuß
Ritterlich bestanden/Dann wiewol jn des
Burgermeysters statthalter mit freundli=
chen worten/jhm seine blůende jugent für=
haltendt/abzuwenden vnderstanden hat/
ist er doch in seinem bekandtnuß vnbewegt
blieben/vnd hat selbst one verzugk der wil=
den Thier eins/zu denen er gefüret wardt/
ange=

Februarius, Hornung. 47

außgereitzt/ vnnd gleich von jhm dahin ge=
zwungen/ damit er von jhnen vmbbracht,
vnd auffs båldest auß disem elenden lebē
erlöset wůrde. Eusebius libro 4. cap. de-
cimoquinto.

¶ Germanus / Diser ist ein Christlicher
Bischoff inn Franckreich zu Pariß gewest,
Er hat gelebet zu der zeit des Königs Chil-
deberti/ Anno Christi 530.

DA Decius die Christen in der Statt A-
lexandria hefftig verfolget/ im jar Chri
sti 253. stunden etliche auß seinen Kriegsleu-
ten/ mit namen Ammon/ Zenon/ Ptolome=
us/ Ingenuus / auch ein alter Kempffer
Theophilus/ gemeynlich vor dem Richter=
stůl / Als mann aber einen Christen seines
glaubens halben zum todt verurteyln wol-
te / vnnd sie vermerckten / daß er vmb for=
chte willen des todts vnnd der marter ver
zagen/ vnnd den glauben verleucknen wol-
te/ haben sie jhn mit wincken/ deuten/ vnd
anderen geberden jhres leibs zur bestän=
digkeyt vermanet/ Da solches alles volck
sahe/ ehe mann handt an sie gelegt/ sein sie
freiwillig selbs fůr den Richterstůl getrettē/

jun
A
tix
Ammon.

E iij

Februarius, Hornung.

vnnd da bekandt, daß sie auch Christen seyen, Darüber erschracke der Richter mit seinen beisitzern. Als mann sie nun zum todt hinfürte, sein sie gantz gehertzt gewest, vnd in bestendiger Christlicher bekandtnuß hingerichtet worden. Eusebius lib. 6. ca. 41.

GeBxx
Zwen edel knaben.

IN der gemeinen grewlichen verfolgung der Christen, so vnder den Römischen Keysern, Diocletiano vnd Maximiano, im 306 jar Christi bescheben, sein vnder anderen zwen jung edle knaben gewest, dise, da sie vmb Christlicher bekantnuß willen auch gegriffen, vnnd gezwungen wurden, den Heydnischen Götzen zu opfferen, haben sie bestendiglich geantwort, vnd gesprochen: Fürt vns nun bald zu ewrer Götzen Altar, Da mañ sie dahin gebracht hatte, haben sie jre hende frei selbs williglich ins fewer gestossen, vnd gesagt: Wolan wañ wir vnsere hed wider herauß zihē werdē, solt jrs gentzlich darfür halten, dz wir hiemit ewern Götzen geopffert haben, Aber sie bliebē bestendig, vnd hielten jre hend so lang im fewer, biß daß alles fleisch daruon verzert vñ verbrunnen war, darüber sich alle vmbstender höchlich verwunderten. Euseb. li. 8. cap. 11.

Diser

Februarius, Hornung.

Iser Auxentius ist ein frommer Christ/ vnnd anfengklich der fürnembste Notarius an des Keysers Licinii hoff gewest/ für dem Keyser hat er auff die nachfolgende weiß bestendiglich bekandt/ Der Keyser hatt in seinem palast einn herzlichen Saal/ darinnen ein springender brunnen gebawet/ vnnd neben dem brunnen die bildtnuß des Abgotts Bacchi auffgerichtet / vmb welches Bildt ein schöner Weinstocke gepflantzet ware. Nun kame der Keyser an solches orth sich zuerlüstigen / vnd mit jhm diser Auxentius / vnder anderen sihet er einen grossen zeittigen trauben / den befalhe er Auxentio abzuschneiden / Vnd da er solchen abgeschnitten / befalhe jhm der Keyser / er solte jhn zu den füssen des Abgotts Bacchi legen/ Auxentius aber antwortet/ vnnd sprach : O Keyser das thu ich nicht/ dann ich bin ein Christ/ Darüber der Keyser erzürnet / vnnd jaget jhn vonn sich hinwegk/ vnd müste sein dienst verlassen/ welches er gern / vnnd williglich gethan hat. Hæc Suidas, &c.

tunc
C
xxj
Auxentius

Pe
D
xxij

Peter stů feier.

Von S. petro dem Apostel / wöllen wir an einem andern ort / vnd diß mal von etlichen andern heiligen Christen / so peter geheissen / sagen. In zeit der verfolgung der Christen / vnder Maximino / im jar Christi 239. ist ein Petrus Bischoff zu Alexandria gewest / Diser hat hefftig die Noustianische Secten / wider Melitum / widerfochten / vnd lich ist er vmb bestendiger bekandtnuß willen / geköpfft worden / Euseb. lib. 9. cap. 6.

Es ist noch ein petrus / einer auß den jungen Fürsten des Keysers Diocletiani gewesen / welcher dieweil er sich vernemen ließ / daß der Keyser die Christen vnbilicher weise so jämerlich martern vnd tödten ließ / hat der Keiser in lassen fahen / vñ gantz nackend auffhencken / vnnd am gantzen leib mit rütten streichen / darnach essig vnd saltz genommen / vñ in die wunden geschütt / nachmals ist er auff einen Rost gelegt / darauff gebraten / vnd in höchster gedult vnd bestendigkeyt gestorben / Eusebius libro 8. cap. 6.

Von andern Heiligen Männern diß namens / wirdt gemelt Trip. lib. 7. ca. 37. lib. 3. cap. 14. &c.

Diser

Februarius, Hornung.

❡ Iser ist ein fürtrefflicher Carthaginensischer vnnd Christlicher leerer gewest/ Er hat vnder Seuero Pertinace/vnnd Antonino Caracalla/Römischen Keysern/vnd nach der geburt Christi 200. Jar gelebt/ Der heilig Cyprianus hatt so grossen lust vnd gefallen seine schrifften zulesen/ daß er keinen tag hat lassen fürüber gehen/ an welchem er nicht etwas in seinen schrifften gelesen/vnnd gelernet hett/ Er ist wol alt nach vil er mühseligkeyt vnnd grosser arbeyt/ in warer Christlicher bekandtnuß gestorben

Lactantius Firmianus lib.5.cap.1.gibt zeugknuß vonn disem Tertulliano/ vnnd spricht: Septimius Tertullianus fuit omni genere literarum peritus, sed in eloquendo parum facilis, & minus comptus, & multum obscurus fuit &c.

trum
E
xxiij
Tertullianus.

❡ Iser ist an statt Judæ des verräthers/ zu einem Apostel erwelt worden/ Act. 1. Euseb. lib.1. cap.14. schreibet/ daß er einer auß der zal der lxxij. Jünger gewest sei. Diser hat nach etlicher meinung drei vnnd dreissig Jar inn Judæa vnnd Galilæa geprediget. Sanct Hieronymus schreibet/ daß er auch inn Ethiopiam kommen/

Mat
E
xxiiij
Mathias.

Etliche

Februarius, Hornung.

Etliche wöllen/ er sei in Macedonia versteiniget/ vnd nach Römischer weiß/ dem Römischen Pfleger zugefallen/ mit einem fallbeyl enthaupt worden.

Matthias Weybel ist bürtig gewest auß einem Dorff Martisfeldt genannt/ nit weit vonn Kempten gelegen/ dem Apt daselbst zugehörig/ von Kempten ist er ghen Wien auff die hohe schül geschicket/ daselbst hat er fleissig in der heiligen schrifft studiret/ vñ ist

Februarius, Hornung.

ist nachfolgend durch die schrifften D. Martin Luther zu warer erkandtnuß Christi gebracht/ vnnd hat angefangen widder die Mönchische abgötterey/ vnd sonderlich wider den geistlichen stoltz/ Büberey/ schandt vnnd laster zu predigen/ Darüber ward der Apt vnd andere Geistlose ergrimbt/ vnnd namen jn gefengklich an den nechsten Sontag nach Bartholomei/ im Jar 1525. vnd ward auch den 12 tag heimlich hinweg gefürt/ vnnd in einem Waldt an einen ast gehenckt vnd vmbbracht.

Dser Nestor ist auch ein bestendiger bekenner Christi gewesen/ welcher neben andern seiner Christlichen Brüdern drei/ in der zeit Juliani des Tyrannischen Keysers/ Im Jar Christi 366. ist grewlich gemartert vnnd gegeißlet worden/ Etliche aber so jhn hinauß zum todt geschleifft/ haben sich sein/ vmb seiner eusserlichen vnd innerlichen gestalt vnd schöne willen/ erbarmet/ vnd jhn/ da er noch ein wenig lebt/ vor dem Thor ligen lassen/ Vonn dannen haben jhn etliche fromme trewe Christen auffgehaben/ vnd zu einem frommen man/ Zenon/ getragen/ In welches hauß/ da mann jhm seine wunden

Nestor.

den verbinden vnd heilen solt/ in beståndi‐
ger bekandtnuß Jesu Christi/ von disem e‐
lenden jamerthal abgeschieden/ vnnd in die
geselschafft seiner lieben dreien brüder auff
genommen worden/ Eccles. histo. libro 9.
cap. 5.

am
A
xxvj

Victoria‐
nus.

DIser ist ein fürnemer Bürger gewesen/
auß der Statt Adrumetina/ aber dar‐
nach Bürgermeister gewest in der stat Car
thago/ Er ist bei dem Gottlosen König Hu
nerich inn grossem werth gewesen/ welcher
jhn freundtlich selbs besprach/ daß er doch
die Arianische Secten wölle annemen/ Er
aber weigert sich solchs mit bestendigem ge
müt vnd sagt: Machts mit mir wie jr wölt/
verbrennt/ martert/ vnnd werffet mich den
wilden thieren für/ so solt jhr doch wissen/
daß ich von dem bundt/ so ich in der heyli‐
gen tauff mit meinem Herren Jesu Christo
gemacht hab/ nicht abweichen, vnd an jhm
meineydig werden wil. Darüber ergrim‐
met der Tyrann, vnd ließ jhn grewlich zer‐
schlagen/ vnd vilerley plag anlegen/ Endt‐
lich ist er in Christlicher gedult vnd besten‐
digkeyt/ getödtet worden. Victor. libro 3.
de Vandal. persec.

Ein

Februarius, Hornung.

Ein ander Victorinus ist zu der zeit Constantii zu Rohm in grossen ehren gewesen/ vmb seiner kunst vnd wolredenheit willen. Sanct Jeronymus ist sein Jünger vnd zühörer gewest.

DIser ist ein Christlicher vnd starckmütiger Hispaliensischer Bischoff gewest/ dann er hat mit seiner sonder Christlichen weißheit vnnd starckmütigkeyt die Tyrannischen Gothos von der Arianischen Gottlosen vnsinnigkeyt abgewendet/ Vnd in Hispania hat er das Euangelium von Christo rein vnd lauter gelert/ vnd wider die schädliche Arianische Secten hefftig gestritten. Gregorius Magnus hat jhn lieb gehabt/ vnd vil von jhm gehalten/ Er hat jm auch etliche schrifften/ so er über das Büch Job geschrieben/ zügeeygnet.

in B xxvij Leander.

DIse Hildegardis ist ein erbar/ tugentsam/ Christliche frawe/ vnd vorsteherin eines Jungfraw Christlichen Conuents/ nit weit von Binge am Reyn/ gewesen/ Die ist mit sonderer gnad zükünfftige ding anzuzeigen/ begabt gewest/ wie dañ ihre weissagung noch inn schrifften vorhanden sein. Sie

de C xxvij Hildegardis.

Sie hat gelebet vngefehrlich vmb das Jar Christi 110. Darnach sein vil dergleichen heilige Weiber vnd Jungfrawen gefolget/ welche mit hohen Christlichen tugenden/ weißheyt vnd besonderen Geist der weissagung begabt gewest sein/ Daruon wir auch droben von S. Brigida vnd andern mehr gesagt haben.

Dise weiber vnd Jungfrawen/ so mit solchem prophetischen Geist begabet gewest sein/ haben die alten/ auch die Heyden/ Sibyllas, das ist/ weise vñ fürsichtige frawen genant.

Martius, Mertz/
Hat xxxi. Tag.

Mar
D
i
Albinus.

ALbinus ist gewest Episcopus Adelgauiensis. Diser hat gelebt vmb das Jar Christi 720. Er ist seiner Kirchen/ vnd Bischofflichen Ampt die zeit seiner verwaltung Christlich vnd wol vorgestanden.

Es ist noch ein ander Albinus gewest/ ein Englender/ welcher vnder dem Keyser Diocletiano/ vmb beständiger warer Christlicher

cher bekandtnuß willen/getödt worden.

Es ist auch noch ein Albinus gewest/ welcher nach dem Festo im Jüdischen Lande ist Landtpfleger gewest / Dises wirdt gedacht inn der Apostel geschicht / von der gefengknuß des Apostels S. Pauli/ Acto. cap. 25. 26.

Simplicius ist zu der zeit des Tyrannischen Keysers Diocletiani zu Rohm/ vmb warer bestendiger Christlicher bekantnuß willen/gestorben.

¶ Diser Salutaris ist mit dem Bischoff zu Carthago / Eugenius genannt / sampt anderen Christlichen Kirchendienern / ins elend verjagt/vnd vmb warer bekandtnuß willen grewliche verfolgung erlitten. Diser Salutaris hat neben anderen vilen frommen Christen solche verfolgung gelitten vñ der einem Tyrannen vñ abtrünnigen Christen/Elpidophorus genant / Vnder disem Tyrannen hat sich auch gantz bestendiglich gehalten einer/Muritta genannt/ein Carthaginensischer Gottseliger Diaconus/Dauon schreibet Victor, im iij. Buch der Wendischen verfolgung.

Simplicius & Salutaris.

Martius, Mertz.

Lucius.

Diser Lucius ist ein Christlicher Bischof in Aphrica gewest/ welcher vnder dem Keyser Valeriano/ vmb Christlicher bekantnuß willen/ist getödtet worden/ Er wirdt hoch gerhümbt von dem Heiligen Cypriano/im vierdten Buch seiner Episteln.

Es ist auch noch ein Lucius/welcher Cyreneñsis genannt/ vnnd für einen leerer in der Antiochenischen schül gehalten/ Darvon beschicht meldung in der Apostel Geschicht/ Capit. xiij. Es waren aber zu Antiochia lerer vnd Propheten in der gemein/ Nemlich Barnabas/ vnd Simon/ genant Niger/ vnd Lucius von Cyrenen.

Adrianus.

Adrianus ist gewesen ein Kriegshauptman/ Da er aber gesehen/ daß Maximianus Römischer Keyser 33. fromer Christen vnschuldigerweiß ließ greiffen, vñ grewlich martern/ vnd daß sie (die Christen) solches alles gedultigklich vnd bestendiglich erlitten/ hat er sich ob solcher gedult vnd bestendigkeit dermassen entsetzet vnnd verwundert/ daß er begeret seinen namen auch vnder die zal der gepeinigten Christen geschriben vnd verzeichnet zuwerden/ Er ist auch von seinem weib höchlich zur bestendigkeyt

im

Martius, Mertz.

im glauben entzündet vnnd vermanet worden.

Es ist auch fast zu derselbigen zeit ein Adrianus gewest/ welcher in Egypten durch bestendigkeyt der Christen/ zu Christlichem glauben ist bekert/ vnnd endtlich ins Meer geworffen vnd ertrencket worden.

DIser Eusebius ist gewest ein Bischoff Cæsareæ Palestinæ, ein fürtrefflicher erfarner man/ in Heiligen vnd Göttlichen sachen/ vnd geübt in allerley sprachen/ vnd ein fleissiger alter geschicht erkündiger/ Er ist anfengklich den Arianis günstig gewest/ Trip. lib. 2. ca. 7. Darnach hat er sich in dem Synodo Nicæna widerumb zu den rechten Christen gethan/ vnd hat selbst die bekantnuß gestellet/ welche mann nennet Symbolum Nicænum. Er hat ordenlich von Christo an biß auff die Regierung Constantini Magni/ die gschicht so sich in der ersten Kirchen zugetragen haben/ mit sonderem fleiß beschrieben/ vñ ander mehr nützliche schrifften an tag bracht/ Er hat gelebt vnder Constantino Magno/ Nach Christi geburt 320. jar. Vnder dem Keyser Constantio ist er seliglich gestorben.

Eusebius

Martius, Mertz.

a
B
vj
Fulgentius

DIser ist ein fürtrefflicher Christlicher Carthaginensischer man gewesen / ein Bischoff Ruspensis. Inn der Wendischen grewlichen verfolgung ist er in Sardiniam verschickt / Vnnd da er nach stillung solcher grewlichen verfolgung wider anheims kom̄en / hat er vil fürtrefflicher schrifften in allerley händeln lassen außgehen / vnd an tag kommen / wie dann solche von dem hochberümbten Apt von Spanheim offt vnd vil mal angezogen vnd erzelet werden. Er hat gelebt vnd geleuchtet / nach Christi vnsers erlösers geburt 500. jar.

per
C
vij
Perpetua & Foelicitas.

DIse zwo Christliche Frawen sein gantz zu vngelegener zeit den wilden thieren jämerlich zuzerreissen fürgeworffen word̄ / dann Felicitas war schwanger / vnd nahet sich die zeit jhrer geburt / Perpetua aber die hatt ein junges saugends Kindelein / Sie aber liessen sich gäntzlich solichen schmertzen vnnd hertzenleydt vonn warer erkandtnuß Christi abzuweichen nicht bewegen / sonder blieben in solchem gantz bestendiglich.

Dise Tyrannei ist an jhnen geübet worden in Mauritania / vnder dem Keyser Valeriano / ij Martij / vnnd nach der rechnung Eusebij /

Martius, Mertz. 61

Eusebij/nach Christi geburt 259. Darvon auch S.August. Item im 16.Buch Commenta.Volater.

Iser ist geweſt ein oberſter werckmey=
ſter Saporis/des Königs inn Perſia/
Dieweil er ſahe daß Ananias/da mann jhn
neben andern vmbs Chriſtlichen glaubens
willen tödten ſolte/etwas zittert vnnd ver=
zagt war/ſagte er zu jhm: O lieber alter
Vatter/thů deine augen nur ein kleine weil
zů/vnnd halt dich männlich/dann du wirſt
gar baldt das herrlich Liecht Gottes ſcha=
wen.   Vmb ſolicher tröſtlicher rede willen
warde er auch gefangen/vnnd für den Kö=
nig geführt/dieweil er dann freudig bekand
te/er were auch ein Chriſt / warde er auff
vnerhörte weiß grewlich gemartert/Vnnd
neben jhme warde auch gemartert ſeine To
chter/ein ſchöne vnd keuſche jungfraw/Be
ſchehen im dreihundert acht vnnd vierzig=
ſten jar Chriſti. Eusebius libro secundo,
capite undecimo Ecclesiasticæ histo-
riæ.

de
S.
viij
Puſices
Martyr.

Martius, Mertz.

*Co
E
ix.
XL.
Ritter.*

DEr Keyſer Licinius ließ ein Mandat außgehen / daß er keinen bekandten Chriſten ann ſeinem hoffleiden wolt / Vnder welchem ſeind diſe 40. Ritter alle beſtendig im Chriſtlichen glauben gefunden worden/ darüber der Keyſer vnnd ſeine Amptleuth ſo zornig worden/ daß ſie dieſelbigen gantz nackendt außzogen / vnnd im kalten winter auff einen gefrornen Weier ſetzten/ daſelbſt müſten ſie jämerlich erfrieren/ welches ſie mit groſſer beſtendigkeyt erlitten/ Allein einer auß jnen/ der wolte ſolcher marter entpfliehen / aber ſo baldt er wider ins warm waſſer kame/ müſte er doch mit ſchande vnd ſchaden inn verzweiffelung ſterben/ Beſchehen im 320 jar Chriſti / zu der zeit Licinij des Tyranniſchen Keyſers. Hæc Baſi. Mag.in Con.

*ra
F
r
Apollonius.*

WIewol die Tyrannei der Heyden widder die Chriſten / zu der zeit da Commodus nach abſterben ſeines Vatters M. Antonini Veri / als einn Römiſcher Keyſer regierte/ hatt etwas nachgelaſſen / Jedoch kundte der Teuffel jnen ſolche rhů nit günnen/ ſonder richtet wider grewliche Tyrannei wider ſie an / In welcher verfolgung iſt
auch

Martius, Mertz. 63

auch diser Apollonius vonn einem (wie jhn Hieronymus nennt) Severus genant/ verrathen vñ für Gericht gestellt/ aber der verräther ist auff befelh des Keysers durch Perennium den Obersten Richter zu dem radt verdampt/ vnd getödtet/ Auch Apollonius in höchster bestendigkeyt Christliches glaubens zu Rohm geköpfft worden / Im 190. Jar Christi/ im 8. jar Commodt. Euseb. lib. 5. cap. 18, 21.

Nach Christi geburt 348. auff den Charfreitag hat der Sapores/ König in Persia/ ein grewlich Mandat lassen außgehen/ vnd befolhen/ daß man alle bekandte Christen tödten / vnd allerley marter vnnd plagen anlegen soll. Als mann vil tausent Christen jämerlich vmbbracht / sein auch vil an des Königs hoff auß seiñ fürnembsten dienern getödt wordē / vnder welchē diser Azades/ des Königs Kämerling/ welchē er sehr lieb gehabt/ auch einer gewest ist/ Da solchē todt der König erfaren/ ist er sehr betrübet darüber worden / vnd hat befolhen/ mann solt hinfürter nicht mehr inn gemeyn ohne vnderscheydt die Christen/ sonder allein jhre vorsteher vnd lerer/ vmbbringen/ vnnd verjagen. Sozo. lib. 11. cap. 2, Eccles. hist.

Azades.

F iij

Martius, Mertz

**Gre
A
rij**
Gregorius

Dieweil etlicher Gregorij hinundwider offt meldung beschicht/ wöllen wir hernach vonn etlichen auch kürtzlich etwas sagen.

 Ein Gregorius ist in Ponto bürtig/ vnd ein Bischoff Neocæsariensis in Cappadocia. Diser hat ein schöne bekandtnuß geschrieben von den dreien vnderschiedlichen personen in der Gottheyt/ oder des Göttlichen wesens/ welche er in dem Antiochenischen

schen Concilio wider die falsche leer pauli Samosateni / einbracht vnnd fürgeleget hat. Er hat auch groß wunderwerck gethan / Einen Teich hat er gantz außgetrücknet / darumb zwen brüder zanckten. Er hat einen berg versetzt / Apollinis Teuffels gespenst hat er gestillt / Eusebius lib 7. ca. 24. 25. Trip. 8. cap. 8. Er hat gelebt nach Christi geburt 260.

 Ein anderer genannt Gregorius Nazianzenus / auß Cappadocia bürtig / sein Vatter ist ein Bischoff daselbst gewest / dem er nach seinem absterben ist nachgefolget / Ist gewest ein mitgesell Basilij / vnnd ein Zuchtmeyster Sanct Hieronymi. Es ist ein fürtrefflicher beredter vnnd geleerter man gewest / wie solches noch heutiges tags allerley seine schrifften bezeugen / Er hat ein zeitlang nach Sanct Basilio gelebt / vnd Bischoff zu Constantinopel gewest / eben zu derselbigen zeit / da ein Concilium daselbst widder Macedonium gehalten ist worden. Er ist gestorben nach Christi geburt 400. Eusebius histo. Ecclesi. lib. 11. cap. 9. Item D. Iero. in Catal. scrip. &c.

 Ein anderer wirt Gregorius Magnus genannt / diser wirdt vnder die vier fürtreffliche leerer der Kirchen gezelt. Er ist ein Rö

mer/vn̄ von einer fürtrefflichen Rathsper-
son geboren / Er hat in seiner jugendt in ei-
nem Benedictiner Closter studirt/Darnach
ist er zu einem Röm. Bapst erwelt worden/
vnd hat 13. jar solches versorget/Er hat vil
Ceremonias vnnd Bäpstische gesetz inn die
Kirchen eingefürt/vnd zu seinen vnd nach
seinen zeitten / ist die kirche mit vilen vnnö-
tigen vnd abgöttischen gebräuchen / Cere-
monien/vnd auch falschen leeren beschwert
wordē/ Auch ist nach jm vnder Phoca dem
Keyser/ der grewlich Machomet mit seiner
Tyrannei entstanden / Anno Christi 630.
Diser Gregorius ist gestorben Anno Chri-
sti 605.

Ge
B
rüj
Macedoni-
us.

Zu Meropel in phrygia gelegen/war ein
Amptman / der befahle die Abgöttische
Tempel widder auffzuschliessen/ vnnd ri-
chtet darinnen die Abgöttische Bilder
widder auff / Darüber warde diser Mace-
donius mit vil frommen Christen sehr be-
trübet / vnd auß Christlichem eiffer giengē
sie bey der nacht inn Tempel/ vnd zerrissen
alle Bilder/ so der Amptman auffgerichtet
hatt / Darüber warde er grewlich ergrim-
met/vnd gedachte vil Bluts der vnschuldi-
gen Christen zuuergiessen/Macedonius a-
ber

der sampt etlichen seinen gesellen / stelten sich freiwillig dar / als die Thäter.

Dieweil sie aber den abgöttern nicht wolten Opffern / ließ der Amptman disen Macedonium vnd andere mehr / auff befelh Juliani des Keysers grewlich martern / vnd zu letst vff einem Rost braten / In solcher marter sprachen sie mit freudigem hertzen zu dem Amptman / O Amachi / wann du lust hast von gebrattenē fleisch zu essen / so wende vns vmb auff die ander seiten / damit du nit etwas an vns / das nur halber gebraten were / finden möchtest / Solches ist geschehen vnder Juliano Römischem Keyser / im 366. jar Christi.

IN der Wendischen verfolgung hat sich ein wunderwerck Gottes zu Typasa in Mauritania gelegen / zugetragē / Die Christlichen bürger dieweil sie sahen / daß mann jhnen mit gewalt Cirÿllum einen Ketzerischen Arianischen Bischoff eingesatzt het / haben sich der mehrer theyl auff Schiffen auß der Statt inns elendt begeben / Die anderen aber / so noch in der statt blieben / dieweil sie die Arianische Secten nit wolten annemē / sonder darwider redtē / da bestelt der König

ri
C
xiiij
Reparatus

König zu Carthago einen Grauen / daß er alle Christen auff den Marck zusamen treiben / vnd jhnen die recht handt abhawen / vnd die zung auffs tieffste auß dem rachen reissen solte / Solchs halff nit / dann sie auß wunderbarlicher wirckunge Gottes / gleich wie vor / deuttig geredt haben / Vnder disem hauffen ist auch diser Reparatus gewesen / welcher nachmals am hoff des Keysers Zenonis in grossem werth vnnd lieb gehalten worden / Daruon schreibt Victor. libr. 3. de Vand. persec.

Ω
ω
xv
Longinus

DIses Longini beschicht meldung in dem Euangelio Nicodemi / Er ist der Hauptman gewest / welcher zu Christo kommen / vnnd mit festem glauben begert / daß er seinen krancken knecht allein mit einem wort wolte gesundt machen. Jesus verwundert sich ob solchem glauben dises Hauptmans / vnd rhümet vor allem volck solichen seinen glauben / vnd saget / Ich sage euch / solchen glauben hab ich in Israel nit funden / ꝛc.

Mann schreibt von disem Longino / daß er nach solchem Mirackel / vnd der predige Christi / sei zu warem Christlichen glauben bekert worden / vnnd sei auß Christlichem eifer

eifer in Cappadociam gezogen/daselbst habe er bestendiglich das Euangelium vonn Christo gepredigt/ vnd vil zu Christlichem glauben bekert/ Endtlich ist er/wie andere Apostel/ daselbst geköpffet worden/vnd in bestendiger bekandtnuß Christi gestorben.

GOroranes der persische König folget seinem Vatter/ Isdigerdes genannt/ nach/vnd richtet grewliche vnerhörte Tyrannei wider die Christen an/In welcher verfolgung war auch diser Hormisdas võ adelichem stammen/Disen wolt der König zwingen/daß er des Zimmermans Son (also nant er spöttlicher weiß den Herrn Christum) solte verlengknen/ vñ solt seine Götter anrüffen/Darauff er jm geantwortet: O König/ du begerst võ mir nichts ehrlichs noch nützlichs/dann der den Allmechtigen/warhafftigen Gott darff leichtfertiger weiß verleucknen/ der darff auch leichtlich den König verleucknen/ vnd zuuerachten vnderstehn/ Darüber warde er seiner weltlichen ehren entsetzt/vnd müste nacket vnd bloß die Camel des Königs/den Christen zu spott/vñ her füren/Endtlich ist er geköpfft/vnnd in die zal der heiligen vffgenommen worden/ Hist.Trip.lib.10.cap.31.

cir
E
xvj
Hormisdas.

Dises

Martius, Mertz.

**Ger‍</br>
E‍</br>
rtú**</br>
Gertrudis

Dises ist ein Toch‍
ter Pipini gewe‍
sen/ des Fürsten vnd
Königes inn Franck‍
reich/ Es ist ein Got
tesförchtige keusche/
vnd sonderlich gegn
den armen ein barm‍
hertzige vnd wolthä‍
tige Jungfrawe ge‍
west/. Sie ist im 33.
jar jres alters seliglich in bestendigem glau‍
ben an Jesum Christum gestorben/ Sie hat
gelebt vmb das 650. Jar Christi. Sie hat
auch mit den Christlichen frawen vnd jung
frawen/ gut kundtschafft gehabt/ vnd hat
dieselbigen offt besücht/ vnd auch zu sich ge
fordert/ vnnd mit jhnen gantz keusch vnnd
Christliche gespräch vnd gemeynschafft ge
halten/ wie dann solches Christlichen Jung
frawen gebürt zu thůn.

Dise Gertrudt halten die alten Weiber/
daß sie Mäuß/ Ratten/ vnd ander vngezif
fer vertreibe/ so sie angebeten wirdt.

ES seindt etliche heiligen Christen/ so Alexander geheissen/ gewest/ Es ist einer ein Bischoff zu Jerusalem gewest/ auß dises Bibliotheca hat Eusebius vrsach genomen/ sein Kirchen historiam zubeschreibē/ wie er solches selbs bekennet lib. 6. cap. 16. Diser Alexander ist vnder Diocletiano gemartert vñ getödtet worden. Eu. li. 6. ca. 19.

Ein ander Alexander ist ein Bischoff gewest zu Alexandria/ wider den hat Arius der Ketzer auß stoltz etliche Gottlose schrifften von dem Son Gottes gethan/ Dauon Hist. Trip. meldung thut/ lib. 1. cap. 12. 13. 14.

Ein ander Alexander ist Bischoff gewest zu Constantinopel/ diser sampt dem Alexandrinischen Bischoff/ hat hefftig widerfochten die Arianische Ketzerey/ Hist. Trip. lib. 1. cap. 14. Er hat 33. jar dem Bisthumb zu Constantinopel vorgestanden/ vnd hat gelebt 98. jar/ Trip. lib. 4. cap. 8.

Ein ander Alexander ist ein Christlicher Artzt gewest in Franckreich/ Diser ist zu Leon den wilden thieren fürgeworffen wordē/ Dieweil jm aber die thier kein schaden thūn wolten/ ist er sonst erwürgt worden/ zu der zeit des Keysers Antonini Veri. Eusebius libro 5. cap. 3.

72 Martius, Mertz.

A A xix Joseph.

JOseph ist ein Son Jacobs auß Rachel geboren/im 2199 jar/von der Welt schöpffung/im 91. jar seines Vatters alter/im 108. Jar seines Vatters alter ist er vonn seinen eygnen brüdern in Egypten verkaufft worden/da er 17. Jar alt gewesen/vnd daselbst auff falsches anklagen seines Herren frawen in gefengknuß geworffen worden/ Endtlich ist er daruon erlediget/vnd durch jhn der ware Gottes dienst in Egypten auß gebreytet worden/ Er hat gelebt 110. jar/ Vonn jhm wirdt gemelt Genesis 37. 39. 40.
biß

Martius, Mertz.

biß ans ende des ersten Buchs Mosi.

Es ist auch ein ander Joseph gewest / welchem Maria die reine jungfraw / die mutter Christi / vertrawet warde / Darvon in dem Euangelio meldung beschicht / Matth. 1.13. Luc. 1.2.3.4.

Joseph von Arimathia / ein fürtrefflicher reicher Jüd / Diser hat Christum helffen begraben / vnd ist darnach von den Aposteln in dem namen Christi getaufft / vnnd in die zal der Jünger Christi genommen worden / Vonn dem beschicht meldung Matth. 27. Mar. 15. Luc. 23. Johan. 19.

Gordius ist ein bestendiger vnd Christlicher Kriegsman gewest / zu der zeit Maximiani des Römischen Keysers / Dieweil er aber nicht wolt die abgötter anbeten / sonder bliebe inn bestendiger Christlicher bekandtnus / ist er verbrennet worden / In der höchsten marter hat er sich mit dem 118. Psalmen / vnnd anderen / getröstet: Der Herr ist mit mir / was können mir menschen schaden? O Gott ich förchte kein vnglück / dann du bist bei mir. Also ist er bestendiglich in warem vnnd bestendigem bekandtnuß Christi gestorben.

ba B xx
Gordius & Gothardus.

G

Martius, Mertz.

Dauon schreibt ein eygne predig der H. Basilius/ Pag. 365.

¶ Gothardus/ diser ist ein Beyer/ vñ der erste Apt zu Hirßfeld gewest/ vnd darnach Bischoff zu Hildesheim worden/ Er hat gelebt zu der zeit Hen. Sanc. Imp. Año 1020.

be
C
xrj
Otho.

Diser ist ein frommer Christlicher Bischoff gewest/ vnd ist erwelet vnnd verordnet worden vonn Henrico dem vierdten Röm. Keyser/ Im jar Christi 1102. Diser hat erstlich die pommerische Grentz durch sein bestendige predigten vnd leeren/ zum Christlichen glauben bekeret.

Onesimus/ diser hat zu Rom philemoni gedient/ vñ vmb eines diebstals willen ist er von jm abgewichen/ Da er solches bekandt vñ büß thet/ vnd zum Christlichen glauben bekert ward/ hat S. paul. jn mit seinem Herren wider versönt/ vñ zu gnaden gebracht/ darnach ist er der Kirchen zu Epheso fürgestandē/ Sol endlich zu Rom/ vmb bestediger bekantnuß willen / versteiniget wordē sein.

Onesiphorus ist ein Christlicher Jünger S. pau. gewest/ des er selbs gedēckt 2. Ti. 4.

ne
D
xxij
Victor.

Dises namens seindt etliche Christliche männer gewest/ Einer ist ein Egyptischer kriegsman gewest/ vnd vmb Christliches glau

Martius Mertz. 75

...llē/ vnder Antonino Römisch
...ombbracht worden.

...erer Victor ist auch ein Christli-
...nan gewest/ diser hat auch Chri
...diglich bekandt/ vnnd darumb
...vnnd den todt gelitten/ vnder
...Römischem Keyser.

...er/ Victor genannt/ Bischoff in
...west/ Diser ist auch vmb Christ
...ns willen/ vnder Galieno Röm.
...dt worden/ Diser wirt hoch ge-
...S. Cypriano/ lib. 4. Epi.

...S. Mauritij ist auch ein Victor/
...us/ gemartert worden/ vnd ne-
...m Victoriam, das ist/ den Sig
...ñ teuffel/ durch die gnad Got-
...n/ vnd die vnnerweltliche Kron
...eyt erlangt/ ꝛc.

...es ist ein Christliche vñ keusche
...he Jungfraw gewest/ welche
...wo schwestern/ Spe & Cha-
...Christlichen glauben bestendig-
...ster freudigkeyt/ bekandt hat/
...sie auch zu der zeit vnd Regirũg
...mischen Keysers sein zu Rohm
...nd in höchster gedult jämerlich
...vorden.

iunc
E
xriij
Fides.

G ij

Martius, Mertz.

Paphnucius.

Iser paphnucius/ein Gottseliger vnd Christlicher man/ist auch in der versamlung gewest zu Nicea/zu der zeit Constantini des löblichen Keysers/Er ist ein Bischoff gewest in Egypten/In der verfolgung der Christen vnder Maximiano/ist jhm neben andern Christen/sein recht aug außgestochen/vnd die knieschciben an dem lincken fuß hinwegk geschnitten/vnd in die Ertzgruben verwiesen. Er hat grosse wunderwercke gethan/er hat sich hefftig widder das Decretum des Concilij von der priester vnnd Geistlichen gelübd/gelegt/vnnd stundt offentlich auff/vnd sprach: Mann sol den priestern solch schwer Joch nit aufflegen/Vnnd vertheidiget gewaltig den heiligen Ehestandt. Der Keyser Constantinus hatt jhn so lieb/daß er jhn stettigs bei sich inn seinem gemach gehalten/vnnd hat jhm das auge/so jhm vmb Christlicher bekandtnuß willen außgestochen/geküsset/ Darvon weitter Ruff. in quarto & decimoseptimo capitibus libri primi. Soz. cap. undecimo libri primi Ecclesiasticæ historiæ.

Im

Martius, Mertz. 77

Jm sechsten monat warde der Engel Gabriel gesandt von Gott / in ein Statt in Galilea / die heisset Nazareth / zu einer Jungfrawen die vertrawet war einem Man / der hieß Joseph / vom Hauß David / vnnd die Jungfraw hieß Maria / vnd der Engel kame zu jhr hinein / vnd sprach: Gegrüsset seistu Holdtselige / der Herr ist mit dir / du gebenedeite vnder den weibern. Vber solchem gruß erschrack Maria / vnd der Engel sprache zu jhr: Förchte dich nicht Maria / du hast gnad bei Gott funden / Sihe du wirst

Marie verkündigüg.

schwanger werden im leib / vnd einn Sohn
geberen / den solt du JESUS heissen / der
wirt groß vnd ein Sohn des aller höchsten
genennet werden/ꝛc. Darüber Maria sich
hoch verwundert / vnd glaubte doch der re
de des Engels / vnnd fahet an / nach dem sie
ir Basen Elisabeth besucht hatte / Gott zu
loben / vnd singet das hertzliche Magnificat
ꝛc. Luc.j.

Obadia.

DJses ist ein fürtrefflicher prophet gewe
sen / welcher zu der zeit der Babyloni
schen gefengknuß / geleuchtet vnd geweissa
get hat.

Es hatt auch Achab der Gottloß König
einen Hoffmeister / Obadia genannt / ein
frommer Gottsförchtiger heiliger man / wel
cher / da er die Tyranney Achabs vnd Jeza
bel wider die propheten Gottes vermerckt /
warnet er sie trewlich / vnnd name hundert
propheten / vnd verstecket sie in die hölen /
vnd speiset sie heimlich / vnd erhielte sie vor
der Tyranney des Königs vnd der Gottlo
sen Jezabel.

Darauß sehen wir / wie Gott alle zeit die
seinen / so auff jhn hoffen / vnd in jhrem be
ruff

ruff beſtendig bleiben/kan vnd wil wunderbarlich wider allerley Tyranney des Teuffels vnd der welt/behüten vnd erhalten/j. Reg.xviij.

DIſer Babylas hat gelebt zu der zeit Decij des Tyranniſchen Keyſers/ Im jar nach der geburt Chriſti 252. Er hat offentlich dem Keyſer Decio widerſtanden/vnnd jm geweret/daß er nit dorfft in die Kirchen oder verſamlung der Chriſten gehen/vnnd ſagt offentlich wider den Keyſer/er/als ein getrewer hirt/könne vnd wölle nicht zülaſſen/daß ein ſolicher grewlicher Wolff/ ſoll die Schäfflin vberfallen vñ zerreiſſen/Darüber der Keyſer ſo zornig warde/daß er befalhe mann ſol jn nemen vnd den kopff abſchlagen/Da mann jhn aber zur marter gefürt/ hat er mit frölichem gemüt die wort auß dem 116. pſalmen geſungen: Sei zu friden mein Seel/dañ der Herr thůt dir gůts. vnd iſt alſo gantz friedlich vnnd frölich in Chriſto entſchlaffen. Vonn diſem Babylas hat beſchrieben ein beſondere predig der Heylig Chryſoſtomus. Item 35.ca. 1.lib.Ruff. Item 19. cap.5.lib.Sozo.

AB xxvij
Babylas.

Martius, Mertz.

Ge
C
xxviij
Eustachius.

DIser Eustachius ist gewest ein frommer Bischoff zu Antiochia/ vnd in dem Nicenischen Concilio fürsteher gewest/ Dauon Trip. libr. 2. cap. 5. 6. Endtlich ist er fälschlich eins ehebruchs beziehen/ auß Antiochia vertrieben.

Mann schreibet sonst noch vonn einem Eustachio/ welcher wunderbarlich durch einen Hirschen/ der ein creutz zwischen seinem gewicht getragen/ zu Christlichem glauben bekert worden sey/ Diser soll auch in höchster armseligkeyt im Elendt ein zeitlang vnnher gezogen sein. Endtlich ist er vnder Adriano ghen Rohm gefordert/ vnd jämerlich in einem glüenden eisern Ochsen gebraten/ vnd verbrennt worden.

ni
D
xxix
Maria in Egypten.

DIeweil Herodes die vnschuldigen Kindelein jämerlich zu Bethlehem ließ vmbringen/ Ist Joseph mit Maria vnnd dem Kindlein Jesu inn Egypten gezogen/ daselbst der Tyrannei Herodis zu entpfliehen.

Da aber Herodes gestorben war/ sihe da erschien der Engel des Herren Joseph im traum/ in Egypten lande/ vnd sprach: Stehe auff/ vnd nimm das Kindlein vnd seine mutter zu dir/ vnnd zeuch hin in das Landt Israel/

Martius, Mertz.

Israel/ sie seindt gestorben die dem Kinde
nach dem leben stůnden. Vnd Joseph stůn-
de auff/vnd nam das Kindlin vnd sein můt
ter/vnnd zoh eins Landt Israel. Matthei
am ij. Cap.

Also sehen wir/ wie der gůtige Gott alle
zeit für sein Kirch vätterliche sorg tregt/ vñ

Martius, Mertz.

dieselbige vor der Tyrannei des Teuffels vnd der welt / wunderbarlich bewaren vnd erhalten wil.

tri
E
xxx
Quinta.

Die Heyden zu Antiochia / wurdē durch ihre Teuffelische warsager zu grewlicher abgötterei gefürt / welche sie mit gewalt wider die Christen vnderstanden zubeschä‑ tzen / Vnder andern frommen Christen / so solch jhr Abgöttisch leben verdampt / vnd darumb bestendigklich gelitten / haben sie ein fromme Gottsförchtige frawe / Quinta genannt / ergriffen / sie zu dem Tempel jrer abgötter geführet / Dieweil sie aber solche nit verehren vnd anbeten wolt / haben sie jhre füß zusammen gebunden / vnd jämerlich v‑ ber stock vnd stein durch die Statt geschleif‑ fet / vnd mit rüthen geschlagen / Daruon schreibt Eusebius im 6. Buch am 41 ca. Ist beschehen vnder Decio Römischem Key‑ ser / im 252. Jar Christi.

ce
F
xxxi
Sabina.

Sabina ist ein durchleuchtige Gotselige Matrona gewesen / Welche von Sera‑ phia inn Christlichem glauben grundtlich vnderrichtet worden. Sie hat den heiligen Christen zu Rohm vil guts bewisen / sie ge‑ herbrigt /

Martius, Mertz.

herbrigt / gespeißt vnd erquickt / Endlich / dieweil sie den Heydnischen Götzen nit opffern wolt / sonder jren glaubē frei bekant / ist sie vnder Adriano Römischen Keyser geköpfft worden.

Es ist noch ein Sabina / ein schwester S. Sabiniani gewest / welche ist friedlich gestorben / Anno Christi zweyhundert vn achtzig.

Aprilis, Aprill /
Hat xxx. Tag.

Diser Hugo ist ein Gallier gewest zu Pariß / ein geleerter Regularis Canonicus, auff S. Victoris berg / Er hat vberflüssig vil geschrieben / vnnd ist inn seinem Orden mehr dann die anderen fleissig gewest / welches schrifften noch vorhanden sein / vnd solches bezeugen.

A
G
j
Hugo.

Mann schreibt von jme/ daß er schwach gewest/ vnd vmb des bösen Magens vnd ö́wigkeyt willen besorget/ er möchte das Sacrament nicht niessen vnd behalten/ daruff soll er gesagt haben/ Der Sohn steige nun auff/ zu seinem Vatter/ vnnd der Knecht zu seinem Herzen/ der jhn geschaffen hat/ In dem soll er seliglich verschieden sein / Er hat gelebt Anno Christi 1110.

prill A ij
Anastasius

DIser Anastasius ist ein Römischer Bischoff gewest/ zu der zeit Gratiani/ zu welcher zeit haben auch gelebt vnd gelert der Heilig Ambrosius/ Hieronymus/ vnnd andere fürtreffliche männer mehr. Diser Anastasius befalhe/ daß mann die Bilgram/ sonderlich die vber Meer kommen / nicht ehe solt in die zal der Christen auffnemen/ es wer dann / daß sie fünff Bischoff schrifftlich mit eygner handt geschrieben/ zeugnuß mit sich brechten/ dann die Manicheischen Secten/ so dazumal inn Aphrica gewaltig waren / sandten auch jhre falsche Apostel auß/ die Christen zuuerfüren.

Diser Bischoff starb den 27. Aprilis/ hat regiert drei jar/ x tag/ Vnnd feiret der stůle xxj tag.

Disen

Aprilis, April. 85

DIsen Tag begehet mann in der Christ-
lichen Kirchen / nit wie im Bapsthum͂ /
mit laruen vnnd narrenwerck / sonder mit
Christlichem singen / lesen / vnnd predigen /
darinne mann anzeyget / die hertliche zů=
kunfft vnsers Herrn Jesu Christi / vnd wes
wir vns zů jhm / als einem sanfftmůtigen
König / sitzendt vff einem Esel / vertrösten /
vnd wie wir vns / wie diß Völcklin / danck=
bar vnnd dienstlich in seinem Reich halten
sollen / Dauon Matth. 21. Luc. 19. Johan.
12. Sach. 9.

In
B
iij
Palmtag.

Also

Also ist er auch zu vns inn Teutschlandt durch geringe vnnd vor der Welt verachte menschen / mit seinem heiligen Göttlichen wort einkommen / vnd vns seinen gnedigen willen geoffenbart.

Am C iiij
Ambrosius.

D. Ambrosius ist gewest ein Christlicher Bischoff zu Meylandt / zu den zeiten Valentiniani, Gratiani, Theodosij vnd Honorij, Römischer Keyser / Sein Vatter / auch Ambrosius genant / ist ein Römisch Raths herr gewest / Sein Son Ambrosius hat hefftig den Arianischen / Marcionischen / Novatianischen / vnd Heydnischen Secten widerstrebet / Er hat auch den Heiligen Augustinum im dreissigsten jar seines alters vff den heiligen Ostertag getauffet / Er hat Maximum vnd Theodosium die Römische Keyser auß der Kirchen vnnd gemein geschlossen / Hat auch den Arianern sein Kirche nit wöllen öffnen / sonder gesagt: Ich wil meinen schaffstal den wolffen nicht auffthůn / darüber wil ich sterben. Diser Ambrosius ist friedlich nach langem elendt gestorben / den 4. Aprilis im 402 jar Christi.

Dieweil

Aprilis, April. 87

DJeweil man die wochen vom palmtag
biß auff den Ostertag die marterwoch
en nennet/ wöllen wir hiemit auch auffs kür
tzest die fürnembsten Historias besehen/
nit aber erzel ich solche/ als ob sie vff dise ta
ge nach einander beschehen/ sonder allein
die Historias für sich selbs wöllen wir anzei
gen.

Erstlich befilhet der Herre Christus sei
nen Jüngern/ ime das Osterlämlin zuberey
ten/ In dem sie assen/ stande der Herr auff/
vnd fieng an seinen Jüngern die füß zuwa
schen

bro
v
Historia
palsionis.

schen/rc. Vnnd nach dem er solches vollbracht/sprach er zu jhnen: Wisset jhr was ich euch gethan hab? So ich ewer Herr vnd Meyster euch die füß gewaschen hab/ also solt jhr auch vnder einander die füß wäschen/ Ein beispil geb ich euch/ daß jhr thut/ wie ich euch gethan hab/rc. Johan.14. Diß ist ein Christliche vermanung/ mit vorgesteltem exempel zu der demütigkeit/ vnd dz wir vnder einander zu dienen alle zeit/ auch den geringsten/willig vnd geneygt sein sollen.

Nach

Aprilis, April.

NAch dem die Jünger dem Herren das Abendtmal zübereytet hatten/ satzte er sich mit seinen Jüngern zu Tisch. Vnnd in dem sie assen/ nam Jesus das Brodt/ dancket/ vnd brachs vnnd gabs den Jüngern/ vnd sprach: Nemet hin vnnd esset/ das ist mein Leib / der für euch gegeben wirdt/ das thüt zu meinem gedächtnuß. Vnd desselbigen gleichen nam er auch den Kelch nach dem Abentmal/ dancket/ vnnd gab jhn den vnd sprach/ Trincket alle darauß/ vnd sie trancken alle darauß/ vnd er sprach zu ihnen/ Das ist mein Blüt des newen Testaments/ welches für euch vnd für vil vergossen wirdt zur vergebung der sünden/ ꝛc. Matth. 26.

Historia canx.

JEsus gieng nach seiner gewonheyt an den Ölberg/ daselbst zubetten/ vnd name zu sich Petrum/ Johannem vnnd Jacobum/ die zwen Söne Zebedei/ vnd er gieng fürt von jhnen / vnd fiel auff sein angesicht nider/ vnd fieng an hefftig zubeten/ ꝛc. vnd kam zu seinen Jüngern vnd fandt sie schlaf-

Ölberg.

Aprilis, April.

fen / deßgleichen fand er sie noch zū andern
mal also voll trawrigkeyt schlaffen / darum̃
strafft er sie / vnd sagt: Wacher vnnd betet /
daß ihr nicht in anfechtung fallet / Sihe die
stund ist hie / daß des menschen Son in der
sünder hende vbergeben werde / Der mich
verräth ist nahe.

Also wirdt der Herr Christus im Garten
von Juda verrathen / den hohen Priestern
vberantwortet / vnd erstlich wirt er für Han-
nas / darnach für Cayphas / Herodem / vnd
Pilatum geführet / vnnd nach viler schmach
vnd

Aprilis, April.

vnnd marter/ zum schmehlichen todt des
creutz verdampt.

Da sie in verspottet hatten/gekrönt vnd
gegeisselt/Namen sie Jesum vnnd für-
ten jn hin/ daß sie jn creutzigten/ vñ er nam
sein creutz vñ trüg es hinauß z.i der stet/ die
da heißt Schedelstatt/ Vnd da sie jn an die
stett Golgotha gebracht/ Creutzigten sie jn
vñ zwen mörder mit jm/ vñ in dem er an dem

Fe
H
viij
Creutz
Christi.

Aprilis, April.

Creutz gehangen/ haben sie jhn verspottet vnd auffs höchst gelästert/ Nach dem aber solches alles an jhm nach der schrifft erfüllet war/ sprach er: Es ist vollbracht/ Vnd abermal rieff er mit lauter stimm/ vnd sprache: Vatter in deine hende befelhe ich meinen Geist/ vnd als er das saget/ verschiede er mit geneigtem haupt/ vñ sihe der fürhang des Tempels zeriß/ vnd die erden erbebte/ vñ die Felsen zerrissen/ ꝛc. Matt.27.

Aprilis, April.

ES war aber an der stett/da er gecreutziget war/ein Garte/vnnd im Garten ein new Grab / das war Josephs/welches er hett lassen hawen inn einen Felsen/darinn niemand je geleget war/Daselbst hin legten sie Jesum vmb des Rüstags willen der Jüden. Es war aber alda Maria Magdalena/Maria Joses/die satzten sich gegen das grab vber/Auch andere weiber/ so Jhesu waren nachgefolget/vnd beschaweten wohin vnd wie sein leib gelegt war/Sie kerten aber vmb vnd bereiteten die Salben/vnnd specerey/Jhn zu salben/Vnd den Sabbath vber waren sie still/nach dem gesetz.

Artickel IX. Begrebnuß Christi.

AVff dises herrliche Feste/ betrachtet die Christliche Kirche den tröstlichen Artickel vnsers Christlichen Glaubens/ da wir also sprechen: Vnd ich glaub an IESVM CHRISTVM, der gelitten/ gestorben/ begraben/ nidergefaren zu der hellen/ vnd am dritten tage wider aufferstanden von den todten. Wie er solche sein aufferstehunge durch vilfaltige erzeygung gnügsam erweiset hat.

Dann solches von der vfferstehung Christi

Artickel X. Ostertag.

M iij

Aprilis, Aprill.

sti zu wissen/ist vnser höchster trost/ Davon der Königlich prophet David psalm 16. saget in der person Christi / Caro mea requiescet in spe, quoniam non derelinques animam meam in inferno, nec dabis sanctum tuū uidere corruptionem. Darumb auch S. paulus 2. Timoth: 2. vermanet/ vnd spricht: Memor esto, Dominum Iesum Christum resurrexisse uerè à mortuis, & mortem & regnum diaboli aboleuisse. De resurrectione uide Euangelist. Histor. Mar. capite 16.

Aprilis, April. 95

Nach dem sich der Herr Christus dē dreien Marien/ vnd seinen lieben Jüngern nach seiner vfferstehung erzeigt/ hat er sich auch den zweien brüdern so ghen Emahus gangen/ vn vff dem weg von solchen dingē als vnuerstendige geredt/ wunderbarlicher weiß durch das brodtbrechen wöllen offenbaren/ Vnder disen zweien ist gewest Cleophas/ der ein bruder Josephs Marie vertrawten/vnd ein chlicher gemahel Mariæ/ der schwester Mariæ/ der mütter Christi gewest/Euseb.lib.3.cap.11.Ioan.19.Luc.24.

Ostermōtag.

Emahus ist nach der verstörung Hieru-
salem/võ den Römern Nicopolis genant/
Dann dahin haben sie vmb jhres siegs wil-
len ein statt zum ewigen gedächtnuß erba-
wet. Trip.lib.6.cap.42.

at
D
xij
Iulius.

Julius ist ein Christlicher Römischer Bi-
schoff gewesen/ er hat gelebt zur zeit Cō-
stantij des Römischen Keysers. Dieweil er
aber widder die Gottlosen Ketzer die wa-
re menschliche vnnd Göttliche naturen inn
Christo mit gnügsamem grunde vertheidi-
get vnd widerfochten hat/ ist er erschlagen
worden von den Tyrannen.

Iulianus ein krancker podagramischer
lamer mensch/ ist vnder Decio in Alexandria
mit seinem knecht/ so jhn getragen hat/ erst-
lich auff ein Camelthier gesetzet/ vnnd zu ei-
nem spectakel mit geißlen vnd mit grossem
gespött vmbher gefürt/ Endtlich beyde jä-
merlich verbrandt. Vnnd dieweil sich ein
Kriegsman jrer marter mit bitterlichen kla-
gen angenommen/ ist er also baldt auch für
gestellt vnd geköpfft worden/ Beschehen/
wie Eusebius sagt/ im 253. jar Christi.

Diser

Aprilis, April.

DIser Justinus ist erstlich ein fürtrefflicher philosophus gewest/ von Neapolis bürtig/ Dieweil er vermercket/daß den Christen groß gewalt vnd vnrecht beschehen/vbergab er Antonino vnnd seinen mitgesellen ein Buch wider die Heyden/ vnd zuuerthedigung der Christen geschrieben. Auch ein frag vnd antwortsschrifft wider Tryphonem den Fürsten der Jüden. Er hat auch hefftig gestritten wider die Marcionische vnd Cerdonische ketzereien/Sonderlich aber straffet er den Crescentem, die Epicurische/fressige vnnd vnfletige Saw/ durch des feindtschafft vnd heimliche tück er vnder M. Antonino zu Pergamo in Asia getödtet worden/Jm Jar Christi 154. Daruon schreibt er selbs. Item Eusebius lib.2.cap.13. Et lib. 4. cap 8. 10.12.16.17.

que
Exiij
Justinus.

JUlianus der Keyser thete den Christen groß marter vnd plagen an/vnder andern ist auch diser Theodorus von Salustio des Keysers Statthalter gefangen/welchen Jüngling er auff befelh des Keysers/ vom morgen frü an biß vmb die 10. stundt ließ an die peinlich marter fürn/ vnd dermassen alle seine glider erstrecken/ dergleichen nie

ti
Exiiij
Theodorus.

gehört worden. Theodorus aber ist in solcher seiner marter gantz beständigk/ja frölich blieben/vnd hat mit freuden angefangen zusingen den 115 psalmen: Es müssen zu schanden werden alle die da Götzen anbetten/vnd auff sie trawen. Wie es dann auch beschehen/Dann der Abgöttisch Tempel ist vom Himmel herab verbrandt/vnd alle feind vnnd verfolger der Christen jämerlich vmbkommen/ Daruon schreibet Ruff.33.&36.ca.li.1.So c.19.ca.lib.3.&c.

---

bur
S
w
Olden Ga stel.

Diser ist ein Ritter in Engelandt vnnd von hohem Christlichem verstandt gewest/ Vnnd dieweil er sich nach Christlicher ordnüg zu leben beflissen/ ist er bei dem König durch den Ertzbischoff von Candelburg als ein vffrhürer hefftig verklagt worden/ Vnnd wiewol er sich des gnügsam verantwortet/ wolt es doch nit helffen/ sonder er ward gefangen/ zum todt verurtheylt/ vnd zu Londin vff S. Egidü platz an ketten gebunden vnd verbrant/ vnd ist beständiglich in warer bekantnus Christi gestorbē/zu der zeit Königs Henrici v. Anno Christi 1418. Daruon schreiben Herr Johannes Balens/ vnd Herr Johannes Foxius.

Diser

Aprilis, April.

A xvj
Calixtus.

DIser Calixtus ist ein fürtrefflicher vnd Christlicher Bischoff zu Rom gewest/ vnd hat gelebt zu der zeit Seueri des Röm. Keysers. Er soll auch die Quatuor tempora, welche mann nach gemeinem brauch die Quatember, odder die vier Zeitten im Jar nennet/ zuhalten auffgerichtet haben. Solche zeit aber seindt vil anderst dann sie jetzt von vnseren Geistlosen gebraucht/ gehalten worden/ Dann die grewliche verfolgung der Christen hat sie wol vonn hertzen leeren betten vnd fasten/ den leib zu Casteien/ vnnd zu dem gebett tüchtig zumachen. Er hat auch in seinem namen einen hertzlichen Kirchoff bawen lassen/ dahin vil leib der Martyrer/ vnd Bilgram/ vnd der Christen begraben wurden. Endtlich ist er getödtet worden/ den xiiij. October/ Im sechsten jar seiner Regierung.

---

et B xvij
Martyrei in Franckreich.

MAnn findet in bewerten schrifften/ daß vor vnd nach der zeit Wicleuij grewliche mörder der Christen beschehen sein/ Zu Norbona sein vmb des willen/ daß sie die Bäpstischen grewlichen jrrthumb vnnd sünde gestrafft haben/ inn kurtzer zeit hundert vnnd viertzig getödtet worden.

Item

Item im jar 1210. sein 24. grewlich vmb=
bracht worden/ Im nachfolgenden jar sein
zu Pariß vber fünffhundert/ auch vmb glei=
cher vrsach willen/ ermordt worden/ In di=
ser zal ist auch gewest der fromme Fürst A=
merici/ er ist jederman zu schmach gehöckt/
vnd die Fürsten sein gemahel/ mit steinen zu
todt geworffen. In summa/ es ist zu dersel=
bigen zeit hinundwider ein gemeine grew=
liche verfolgung der Christen gewesen.

na
C
xviij
Cletus.

Diser Cletus ist von geburt ein Römer/
vñ ein Christlicher Bischoff daselbst ge=
west/ Er soll der dritte Bapst nach S. Pe=
tro gezelt worden sein/ darvon jetzt vnvon=
nöten ist weiter zusagen/ Vnder Domitia=
no dem Keyser ist er gemartert/ vnnd sein
Leychnã in Vaticano den sieben vnd zwen=
tzigsten April. begraben worden. Er hat ge=
lebt zu den zeiten Vespasiani vnd Titi/ biß
auff Domitianum vnnd Ruffum/ wie dar=
von Damascenus schreibet/ Er hat das Bi=
schofflich Ampt Regiert xj. Jar/ ein Mo=
nat vnd xj. tag.

Diser

Aprilis, April.

Anicetus.

Diser ist ein Syrier vnd ein Römischer Bischoff gewest / Im jar nach Christi geburt 156. Diser hat gebotten / daß die Geistlichen keine Bärt oder sonst lang har tragen sollen / Er soll auch die platten den pfaffen auff dem kopff zuscheren befolhen habē / welche sollen sein als ein schornstein / dardurch die bösen gedancken des menschē solten herauß steigen / darmit der mensche nit mit vnreinen gedancken innwendig beräuchet werde. Ich acht aber solche platten vnd andere Bäpstliche zeichen nit anderst / dann für die malzeichen der Römischen Antichristischen Bestiæ, darmit mann sich desto baß für jhnen / als für gezeichneten / verhüten möge / wie das gemein sprichwort lautet / Hüte dich für den gezeychneten.

Dryander Hispanus.

Diser Dryander ist ein Hispanus / ein geleerter vnd in heiliger Göttlicher vnnd Evangelischer schrifft hoch erfarner Mensche gewest / In der Jugendt ist jhme zu vnderweisen zugethan worden Johannes Diazius / welcher von seinem leiblichen brüder zu Neoburg im 1546. jar jämerlich ist vmb warer bekantnuß willen vff des Bapsts befelh / inn seinem eygnen Musæo erschlagen worden /

worden / Disem Diazio seinem discipulo,
ist baldt sein meister Dryander nachgefol-
get / Dann dieweil er zu Rom offentlich des
Bapsts Abgötterei vnd Gottloß leben ge-
strafft / ist er auch von seinen eygenen blüt-
uerwandten verrathen vnd auff die fleisch-
banck geliffert / vnd nach freudiger bekant-
nuß offentlich zu Rohm verbrandt / Anno
1546

Florentius

FLorentius Venetus, Diser ist ein from-
mer Gottsförchtiger mann gewest / wel-
cher heimlich vnnd offentlich die lehr des
heiligen Euangelij bekandt / vnnd die Bäp-
stische grewel verdamt hat / Er ist zu Pariß
in Franckreich darumb gefangen / vnd vier
jar vnd neun tag / im gefengknuß mit gros-
sem hunger vnd kummer gehalten / vnd son-
derlich ist er also gespant vnnd gebunden
gewest / daß er in sieben wochen nicht recht
stehen noch sitzen hat können / Also daß die
Stockmeyster selbs bekandt haben / daß
kein vbelthäter dise marter vber fünffzehen
tag hab können erleiden / sonder haben müs-
sen sterben / Er aber ist zu offentlicher mar-
ter vnd bekandtnuß behalten worden. Dañ
es begabe sich / daß Henricus ij. König in
Franck-

Franckreich eingeritten/mit grossem pomp/ haben jhme die Ketzermeister vn̄ blůthund disen Florentium vnd andere mehr zu gefallen/zu einem spectakel fürbracht/vnd dem Florentio die zung forn abgeschnitten/dar miter sein bekantnuß nit thůn möcht. Endtlich ist er in der gassen Malberti/in grosser bestendigkeit verbrant worden/Anno 1549 den 9. Julij.

In dem 51. vnd 52. jar/ist ein grosse verfolgung in Flandern beschehen/sonderlich vnder dem Grauen Lolanio/ Vnder andern frommen Christen sein gewest Gillotus Viuerius, ein Wüllenweber oder Tůchmacher/vnd Michael ein Schmit 19. jar alt/vnd sein vatter Jacob Schmit 60. jar alt/ ist ein vatter gewest Anne Giloti weib / Dise alle sein bestendig in der bekandten warheit blieben vnnd verbrandt worden/Dieweil aber Anna Giloti weib in Kindswochen inngelegen/ ist ir verschonet worden/Nach vollendung aber solcher wochen/ist sie auch gefangen/vn̄ dieweil sie bestendig blieben/ vn̄ begert hat jrem liebē vatter/haußwirt vn̄ brůder/in gleicher marter nachzufolgen/ist sie auch mit grosser verwůderůg aller menschē verbrant/vn̄ alles elends erledigt worden.

que
S
xxij
Gilotus

Georgius

Aprilis, April.

Ge A xxiij
Georgius.

Georgius ist vnd Diocletiano ein kriegs man gewest/ vnnd vnder jhm getödtet worden.

Disen halten die Rittermessigen Reuter vnnd Kriegsknecht für jhren patron/ eben wie die Heyden Martem für jhren Kriegs Gott angebetten haben.

Georgius Schörer von Salueldeu/ hat ein zeitlang zu Rastat in Beyern/ wider des Antichristi reich geprediget/ ist darhalben gefangen

Aprilis, April.

gefangen vnd gerichtet worden/ Man hat jn sollen lebendig verbrennen/ ist aber zum schwert erbetten/vnd darmit gerichtet worden. Als er an die statt geführet warde/ hat er mit freudigē geist zu Gott gebettet/auch öffentlich vor allen menschen gesaget/ Also war ich sterben wil vmb des worts des Herren willen / so war wil ich ein zeychen vonn mir geben. Als er aber enthaupt ist worden/ vnnd auff den bauch gefallen/ist er so lang gelegen / biß einer hett können ein Ey essen/hat sich der Cörper erst gemache vmgewandt auff den rucken / den rechten fuß vber den lincken geschlagen. Darüber hat sich jederman / auch die Obrigkeyt selbst/verwundert/ vnd haben den todten Cörper nicht verbrandt/sonder ehrlich begraben/Beschehen im jar 1528.

Nit lange vor des Wiclefs zeitten ist ein Dominicaner Mönch zu Heydelberg gewesen/welcher wider allerley Mönchsordē vnd ihre mißbräuch vnd büberey geprediget hat/derhalben ist er gefangen/vnd daselbst als ein Ketzer verbrandt worden/Anno 1330.

Es ist auch kurtz vor demselbigē Richar-

Richardus

Aprilis, April.

do ein Einsidel gewest / welcher dieweil er bekant / daß in der papistischen Meß nicht das recht Abentmal / wie es von Christo ist eingesetzet / gehalten würde / sonder es wer wider die einsatzung Christi ein grewlicher mißbrauch / Darumb warde er auch als ein Ketzer verbrandt / Anno Christi hundert sechs vnd dreissig. Hierauß / vnd auß vorgehenden exempeln / sihet mann / daß alle zeit Gott leuth erwecket hat / welche des Bapstes grewel gestraffet vnd widerfochten haben.

28.

S. Marcus

Aprilis, April.

Sanct Marcus ist gewest ein discipulus S. Petri, darvon meldet er in seiner Epistel/j. Pet. v. Er ist von den zuhörern S. Petri/sein Euangelium zubeschreiben/ gebeten worden. Solche seine beschreibung ist ein kurtzer begriff des Euangelij S. Matthei. Euseb.lib.2.cap.15. lib.3. cap.4. &c.

Er ist nachfolgends in Egypten gezogen/vnnd daselbs gepredigt das Euangeliū võ Jesu Christo/Daselbst ist er vom Altar oder predigstůl hinweg genommen/ vñ ins gefengknuß geworffen/ vnnd im achten jar Neronis/ vnd im 33 jar nach der aufferstehung Christi gestorben.Eus.lib.2.ca.16.

Man schreibt daß sein Corpus die Venedische kaufleut mit kraut vnd schweinen fleisch bedeckt/darmit es jnen von den Heyden nicht möchte genommen werden / auß Alexandria gen Venedig bracht haben/vñ daselbst jhme einen herrlichen Tempel / als jhrem patron/erbawet/ꝛc.

Diser Claudius Pistor ist zu pariß inn der fůrstatt S. Marcelli geboren/ Ist ein kůnstlicher Goltschmit gewesen/Er hat sich iij. jar lang zu Geneua in der Christlichē gemeyn erbarlich vnd Christlich gehalten/

Marc. xv Marcus.

ci D xxvi Claudius.

Endtlich ist er der meinung wider heim gezogen/ seine freundtschafft auch zu underrichten inn warer erkandtnuß Christi/ von denselbigen ist er verrathen/ vnd dem Præfecto Morino vbergeben / derselbige/ nach dem er sein freudige bekandtnuß gehört/ hat jhn auff befelhe des parlaments zum fewer verdampt / Vnnd darmit er sein bekandtnuß nit vor dem Volck thün möchte/ ist jhm die zung forn abgeschnitten worden. Also ist er verbrandt/ vnnd frölich in hoffnung gestorben/ Anno 1540.

que Exvij
Ananias.

Diser Ananias ist in seinen gar alten tagen mit Simeone Bischoff zu Seleucia getödt worden/ Pusices aber/ des Königs Saporis Oberster Werckmeister/ da er sahe/ daß sich Ananias gantz forchtsam stellt vor der marter / sprache er zu ihm vor allem Volck: O mein lieber alter Vatter/ thü deine augen nur ein kleinweil zů/ vnd halte dich männlich / dann du wirdst bald die Herrligkeyt Gottes schawen/ Da er solches gesagt/ vnd bekant/ er wer auch ein Christ/ warde befelch geben / daß mann jhn auff grawsame weiß martern soll/ Also durchstachen jhm die hencker seinn halß/ vnd ris-
sen

sen im sein zung herauß/ deßgleichen ward auch sein Tochter getödt/ Beschehen/nach Eusebij rechnung/ Anno Christi 348.

☞ Jeweil diser Vitalis den Herrn Christū nicht verleucknen wolte/ sonder denselbigen frei offentlich bekandt/ ist er dermassen zermartert worden/daß kein glid an seinem leib gantz bliben ist. In solcher grossen marter hat er zu Gott sein gebett gethan/ vn̄ vm̄ gnedige erledigung gebetten/ Nach solchem gebett hat er in höchster bestendigkeyt vn̄ gedult Gott seinen Geist befohlen.

Sanct Ambrosius spricht / er hab einen rechten namen gehabt/vnd mit der that bewisen/dann er hieß Vitalis/ das ist/ lebendig oder lebhafftig / Darumb hab er diß zeitlich leben verlassen/ vnd nach dem Ewigen getrachtet. Er ist getödtet worden vnder Diocletiano vnd Maximiano/zu Bononia/den 27. Nouemb.

Vi
E
xxviij
Vitalis.

☞ Iser Petrus Gaudetus ist ein Gallus gewesen/ Vnd nach dem er vor etlicher zeit den Rhodiser Orden angenommen/hat er sich ghen Geneuam mit seiner haußfrawen gemacht/ vnd Göttlichs wort gehöret

ta
S
xxix
Petrus
Gaudetus.

J iij

vnd erlernet / Nach einem halben jar ist seiner Vettern einer zu jhm kommen/ vnd hat jn mit betrieglichen worten für die statt zu gehen besprochen / da seindt verordnet gewest/ welche jn also bald gefangen/ vnd den Tyrannen vberantwortet haben / Nach v. tagen ist er jämerlich gebraten/vnd jetzt ins fewer/darnach wider herauß / vnnd wider darein gefürt worden/ In solcher marter ist er bestendig im glauben gestorbē/ An. 1524.

lis
A
xxx
Eulogius.

Nach dem der Keiser Valens greulich wider die Christen getobt hat / vnderstünde sich Modestus die Christen mit freundtlichen worten von jrem glauben abzuwenden/ Vnder andern sagt er/ daß es ein vnsinnig werck wer/ dz sich so wenig vñ leichtfertige leut/ wider eiñ so großmechtigen Keyser legten/ vnd jm so gar vngehorsam weren. Darauff gab jm diser alte Mann Eulogius von jrer aller wegen Antwort/ vnd sprach: Wir haben einen hirten/ was vns der heißt das sollē wir thūn. Also ließ jn der Stathalter mit andern 80. Christen fahen/ vnd hin vnd wider ins Elendt jämerlich verstossen/ vmb das Jar Christi 370.

¶ Disen Eulogium halten die Schmidt/ vnd was mit eysen/ silber vnd Golt vmbgehet/ für jhren patron.

Maius, May/
Hat xxx. Tag.

Diser Philippus ist auß der Stat Beth-
saida bürtig/Joh.j. vnd viij. Er hat xx
jar in Scythia gepredigt. Darnach soll er in
Asiam gezogen sein/im 87. jar seines alters.
Endtlich ist er mit seinen zweien Töchtern
zu Hierapoli gestorben. Euse. lib. 3. cap. 31.

Phi
B
j
Philippus
et Iacobus

Maius, May.

Etliche sagt/er sei an ein Creutz geschlagen/vnd von dem Volck mit steinen zu todt geworffen.

❡ Iacobus Minor also genannt/Mar. xv.ca. ist gewest nach dem fleisch ein bruder Christi.Matth.cap.xiij. Diser ist der erst Bischoff zu Hierusalem gewest/vnd hat dreissig jar nach der Aufferstehung Christi/ das Euangelium geprediget.   Endtlich ist er von den Zinnen des Tempels gestürtzt/vnd mit

mit einer Ferberstangen zu todt geschlagẽ worden/ Daruon Eusebius libr. 2. cap. 23. Ioseph. lib. Ant. 20. cap. 17.

Da Constantius/ welcher mit der Arianischen Secten beschmeißt war/ die Christen hefftig verfolget/ ward auch diser heilig leerer Athanasius hefftig von jm angefochten/ Dann diweil er die leer von Jesu Christo/ vnd von seiner waren ewigen Gotheyt/ vnnd menscheyt/ vnd solcher vereinigung der naturen in Christo/ wider die Arianische ketzerei vertheidiget/ vnnd in seinem Symbolo/ welches mann Nicenum vñ Athanasinum nennet/ gründtlich vnnd ordenlich verfaßt hat/ ist er vonn dem Concilio der Arianischen Secten verdampt/ vnd bei dem Keyser fälschlich angetragen worden/ Also daß er müste landträumig werden/ vnnd kam ghen Trier/ von dannen ist er wider in Alexandriam zu seinem vorigen Bischofflichen Ampt geforderet/ Endtlich ist er wider von den Arianis vertrieben/ vñ ghen Rohm kommen / Darnach warde er durch fürbitt Constantis/ Constantij bruder/ wider in sein Bischofflich Ampt verordenet. Nach dem todt aber Constantis schi-

Athanasius.

cket Constantius Sebastianum den Haupt-
man auß/ daß er Athanasium solte vmb-
bringen/ Aber Gott hat jn wunderbarlich
erhalten/ Dann er den Hauptman mit al-
len seinen knechten dermassen geblent/ daß
sie jhnen nit sehen noch erkennen kundten/
Darnach ist er von Juliano wider vertrie-
ben/vnd von Jouiano wider eingesetzt wor-
den/Endlich ist er vnder Valentiniano dem
Römischen Keyser/ da er vmb der auffrůr
des volcks willen vier monat in einer hölen
verborgen gelegen/widerumb zu seinem Bi-
schofflichen Ampt herfür gefordert wordē/
Vnd hat zuuor vnd darnach soliches regie-
ret 46. Jar/biß vff das jar Christi 379. Von
dises Athanasij leben vnd schreiben/ Trip.
Hist. lib. 3. cap. 4. 5. 6. 7. 8. & per totum li-
brum quartum.

---

crux
D
iij
heilig
creutz er-
findung.

OBwol wir nichts gewiß in glaubwir-
digen schrifften vonn diser des Creutz
erfindung haben/Jedoch dieweil es die ord-
nung erfordert/wil ich die gemeyn Histori-
am daruon kürtzlich anziehen. Helena die
mütter Constantini/ ein fromm Christliche
Matron/dise sol mit etlichen gehülffen gen
Jerusalem gezogen sein/vnnd daselbst das
creutz

Maius, May. 115

creutz Christi hinundwider gesucht haben/ endtlich haben sie drei Creutz funden/ auff der einem sei Hebreisch/ Griechisch vnd Lateinisch geschrieben gestandē/ IESVS NAZARENVS REX IVDAEORVM.

Dises creutz soll sie vff ein todte fraw gelegt habē/ die soll also bald das leben wider entpfangen habē/ Da hab sie solchs creutz mit grosser reuerentz mit ir heimgefürt/ vnd ein herzlichē Tempel an die statt lassen bawen.

Wir

Wir aber dörffen nicht vil nach dem hültzeren Creutz Christi vnns vmbsehen/dann so wir in Christo Gottseliglich leben wöllen/ wirdt sich sein vnd vnser creutz wol finden/ 2c.

Flo:
E
iiij
Florianus.

DIser Florianus ist ein Kriegsman gewest/vnder Diocletiano dem Römischen Keyser/Disen halten die Bäpstischen aberglaubigen leuth für jhren nothelffer im fewer vnnd brandt/wie sie dann gemeinglich sein Bildtnuß an jhre heuser/dieselbigen vor fewer zubewaren/malen.

Firmillianus ist ein Bischoff gewest zu Cæsarea inn Cappadocia / In dem er auff das Antiochenisch Concilium gezogen/inn welchem man wider die lästerliche leer Pauli Samosatent disputiren/ vnd sich mit einander inn der Christlichen leer vergleichen solt/ist er auff solcher reiß zu Tarso gestorben/Darvon meldet Eus.li.6. ca.19. & lib. 7. cap. 25. &c.

Got
F
v
Godefri-
cus.

WIr haben droben vonn S. Gotthardo gesaget/darumb wöllen wir hie vonn dem heiligen marterer Godefrido auch etwas sagen.

Diser Godefridus Hamellius ist ein Braben-

bender/auß der Statt Nauella bürtig ge-
weſt/Diſer iſt vmb bekandtnuß des Euan-
gelij Chriſti willen gefangen/vnd ein zeit-
lang im gefengknuß erhalten worden/auß
ſolcher ſeiner gefengknuß hat er an ſeine gů
te freund vnd freundin vil tröſtlicher ſchriff
ten gethan/in welchen er alle Artickel ſeines
glaubens erklärt vnd bekandt hat. Dieweil
er aber beſtendiglich blieb vff ſeiner bekant
nuß/iſt er als ein Ketzer erkandt vnnd zum
fewer verdampt worden. In dem mann jn
zum Gericht geführet/hat er gantz ernſtlich
zu Gott gebetten/vnd das Volck zu warer
erkandtnuß vermant/darüber hat faſt je-
derman ein beſonder mitleiden getragen/
Nach dem er zum Gericht kommen/hat er
jederman geſegnet/vnd williglich ins fewer
getretten/vnd geſprochen: Vatter in E-
wigkeyt/in deine hende befelhe ich mei-
nen Geiſt/Vnnd alſo iſt er ſanfftmütig im
Hertzen entſchlaffen. Beſchehen Tornaci
den 22 Julij/Anno Chriſti 1552.

Diſer iſt ein Brabender vñ auß der ſtatt
Tornaw bürtig/Auguſtiner Ordens/
vnnd ein geleerter frommer Theologus ge-
weſt/Er hat wider des Antichriſti willen/
allein

Johan Caſtellá

allein auß dem befelh Gottes/das Euange
lium hin vnd wider im Bisthumb Metz/vn̄
auch inn der statt geprediget/im jar Christi
1524. Nach dem er sich aber etlicher gefehr=
ligkeyt halber auß der statt Metz gethan/
ist er von den mörderischen dienern des Car
dinals in Lotharing gefangen/vnd in den
Turn zu Gorse gefürt/ꝛc. Daselbst vnnd in
andern gefengknussen ist er von dem vierd=
ten tag des May im 24. jar biß auff den 12.
Januarij des folgenden 25. Jars gehalten
worden. Endtlich ist er den 12. Januarij des
25. jars als ein Ketzer zu dem fewr verdam̄t/
hinauß gefürt/degradiert/vnd verbrant/
vnnd in höchster bestendigkeyt gestorben/
im 50. jar seines alters.

han A vij Benedi-
ctus.

DIser Benedictus von Nuosin/hat erst
lich den Benedictiner Orden zu Cassin
in Campania angericht/Diser Orden war=
de bald groß/vnnd durch die gantze Welt
schier außgebreitet/vnd ward von Keyser/
König/Fürsten vnd Herrn mit grossen gü=
tern Reichlich begabt/In jrem Orde̅ darff
keiner in Heyliger schrifft studieren/sonder
allein jr gemeyne Regeln lesen vnd wissen/
jr kleydūg sein grosse weite Röck/schwartz
von

Maius, May.

von farb/inn jhren henden haben sie einen Bischofflichen stab/Es gebürte jhn aber vil mehr ein sew stab/dann sie vil wirdiger sein der sew/dann menschen zuhüten. Er hat gelebt zu der zeit Justini vnnd Justiniani der Römischen Keyser.

In disem Orden ist auch gewest Iohannes Trithemius Spanheimensis, welcher schreibt dz Benedictus im 542. Jar Christi gestorben sei.

Nicht lang nach dem Huß verbrant worden/ist in Engellandt ein grewliche verfolgung der frommen Christen entstanden/ inn welcher vil fürtreffliche von hohen geschlechten/man vnd weib/vmbbracht wurdē/Vnder andern ist diser Wilhelmus Taylerus/ein Engellender/gewest/welcher nit allein wider die Bäpstischen jrrthumb geredt/sonder hat auch ein besonder Buch wider die anrüffung der verstorbnen heiligen geschrieben/vnd mit zeugknuß der heiligen schrifft angezeigt/daß zwischen Gott vnnd den menschen kein ander mitler vnd fürsprecher sei/dañ allein Jesus Christus/Derhalben ward er gefangen/vnd nach vilen plagen zu Londin offentlich verbrant/vnd in Christlicher bestendigkeyt/seliglich gestorben/im 1422. jar.

La B viṫ Taylerus

Henricus Voes

Nach dem die verfolgung der Christen in Brabandt hefftig angangen / sein vnder anderen zu Brüssel zwen junger Augustiner Mönch / einer Henricus Voes / der an der Johannes Esch / vngefehrlich beyde 24. jar alt / vmb warer bekandtnuß Christi vnd seiner Kirchen willen / gefengklich angenommen / Nicht lang darnach sein die phariseer / Schrifftgeleerten / vnnd hohe priester / Magistri nostri, võ Löuen ghen Brüssel komen / sie zu Examinieren / welche zwen nach vilfeltiger gehaltener sprach / sein bestendig auff ihren Christlichen Artickelen vnnd glauben blieben / Endtlich sein sie als Ketzer verdampt / vnnd stracks zum fewer zu geführet / daselbst haben sie sich mit freuden selbs außgezogen / vnnd vil tröstlicher reden gebraucht / Dieweil aber das fewer langsam anfienge recht zubrennen / haben sie einer vmb den anderen mit grossen freuden gesungen / Te Deum laudamus, Herre Gott dich loben wir. Vnnd sein also wider allerley Tyrannei des Teuffels vnd der Welt bestendiglich in Christlicher bekandtnuß verschieden / Geschehen zu Brüssel offentlich vff dem marck / mit grosser verwunderung vñ mitleidẽ viler gůtherziger leut / den j. Julij / im 1523. Jar.

Maius, May.

DIſer iſt ein fürtrefflicher adelicher Chriſtlicher man geweſt/ Er iſt ein Hauptman geweſt vnder Pipino Caroli Magni Vatter/ Er hat ein vnkeuſch weib gehabt/ welche mit pfaffen vñ anderen gebůlet hat. Endtlich iſt diſer Gangolphus vonn einem läſterlichen pfaffen/ ſo mit ſeinem Weib zů gehalten hat/jämerlich vmbbracht worde.

Gangolphus.

DIſer pangratius iſt von hohem Adelichem ſtammen auß Phrygia geweſt/vñ von dannen ghen Rohm gezogen/Vnd die weil er noch in ſeiner blůenden Jugendt beſtendigklich den Chriſtlichen Glauben bekandt/warde er gefengklich angenommen/ vnnd auff befelhe Diocletiani des Keyſers geköpfft.

Pancratius.

DIſer iſt ein Biſchoff geweſt Tungrorũ/ hat gelebt vmb das 412. Jar Chriſti.
Seruetus Michael / ein Hiſpanier auß Aragonia/ ein argliſtiger/ ſpitziger vnwarhaffriger Ketzer / Diſer dieweil er die läſterliche leer Pauli Samoſateni/ vnd andere vil ſchreckliche jrrthumb/von Chriſto/ſeiner menſchwerdung / von der recht=

Seruatius

fertigung/Tauff/vnd von den Engeln/wi
der vnderstünde herfür zubringen vnd zu
uerthedigen/ist er nach billichem vrtheyl zu
Geneua verbrant worden/Im jar 1553. den
27. Octob.

NAch dem Gororanes der König in persia/nach seines vatters todt das König
reich eingenommen hett / vnderstunde er
hefftig die Kirchen zuuerfolgen/ vnder anderen hatt er einen/ Suenes genant/an seinem hoff/ welcher ein Hauptman vber hundert gesetzt war/ Diser leget sich frei widder
den König mit disputieren von der Christliche Religion/Der König ließ fragen / welcher vnder seinen knechten der ärgest were/
den setzet er fürthin zu einem Hauptman/
vnd gab jhm seines vörigen Herrn chweib/
Darmit vermeinet er/ er wolt disen theuren
mann von seiner bekandtnuß abschrecken/
Aber es fehlet jhm weit / dann der fromme
Suenes hett sein hauß vff den rechten Felsen den Herrn Jesum Christum/ gebawt/
vnd hat alles gedultiglich gelitten./ Theo.
cap.39. lib.5.

In

JN den zeitten der verfolgung der Chri=
sten/vnder dem Römischen Keyser De=
cio/stunden etliche auß seinen Kriegsknech
ten vnd Hauptleuthen/mit namen/Inge=
nuus, Amon, Zenon, Ptolomæus, vnd
der alte emeritus miles, Theophilus, ge=
meynglich vor dem Richterstuhl/als mann
nun einen Christen seines glaubens halben
verurtheylen solt/ vnd er gantz verzagt vn̄
trostloß sich stellet/ vnnd sie solches sahen/
winckten sie jm mit den augen/streckten jh
re hende auß / vnd vermaneten jhn mit den
geberden jres leibs/daß er bestendig beken=
nen vnnd darauff beharren solte/Nach sol=
chem allen tratten sie freiwillig für den Ri=
chterstül/vnd bekandten/daß sie auch Chri
sten weren / Darüber erschrack der Richter
sampt seinen beisitzeren/ sie aber waren ge=
trost in jrer marter / vnnd starben frölich in
bestendiger bekantnuß Christi/Beschehen
im Jar Christi 253. Eus.lib.6. cap.41.

et
A
xiiij
Ingenuus.

DIsen Sontag liset mann das Euange=
lium Johan.xvj.von dem gebet/ vonn
der ler vn̄ verheissung Christi. Mañ nent di
se wochen/die creutz wochē/welche mañ im
Bapstum̄ gantz mißbraucht/ Dañ da tragē

soph
B
xv
Creutz wo
che.

R ij

Maius, May.

sie jhre hölzin Creütz vnnd Götzen von einer Kirchen zu der anderen mit grossem vnuerstendigem geplerr/vnd beten an jre Götzen für die frucht auff dem feld/Nach solchem lauffen huren vnd buben/Mönch vnnd pfaffen in die Wirtshäuser vnd hinder die zeune/schlemmen vnnd prassen/vnnd thun was ihre Götzendienst von jhnen fordern. Vor zeitten ist es bein Christen vil anderst gewesen/Dann inn den grewlichen verfolgungen/haben sie vonn einer Statt zu der andern

Maius, May.

andern müssen weichen/vnnd haben neben dem heiligen Creutz des leidens / auch ein hölzerin creutz vorgetragen / darmit bezeuget / daß sie an den gecreutzigten Christum glauben/ Vnd haben von hertzen Gott vmb hülff vnnd erhaltung seiner Kirchen angeruffen vnd gebetten/ꝛc.

Potamiena

Sie ist ein gantz keusche Jungfraw geweßt/ welche hefftig vmb jre jungfrawschafft wider die vnzüchtige Heyden gestritten/ Der Richter Aquila ließ sie grewlich vñ jämerlich vber jhren gantzen leib zerschlagen/ vnd dräwet jhr / er wolt sie seinen knechten jhren mutwillen mit jhr zuüben übergeben/ Darauff ist sie jhm mit gantz Christlicher antwort begegnet / jhr keuscheyt zuuerthedigen. Endtlich ist sie zum fewer verdampt worden/ vnd hat sie Basilides/ einer auß den Kriegsknechten/ zur marter gefürt/ vnnd jhr heiß wasser vber den gantzen zarten leib algemach gegossen / welches sie alles mit grosser gedult vnd bestendigkeyt erlitten. Beschehen zu Alexandria vnder der Regierung Seueri/ Anno Christi 206. Eusebius lib. 5. cap. 6.

| ius
| ☙
| xviij
| Prisca.

Es ist ein heilige/vnd keusche Christliche Jungfraw zu Rom gewest/welche/ dieweil sie das Bildt des Abgotts Apollinis nit wolt anbeten/ sonder blieb in bestendiger bekandtnuß Christi/ ließ sie der Keyser Claudius nackendt außziehen/ vnd mit ruten vber jhren gantzen leib jämerlich zerschlagen/ Darnach in ein groß fewer setzen/ darinn sie endtlich in bestendiger bekandtnuß williglich gestorben.

| in
| E
| xviij
| Liberatus
| & sex fratres.

In der Wendischen verfolgung des Königs Hunerichs/ ist auch diser Liberatus mit anderen seinen sechs brüdern vmb bestendiger bekandtnuß Christi willen zu Carthago gefangen/ vnd in ein finstere höle gelegt/ vnd hefftig von dem Teuffel vnd den Tyrannen angefochten worden. Dieweil sie aber bestendig blieben/ ward das Vrtheyl vber sie gefellet/ nemlich/ daß mann sie mitt ketten binden/ vnd ein schiff mit dürrem holtz auff das Meer füren/ anzünden vnd sie darinn verbrennen/ vnd hin faren lassen solt/ Also baldt hat mann sie zum schiff gefürt/ vnd das fewer angezündet/ da es aber nit brennen wöllen/ hat der
Tyrann

Tyrann befolhen/ mann solt sie wie die hūd mit den rüdern todt schlagen/ welches sie alles bestendig vnd gedultig gelitten haben/ Da mann aber die Cörper ins Meer warff/ hat sie das Meer wider sein natur also bald in derselbigen stundt an das gestadt wider außgeworffen/ vnnd hat sie nicht drei tage nach seiner gewonheyt behalten mögen/ vnd sein jhre Cörper von den andern Christen hertzlich begraben worden. De his Victor. in fine lib. 4.

AN disem hertzlichen Fest bedencket die Christliche Kirche den Artickel vnseres Christlichen glaubens/ da wir bekennen vñ sprechen: Ich glaub in IESVM CHRISTVM, welcher auffgefaren ist ghen Himel/ vnnd sitzet zu der gerechten Gottes des Allmechtigen seines Himmlischen Vatters/ ꝛc. Dieweil wir dann gewiß glauben/ daß vnser Herr Jesus Christus ist auffgefaren ghen Himel/ vnd daselbst ewig in gleicher macht mit Gott dem Vatter regiert in ewigkeyt/ So glauben wir gewißlich/ daß wir auch endlich nach disem sterblichen lebẽ zu solcher himlischer gesellschafft gebracht vnnd ewigklich darinne erhalten werden. Vonn solcher seiner hertzlichen auffart zu

hac de re Auffart Christi.

Maius, May.

Got seinem Himlischen Vatter/ redet Christus selber/ Johan. cap. xx. Ich fahr auff zu meinem Vatter vnnd zu ewerem Vatter/ ɾc. Item Lucas Actorum cap. ij. Vnd ein Wolcken nam ihn hinwegk von jhren augen. Item S. Paulus ad Ephe. cap. 4. Ascendit supra omnes cœlos. Item Psal. 109. Dixit Dominus Domino meo, sede à dextris meis, donec ponam inimicos tuos scabellum pedum tuorum, &c.

Im Bapsthumb hat mann wenig/ ja gar nicht von der rechten frucht der Himelfart geleert/

Maius, May.

geleert/sonder haben alles/wie Gauckelmänner/mit Affen spilen/vnd hölzern Götzen außgerichtet vnd gezeyget/Dann auff disen tag kommen jung vnd alt/als zu meister Hemmerlins spil/in die pfarkirchen zusamen/da wirt ein hölzerin Götz mit hölzerin Engeln in einen hölzerin Himel hinauff geschleifft/vnd werden glüenbt Teuffel võ werck gemacht/herab geworffen mit oblaten/vnnd mit vil wasser giessens/darbei vil mehr gespöts dann andacht ist/Nach solchem spectakel fressen vnnd sauffen/pfaffen/ Bürger vnd Baur/vnd was nur das glaß heben kan.

DIser ist der erst Apt zu Clareuallis/vnd auß dem Schloß Castellione/oder wie etliche wöllen/zu Fontanis geborn gewest/ Er hat gelebet zu der zeit Barbarossæ des Keysers/in dem zwey vnd zwentzigsten jar seines alters ist er mit dreissig seiner gesellen in den Orden getretten/welcher zuuor angefangen hatt im Tausent ein hundert vnd zwentzigsten jar/darinn hat er als ein oberster oder Apt sechs vnd dreissig jar gelebt/ Vnnd noch in seinem leben waren 160. Clöster dises Ordens erbawet. Er hat hefftig

Bernhardus.

R v

Maius, May.

wider die Heydnische vnd andere abgötte-
rey geprediget vnnd geschrieben/ Endtlich
ist er nach vil gehabter mühe vnnd arbeyt
im 63.jar seines alters/ vnd im 1153.jar Chri
sti friedlich gestorben.

Diser

Diser ist der 37. Keyser geweſt/ Dieweil Maxentius Maximiani Son grewliche Tyrannei zu Rom wider jederman/ vñ ſonderlich wider die Chriſten/ anrichtet/ hat er wider jn einn hefftigen Krieg angefangen/ vnnd iſt jhm gegen auffgang der Sonnen/ wunderbarlich ein fewrig creutz am Himel erſchienen/ darneben ſein Engel gſtanden/ die haben geſagt: In hoc ſigno uinces. In diſem zeichen wirdſtu obſigen/ wie dann beſchehen / Dann er hat Maxentium inn die flucht geſchlagen/ daß er ſelbs mit vilen ſeinen Reuttern vnd knechten in der Tyber iſt erſoffen/ Deßgleichẽ hat er auch den Tyrannen vnnd verfolger der Chriſten/ Licinium gedempfft.

Er hat auch das Nicenum Concilium wider Arium zuwegen bracht. Mann hat jhm allezeit das Buch des Euangelij müſſen für tragen. Hat auch die gantz Biblia auff ſeinn koſten laſſen außſchreiben/ vnd hin vnd wider in frembde land geſchickt. Nach dem er dreiſſig jar regieret/ iſt er ſeligklich im 342. Jar Chriſti geſtorben. Von diſem ſchreibet ordenlich Euſeb. lib. 9. cap. 9. 10. &c.

A
xxj

Conſtantinus.

**B
xxij**
Vuigetus.

DIser ist ein Englender geweſt/welcher/ dieweil er Huſſen vnd anderer nützliche ſchrifften mit groſſem fleiß vnnd eifer geleſen/vnd darauß vernommen/daß ſein eheloſer pfaffenſtandt vnchriſtlich vnd wider Gottes gebott were/ hat er denſelbigen nit ohne geringen verluſt zeitlicher güter/verlaſſen/vnnd ſich in den heiligen Eheſtandt begeben/vnd darinn ein zeitlang Chriſtlich gelebt/vnd mit ſeiner leer vnd Exempel vil zu Chriſtlicher waren erkantnuß gebracht/ Nach dem aber der Biſchoff Noruicenſis ſoliches erfaren/ hat er ihn laſſen greiffen vnd examinieren/ auff etlich vnnd zwentzig Artickel/Dieweil er aber in Chriſtlicher bekantnuß beſtendig blieben/iſt er als ein Ketzer verdampt vnd verbrandt worden/im 1428.jar Chriſti.

**C
xxiij**
Deſiderius

DIser iſt ein Biſchoff zu Lingone geweſen/Er hat gelebet zu der zeit Honorij vnnd Theodoſij. Iſt von den Wandalis vmbbracht worden.

Es iſt auch einer Deſiderius genant/ der letſt Longobardiſch König geweſt/welcher ſich vnderſtünd gantz Italiam vnder ſich zubringen/vnd hat zu Rom vil mord vnd jamer

Maius, May.

jamer angerichtet / Adrianus der Bapst
rieff Carolum Magnum vmb hülffe an/
Da zohe Carolus in Italiam/ stillet vnd nie
derleget den mutwillen Desiderij. Also hat
Carolus gantz Longobardiam eingenom-
men / vnnd hat also das Longobardische
Reich ein endt/ welches vnder 22. Königen
232. jar gewehret hat/biß ins 775. Jar Chri
st.

Diser

Maius, May.

D xxiiij
Dominicus.

Diser ist ein Hispanier vñ von Clararoga bürtig gewest / in seiner jugēt hat er zu Valentia sich in Gotseligen künsten / vnd heiligen schrifften geübt / Dieweil er aber sahe daß sich die grossen Canonici vnd andere des Predigampts gar nit annamen / hat er auß Christlichem eiffer ihme ein gesellschafft versamlet / durch welche die lehr des Euangelij solt außgebreitet werden. Daher kompt der Prediger Orden / welcher ist bestetiget worden vnder Honorio III. Im 1220. jar Christi.

Durch disen Orden ist dem frommen Keiser Henrico vergeben worden. Diser Dominicus hat gelebt zur zeit Philippi, Othonis, & Friderici II. Römischer Keyser / Zu Bononia ist er gestorben / vnd ime daselbst ein herrlich Marmelsteinen begrebnuß zugerichtet / vnd darinn begraben worden.

Vr E xxv
Vrbanus.

Diser Vrbanus ist ein frommer Christlicher Bischoff zu Rom gewest / vmb warer bekandtnuß Christi willen ist er vnder M. Antonino Römischem Keyser vmbbracht worden. An disem tag brauchen die Weinleut das Heydnisch Fest Bacchi / Dañ wenn Sanct Vrbanus tag klar vnd hell ist / halten.

halten die Abergläubigen leuth/ der Wein soll wol gerathen/ vnd tragen einen ströheren odder hölzeren Götzen mit grossem geschrei durch alle gassen/ vnnd fahen an von morgen biß wider morgen zu fressen vnnd sauffen/ Damit vermeynen sie ein glückseligwein jar von Sanct Vrban zuerlangen. Wann aber derselbig tag nit klar vnd hell ist/ so schleiffen sie den Götzen durch alle stinckende pfützen. Wer wolt aber solicher Abgötterey vnd blindtheyt nit lachen?

Iser ist ein fürtrefflicher geleerter Engelendischer Priester gewest/ Er hat gelebt zur zeit Justiniani ij. Römischen Keysers/ im jar Christi 692. Er hat vnzelich vil in heiliger Göttlichen schrifft geschrieben/ vnder andern fürtrefflichen büchlin/ De natura & temporibus. Er ist vmb seiner hohen tugenden vnd kunst willen Venerabilis Beda, das ist/ der Ehrwirdig Beda genannt worden.

Nach dem er vil mühe vnnd arbeyt mit lesen/ schreiben vnnd predigen vollbracht hat/ ist er seliglich im 72. Jar seines alters/ vnd im 732. jar Christi gestorben.

in
S
xxvij
Lucianus.

Diser ist ein frommer vnd geleerter prie-
ster der Kirchen zu Antiochia geweſt/
von dannen iſt er ghen Nicomediam geführt
worden/daſelbs dann Maximinus der Key-
ſer ſein wohnung hatte/Dem Keyſer hat er
ſchriftlich ſein leer vnnd bekandtnuß vber-
geben/ vnnd dieſelbige mit grundt Gottes
worts vertheidiget / Darüber warde der
Keyſer zornig/ vnnd befalhe mann ſolt jhn
hinthun in ein gefehrlich gefengknuß/ vnd
daſelbſt heimlich vmbbringen/ darmit das
volck/ſo jhm anhieng/nicht vnruhig wür-
de/Beſchehen im 2.Jar Maximini / Nach
der geburt Chriſti 239. Jar. Euſebius lib.
9.cap.6.Eccleſ.hiſto.

pe
A
xxviij
Vuilhel-
Torpe.

Diſer iſt ein prieſter inn Engelandt ge-
weſt/ein fleiſſiger erforſcher Göttlicher
ſchrifft/vnd eines Chriſtlichen lebens.End-
lich iſt er vmb Chriſtlicher leer vnd predigē
willen võ dem Ertzbiſchoff zu Candelburg/
zu Londin ins gefengknuß geworffen/Vnd
dieweil Wilhelm beſtendig vff ſeiner Chriſt-
lichen bekantnuß geblieben/iſt er im ſchloß
Saltwort vonn den Chriſtenmördern jä-
merlich vmbbracht/Anno Chriſti 1407.
Darvon ſchreiben Baleus & Foxius.

Kurtz

Maius, May.

Kurtz zuuor im 1400. jar Christi/hat der Ertzbößwicht vonn Candelburg auch den frommen Christlichen Mann Wilhelmum Sautreum vmb Christlicher bekandtnuß willen lassen verbrennen.

Wilhelmus Thayler/ein Engelendischer Priester/ist auch bald nach des Hussen zeiten/vm̄ warer bekantnuß Christi willē/ vn̄ sonderlich daß er widder die anrüffung der heiligen geschrieben vn̄ geprediget hat / den 2. Martij im jar 1422. zu Londin auff dem Schmidt platz verbandt worden.

Item Wilhelmus Willetns ein frommer Gottsförchtiger Priester in Engeland/ welcher das Gotloß gelübt der vermeintē Keuscheit verlassen / vnd hat ein ehelich Christlich weib genommen / Endtlich dieweil er sein fürnemen vnd Christlich leer vertheidiget hat / ist er zu dem fewer verdampt/im Septem. Anno Christi 1428.

Item Wilhelm von Zwollen/ist auch vō den Sophisten zu Löuen als ein Ketzer verdampt/vnd auff den xx. Septembris im jar Christi 1529. zu Mecheln im Niderlandt öffentlich verbrandt. Sein Historiam hat beschrieben D. Johann Bugenhagen Pomeranus.

de
B
xxix
Pfingstag

DIses wirt genannt der 50. tag nach der Aufferstehung Christi/ Dann gleicher weiß wie den 50. tag nach dem eingesetzten Fest Pascatis,vnnd nach dem außgang der Kinder Israel auß Egypten/ist das gesetz auff dem Berg Sinay gegeben worden/Also ist nach 50.tagen nach der Aufferstehung Christi den Aposteln der Heilig Geist gegeben worden/ Actor. 2. Eben auff den tag/ da zuuor das gesetz Moysi gegeben ist worden/2c.

Auff dises Fest vnnd allezeit bekennen wir

Maius, May.

wir die dritte person/den Heyligen Geyst/ welcher von Gott dem Son außgehet/ec. Diser wircket in der menschen hertzen/newe bewegungen/ vnnd zieret wunderbarlich die menschen mit hertzlichen gaben/stercket vnd erhelt vns bestendig in reinem Christlichen leben vnd bekandtnuß.

❧

JM Tausent fünffhundert drei vnd dreissigsten jar sein zu Pariß inn Franckreich hinundwider inn vilen gassen vnnd strassen schrifften widder des Antichristi Reich angeschlagen/darüber ist vil vnschuldigs bluts warer Christen vergossen/vnnd vil hinundwider inn der Stat verbrennet worden/Vnder andern ist einer Berthelotus Milonus genannt/gewest/welcher ein armer lamer mensch gewesen/vnnd ist nicht dann die zung an jhm fertig gewest/derselbige hat dermassen vonn Gottes wort wider das Bapsthumb geredt/daß der Teuffel vnnd seine diener/vber jhn erzürnet/jhn offentlich auff dem platz Greuensij verbrandt haben/Anno 1533.

cris C xxx Berthelotus.

Can
D
xxxj

Petronella

DJeweil ich nichts gewiß võ diser Petronella finde/dann daß sie S. peters Tochter gewest sein soll/welche er vom Feber gesundt gemacht hab/ Derhalben wöllen wir vonn ein heiligen Martyrer zu vnsern zeitten beschehen / Petrus Berberius genant/sagen/Diser ist ein Kauffmā gewest/ vnd dieweil er die reine leer des Euangelij lieb hatt/diselbige fürdert/vnnd offentlich bekant/ist er vngefehrlich den vierdtn Mey in seinem hauß gegriffen/vnd in ein schwer gefengknuß zu Leon gefürt / vnnd ein zeitlang beschwerlich darinn behalten worden. Endtlich da er auß dem gefengknuß zu der marter außgefürt/hat er vnder wegen fleissig gebettet/vnnd das Volck zur buß vnnd waren erkandtnuß Christi vermanet/ Vnder dem Volck war ein alter Italianischer Gottloser pfaff/welcher in grossem grimm sprach:Du Ketzer/heut wirt im himmlischen fewer dein ewige wohnung sein. Daruff Petrus gedultig geantwortet / Ey daß dir der Herr diß verzeihe/ Ist also fürtan gangen/vnnd nach dem er zu der Statt kommen da er solt verbrandt werden/hat er dieselbige mit freuden angesehen / vnd begert also bald zusterben/ Nach dem jhn der Hencker

an

an die Seul gebunden/hat er jederman vmb
verzeihung gebetten/ vnnd vrsach soliches
seines todts neben seines glaubens bekandt
nuß angezeygt/ Nach solchem allem hat er
gesagt/ Jetzt sihe ich den Himmel offen/ O
Herr Jesu Christe/ inn deine hende befelhe
ich meinen Geist. Vnnd solches hat er offt
in dem fewer widerholet/ Vnd ist also fried
lich von disem elendt abgeschieden/ im Jar
1553. Lugduni, Henrico Secundo Franc.
Rege.

Junius, Brachmonat/
Hat xxx. Tag.

DIser Renatus Poyetus/ ist zu Burgis
geborn/ vnnd ein natürlicher oder ledi-
ger Son gewest Guilhelmi Poyti/ welcher
in Franckreich in grossem ansehen war/ vñ
lange zeit Frantzösischer Cantzeler gewest/
Dieweil aber diser mensch ein erbar/ züch-
tig/ vnd Christlich leben füret/ vnd die war
heyt des Euangelij bestendiglich bekandt/

Nic
E
j

Renatus
Poyetus.

L iij

ist er angegriffen vnd gefengklich gefüret/
vnd endtlich in derselbigen statt/ mit viler
gůthertziger leut trawren vnnd mitleiden/
offentlich verbrandt/ vnd von disem elendt
zů der ewigen himmlischen freude genom-
men worden. Also sehen wir/ wie jhm Gott
auß allerlei geschlecht der menschen/ offent
liche bekenner erwecket/ vnnd sihet nicht an
die geburt noch die wirdigkeyt der perso-
nen. Ist beschehen im Jar 1552.

Marinus.

DIser Marinus hat gewont zů Cæsarea
in Palestina/ zů der zeit Galieni des Rö
mischen Keysers/ Er ist in kriegsämptern
gebraucht/ vnnd in grossem ansehen gewe-
sen/ Dieweil er sich aber inn seinen vorigen
ämptern trewlich gehalten/ warde jhm ein
Hauptmanschafft vher hundert mann (wel
che mann darnach Centuriones genannt)
vbergebē. Nach dem er aber jetzt das ampt
nach gemeinem brauch empfahen solt/ tra-
te einer für den Richterstůl/ vnnd zeyget an
daß jhme solches ampt nicht gebüre/ dann
er wer einer auß der zal der Christen/ Dar-
über erschrack Achaius der Richter/ vnnd
fraget jhn/ ob dem also were/ Da bekandte
er frei vnd bestendig/ vnnd sagt Ja. Theo-
tecnus

Iunius, Brachmonat. 143

teennus derselbigen zeit Bischoff zu Casarea/der fordert jn besonder in die Kirch/vñ zeyget jm ein schwerdt vnd die Bibel/ vnd sagt/er soll vnder denen beiden eines erwelen/Also baldt grieff Marinus nach der Bibel/vnnd saget er wölte biß in den todt bei dem heiligen Göttlichen wort bleiben/vnd darüber sterben. Also ward er hinauß gefürt vnnd enthauptet / Beschehen im Jar Christi 262. Euse. lib. 7. cap. 17.

Iunius, Brachmonat.

Dser Erasmus ist zu Antiochia ein Bischoff gewest / vonn Diocletiano aber dem Tyrannen in Italiam verstossen / vnd nach vilfeltiger grewlicher vberstandener marter bestendiglich im Christlichen glauben gestorben.

Erasmus Roterodamus, ein zier gantzer Teutscher Natiō / welcher die sprachē / sonderlich die Latinische / auß dem staube herfür gezogen vnnd ans liecht inn gemeinen brauch gebracht / Diser ist zu Roterdam in Holandt den 27. Nouember / Jm 1465. jar geboren / zu Dauentria hat er erstlich seine studia angefangen / vnd ist Alexander Hegio sein præceptor gewest / Nach absterben seiner åltern hat er sich in den Orden Canonicorum begeben. Der Bischoff Cameracensis, dieweil er sein fürtrefflich Ingeniū vermerckt / hat in zu sich genommen / vnd mit zerung gen Pariß / daselbst die Schūl Theologos zuhören / vnnd darinn fürtrefflich zu werden / abgefertiget. Nach dem er nun zu hohem verstandt komen / ist er mit fürtrefflichen

lichen geleerten vnd hohen leuten/Angliam, Galliam, Italiam, durchzogen/vnd besichtiget/vnnd ist jhme allenthalben grosse ehr erbotten worden/sonderlich zu Rohm ist jhm ein hohe Dignitet/sampt einem reichlichen einkommen/der gestallt angebottē/ daß er nicht wider in Teutschlandt/sonder zu Rohm beiben solt/ Er hat aber soliches gantz füglich abgeschlagen.

Endlich nach vil gehabter mühe vnd arbeyt/hat er sich ghen Basel zu D. Hieronymo Frobenio begeben/ daselbs ist er mit vilerley schwacheyt beladen gewest/vn̄ dieweil die schwacheyt vberhandt genommen vnd das endt seines lebens vorhanden war/hat er Lateinisch efft mit grosser andacht gesprochen: O Iesu misericordia, Domine libera me, Domine miserere mei, Ah fac finem, Ach lieber Gott, mach end vnd erbarm dich mein/rc. Vnd nach dem er sein Christlich Testament gemacht/ darinn er die armen/weib/māgd/man vnd andere/sonderlich Ingeniosos adolescentes bedacht hat/ist er friedlich zu Basel gestorben/vnd im Thumb daselbst ehrlich begraben/den xj. Julij/Anno Christi 1536.

Celerinus.

Diser ist ein fürtrefflicher bestediger martyrer/ vnnd zu seinen zeiten ein fürgenger vnnd fürbildt aller Martyrer gewest/ Er hat hefftig wider die verfolger der Christen geredt/ vnnd jhnen jhr zükünfftig vrtheyl verkündiget/ darüber hat er vil gefehrlicheit/ schandt vnnd schmach müssen leiden/ dann biß inn den neundten tag/ ist er in füßeisen vnnd ketten in einem grewlichen gefengknuß gebunden gelegen/ gantz von jederman verlassen/ Gott aber hat jhn inn dem allem wunderbarlich gestercket/ gespeiset vnnd erquicket/ biß zu der zeit/ daß er vmb warer bekandtnuß Jesu Christi willen hat sollen hingerichtet werden/ Alle plag so jhm die Tyrannen angethan haben/ hat er biß an sein endt bestendiglich vnnd gedultigklich erlitten vnnd erstritten. Soliches ist beschehen vnder den zweyen Keysern/ Valeriano vnnd Galieno/ Im Jar Christi zweyhundert acht vnd fünfftzig. Darvon schreibet S. Cyprianus libro quarto Epistolarum, quinta Epistola.

Iunius, Brachmen ıc. 147

Diser Bonifacius ist ein Englender vnd
ein frommer Christlicher Bischoff zu
Meyntz gewest/ Er hat selbst geprediget/
vnd die reine leer des Euszgelij durch Teut-
schlandt auszgebreitet/als in Bayrn/ Fran
cken/ Hessen/ Thüringen vnnd Frieszlan-
de/ Er hat auch allerley grewliche Abgöt-

Bo
B
v
Bonifacius

terey vñ falschen Gottsdienst abgeschafft/ vnd mit hülff Carolomanni den waren gottesdienst erbawet vnnd auffgerichtet. Er hat das Closter zu Fulda erbawet/ Dieweil aber die Friesen von dē Christlichen glaubē abgefallen/ist er sie zubekeren wider dahin gezogen/ vnd von den Gottlosen Völckern vmbbracht worden/nach dem er 40.jar die Christliche Kirchen durch Teutschlandt Regiert hat/Anno Christi 755.

---

ni
C
vj
Beneuolus

DIser Beneuolus ist ein fürtrefflicher man/vnd Valentiniani des Keysers öberster Cantzler/vnnd in höchsten ansehen gewesen/ Justina aber die mutter des Keysers war gantz mit der Sect der Arianer behafft/vnd war sonderlich dem heiligen Ambrosio vmb des willen feind/ dieweil er sich so hefftig mit predigen/reden vnd schreibē wider solche Sect gelegt hat/Endtlich war sie vber jhn vnnd andere Christen dermassen ergrimet/daß sie wolt ein ernstlich Mandat lassen außgehen widder die Christen/ Solches begert sie/daß jhr Beneuolus als Cantzler stellen/vnd publiciren solt. Beneuolus aber schlüge jhr solchs ab/ vnnd sagt er köndte nicht wider die leer seines Gottes
lim.

Iunius, Brachmonat.

im Himmel thůn/Er wolte ehe alles verlaſſen was er auff Erdtrich hab / wie er auch endlich gethan/vnd iſt im beſtendigen glauben geſtorben/ Hiſtor. Eccleſiaſt. libro 2. cap. 16. &c.

Paulus Sergius/ Landtuogt in Cypern geweſt/ Diſer iſt von Sanct paulo vnd Barnaba wunderbarlich zu Chriſtlichem glauben bekert worden/ Er hatt aber einn Zauberer/ der vnderſtůnde ſolches Chriſtlich werck zuuerhindern/ Sanct paulus aber voll des Heiligen Geiſtes/ ſahe jhn an vnd ſprach: O du Kindt des Teuffels/ voll aller liſt vnnd ſchalckheyt / du höreſt nicht auff abzůwenden die rechten weg des Herren / vnnd nun ſihe die handt des Herren kompt vber dich/ vnnd dů ſolt blindt ſein/ vnd die Sonne ein zeitlang nit ſehen. Vnnd von ſtundan fiel auff jhn tunckelheyt vnnd finſternuß/ vnnd gieng vmbher vnd ſůchet handtleiter. Als der Landtuogt das geſchicht ſahe/ warde er in ſeinem glauben beſtettriget / vnnd verwundert ſich ob der leer vnd krafft Sanct pauli/ Actorum am dreizehenden Capittel.

dat S vij Paulus Biſchoff.

jun

E

viij

Medardus

Iser ist ein Bischoff in Franckreich gewest/ von ihm wirdt nicht sonderliches beschrieben/ dann daß er durch wunderbarliche mittel / die nächtlichen dieb inn seinem weingarten vermercket / vnnd dieselbigen auch so lange da behalten / biß er kommen vnd sie ledig gelassen / vnd zuvor nach notturfft gestrafft hat. Er hat gelebt vmb das jar Christi 520.

¶ Metras ein frommer Christlicher priester odder ältester vnder den Christen / hat gelebet zu der zeit Decij Römischen Keysers/ in der höchsten verfolgung/ Ju derselbigen zeit ist ein Gottseliger Teufflischer warsager ghen Alexandriam kommen/ welcher die Heyden hefftig wider die Christen bewegt vnnd ergrimmet hat / vnnd dahin bracht / daß sie disen frommen man Metras auch zu Heydnischer abgötterey zwingen wolten/ Dieweil er sich aber solches weigert/ schlügen sie jn mit kolben / zerstachen ihm sein angesicht/ vnnd seine augen benamen sie ihm mit spitzigen roren / Endtlich schleifften sie jhn zur statt hinauß vnd steinigten jhn. An. Christi 253. Euseb.lib.6.ca.41.

Dises

Iunius, Brachmonat. 151

Dises ist im Bapstumb ein hohes / aber doch Gottloß vnd abgöttisch Fest / darinnen gantz kein Abgötterey vnderlassen wirt / dann da tragen sie in einer silbern oder vergülten Monstrantzen / vnder einem güldinen / seidnen / oder sonst zierlich gemachten Himel / vmbher das brodt / welchs sie

vermeinen Christi leib vnd der Engel brod
vnd speiß sein. In diser abgötterey müssen
dienen vnd helffen/die fürnembsten persō
nen inn stätten vnd märckten. Vnd wo einer
befunden/der disem affenspil nicht als Got
gegenwertig ehr beweiset / mit anbetten/
vnd eusserlichen geberden/der wirdt als ein
Ketzer zum fewer verdampt/Darüber dañ
vil verbrandt vnnd sonst grewlich gemar=
tert worden sein.

Im jar 1530. warde dises Fest zu Aug=
spurg in gegenwertigkeyt Caroli v. Römi=
schen Keysers gantz prächtig / als vor nie
gehalten. Aber etliche Christliche Chur
vnd Fürsten wolten mit sollichem gepreng
nichts zuthün haben.

mi
S
r
Onophri-
us.

DIser soll ein frommer Christlicher man
gewest sein/ welcher sich etwa vmb ge=
fehrligkeyt/ vnd vmb des Gotlosen lebens
willen in Egypten in ein einsam vnnd frid=
lich orth begeben hab / Darmit er von der
Abgöttischen Gottlosen welt möchte vnan
gefochten bleiben/ vnnd dem Herren Jesu
Christo desto füglicher mit betten/lesen/vñ
andern Christlichen tugenden dienen. Vnd
wolt Gott daß auch vnsere Mönch vnnd
Innsidler

Iunius, Brachmonat.

Innsider sich inn gleichem Gottseligen ge‐
müt inn solches gschlecht des lebens bege‐
ben/so würde es besser stehen/Aber vnsere
Meuchler verstecken sich hinundwider in wü
ste/vnd doch lüstige ort/darmit sie jhr hů‐
rerey/schlemmen vnnd alle vnzucht desto
fuglicher vnnd heimlicher gebrauchen mö‐
gen/Got aber dem nichts verborgen/wirt
sie wie Sodomam vnnd Gomorrham mit
schwefel vnd bech verbrennen/vnnd wo sie
in solchem Gottlosen leben beharren/in ab
grund der Hellen verstossen.

DIser Barnabas ist einer auß den für‐
nembsten 72. Jüngern Christi gewest/
er ist erstlich ein Jud vnd Leuit gewest/vñ
darnach zu Christlichem glauben bekeret
worden/Ist gewest ein gefert des heiligen
Apostel Pauli/von der aufferstehung Chri
sti an/biß ins 18. Jar. Nach dem er hinund‐
wider neben Sanct Paulo das Euangeli‐
um geprediget vnnd außgebreittet hat/ist
er wider inn Cypern kommen/vnd das Eu‐
angelion von Sanct Mattheo beschrieben/
dahin gebracht/vnd daselbst bestendiglich
geprediget. Er soll auch kürtzlich vor dem
todt Petri zu Salamina vm water bekant‐

Barnabas.

nuß willen vmbbracht worden sein. Diſes
Barnabe beſchicht meldung Actorum 4.
9.11.13 14.15. Euſ.lib.1. cap.24.

cy
B
rij
Meldenſes

ES iſt vnder allen andern ſtetten in Franck
reich, keine geweſt / welche ſo Chriſtlich
vnd wol in Gottes wort verſehen geweſen
iſt / dann die Statt Meldis / zehen meil von
Pariß gelegen / Dieweil aber der Biſchoff
Briconnetus / welcher ſolche Chriſtliche or-
denung angerichtet / durch menſchliche be-
redung vnnd dräwung der ſtraffe / ſich von
ſolichem Chriſtlichen werck ließ abſchreck-
en / iſt darauß ein grewliche verfolgung ent
ſtanden / Dann etliche fromme Chriſten ſein
verbrant / etlichen die zung abgeſchnitten /
etliche mit rüten außgeſtrichen / vnd ins el-
lendt geſchickt / Nach ſolcher verfolgung
ſein ſie heimlich zuſamen kommen / vnd hat
geprediget Manginus vnnd petrus Cleri-
cus / Darüber ſein ſie ergriffen vnd gebun-
den ghen Pariß gefürt worden. Vnder an-
dern iſt gar ein junges mägdlin geweſt / wel-
ches da es auch gebunden wardt / ſagt es:
Wann jr mich im offentlichen frawenhauß
gefunden / hetter ihr mich vngebunden vnd
vnangefochten gelaſſen / Nun ich aber inn
Göttlichen

Göttlichen übungen erfunden worden/muß ich von euch gemartert werden/Wol an der will des Herren gescheh. Solches alles haben sie gedultiglich gelitten./ Beschehen Anno 1546.

ES ist ein Cyrillus Bischoff zu Alexandria geweſt / welches ſchrifften noch vorhanden ſein/Er hat gelebt zur zeit Theodoſij Junioris Römiſchen Keyſers/An. Chriſti 430. Er hat in der verſamlung zu Epheſo gewaltig widder Neſtorium diſputiert/ vnnd jhn mit ſeiner Teufliſchen Secten mit Gottes wort vberwunden/ vnd als einn offentlichen Ketzer verdampt/Trip.li.12.ca.5.

Es iſt auch noch ein Cyrillus geweſt/welcher hefftig wider die Arianer ſich geleget hat/ Diſer iſt von Achacio Biſchoff zu Cæſarea vertrieben / Aber von dem Conſtantinopolitaniſchen Synodo wider eingeſetzt/ Euſeb.lib.5.cap.34.37.

DIſer Heliſeus iſt wunderbarlich vonn Gott zum propheten vnd predigampt gebracht worden/Daruon 3.Reg.19. Er hat gelebt zu der zeit der König Iſrael vnd Juda / Joram / Athaliæ / Joas vnnd

Iunius, Brachmonat.

Amaziæ. Er hat dem Volck Gottes derselbigen zeit/mit rechter leer vnd warem Gottesdienst/fürgestanden 60. jar / hat grosse wunderwerck vnd thaten gethan/damit er sein leer jhme vonn Gott geoffenbaret/bestettiget hat / dann er hat den Son seiner Wirdtin vonn todten aufferwercket/ Naaman den Syrier hat er wunderbarlich von dem aussatz gereiniget. Difes Elisei leben wirt ordenlich beschrieben von dem 4. Reg. 2/biß auff das 13. Cap. ıc.

Vi E tꝛv
Vitus & Modestus

DIser Vitus ist inn Lucana inh Welschland geborn/Er ist ein knab von zwölff jaren geweft / da er bestendiglich die Christliche leer bekandt/vnd wider die Heydnisch Abgötterey geredt/vnd denselbigen nicht hat wöllen dienen / ist er mit seinem Zuchtmeister Modesto / mit ketten gebunden inn ein schwerlich gefengknus gelegt/ vnd darnach inn einen Hafen mit siedendem Bech vnd Blei gesetzet/ Solches alles hat jhnen nicht geschadet / Endtlich aber sein sie vnder Diocletiano vmb bestendiger bekandtnuß willen ertrencket worden.

Im Bapstumb hat mann disen heiligen angerüffen für einn notthelffer/ als der für

das

Iunius, Brachmonat. 157

Das stetig springen vnd tantzen / toben vnd
wüten der menschen (welche plag sie Sanct
Veits tantz nennen) helffen / vnd die so dar=

mit beladen sein/darvon erledigen köndte.
Es ist aber eitel abgötterey vnnd mißglauben/vnd grosser betrůg der pfaffen/so darzů verordnet waren/gewesen.

ti
ℒ
xvj
Aureus.
Aurea.

Nach dem Heyligen Albano/zu der zeit Theodosij Junioris/ist diser Aureus/ein frommer/geleerter vnd Gottseliger leerer/ghen Meyntz kommen/vnnd die reyne leer des Euangelij geprediget/vnnd ist ein rechter Christlicher Bischoff daselbst gewesen/

sen/Er ist erstlich von den Arianis ins elend
verstossen worden/Nach dem aber vom At
tila die Statt eingenommen/ ist er wider da=
hin kommen vnd in sein vorig Ampt getret
ten. Er ist aber von den Hunnis vber dem
Altar inn seinem andächtigen gebett vmb=
bracht/ vñ vff S. Albanus berg zu Meyntz
begraben worden.

⁋ Aurea ein Christliche Matrona/ hat
jhr bekantnuß gethon vnder Claudio/ Ist
gebraten/vnd darnach in das fewer geworf
fen worden.

DIser ist ein Engelender gewest/vnd die
weil Carolus Magnus Römischer Key
ser in Teutsch vnd Welschlanden vil Christ
licher schülen vnd Kirchen angerichtet hat/
ist er auch ein erster Fundator vnnd stiffter
des Bistumbs zu Bremen Anno 785. gewe
sen. Dahin ist diser Willehadus gefordert/
vnd daselbst der erste Bischoff gewest/vnd
hat trewlich das Euangelium geleert vnd
geprediget. Wie sich aber die jetzigen Bi-
schoff mit den alten Christlichen Bischoffen
in lehr vnnd leben vergleichen/ sihet mann
(leyder) mit grossem schaden der Kirchen
vor augen.

que S xvij Vuillehadus.

Marci͜us.
Marcellinus.

DIser ist ein fürtrefflicher geleerter Römer gewest/Mann schreibt daß er auß dem fleissigen lesen des Verß im Vergilio/ (Iam noua progenies cœlo demittitur alto) hab vrsach genommen der zůkunfft vnnd dem Reich Christi nachzůdencken/ dann er so uil darauß vermercket/daß durch disen Himelischen König würde ein andere Reformierte Welt angerichtet werden/ welches die Heyden die güldene zeit odder alter genannt haben. Er ist endtlich vnder Decio Römischem Keyser geköpfft/vnd in Christ licher bekandtnuß bestendig gestorben.

proBrix.
Geruasius & Prothasius.

DIses sein zwen leibliche brüder/ vnnd Söne S. Vitalis gewest/ Sie haben zu Meylandt in Christlichen tugenden gelebt vnd geleuchtet. Astasius der Hauptman der statt/ hat widder der Statt feindt einen krieg zufüren fürgenommen/ Demselbigen sagten die Mörderischen abgötischen pfaffen der Heydnischen Götter/ wo er die zwen brüder Gernasium vnd prothasium nit bezwünge/daß sie auch den Abgöttern opffer ten/ so würde er wider seine feind keinn sieg haben/Also vnderstünd der Hauptman sie zů bezwingen/Sie aber wolten nit opffern/
sonder

sonder blieben bestendig auff jhrem Christ
lichen bekandtnuß / darumb wurden sie/
nach grewlichen peinigungen/ zu Meyland
geköpfft.Beschehn vnder Domitiano dem
Römischen Keyser.

SIluerius auß Campania bürtig/ Diser
warde vff befelh Deodati des Königs
zum Römischen Bischoff erwelet/Auß anregung aber Vigilij des Römischen Diacons vnd schwartzkünstlers/gebote Theodora die Keyserin Siluerio bei beträwüg/
Mennam den Constantinopolitanischen
Bischoff zuuertreiben/vnd Anthimum her
wider zuberüffen/Darwider setzet sich Siluerius/Da schreib die Keyserin Bellizario/
den Siluerium außzustossen/vnd Vigilium
an sein statt zusetzen/Darauff bestellet Vigi
lius etlich falsche zeugen / daß Silnerius
hett wöllen die statt Rom verrathen / Also
warde er verstossen vnd ins elend geschickt/
vnd starb inn bestendiger bekandtnuß Jesu Christi.

AlDxxj
Albanus.

Sanct Albanus ist erstlich ein Christlicher Bischoff in Macedonia zu Philippis gewesen / Dieweil er aber der Arianischen Secten hefftig zuwider gewest / ist er vonn jhnen vertrieben worden / vnnd ad Leonem I. ghen Rohm kommen / vonn dannen ist er ghen Meylandt gezogen / vnd sich daselbest mit D. Ambrosio Bischoff des orts / inn Religions sachen Christlich vnnd freundtlich besprochen. Nach dem sich aber der heilig Albanus genügsam mit dem heiligen Ambrosio besprochen / ist er gantz friedlich von jhme abgeschieden / vnd hinund wider durch Teutschlandt gezogen / vnnd wider die Arianische Secte geprediget / vnnd dieselbig genügsam auß dem heiligen Euangelio widderlegt / Endtlich ist er ghen Meyntz kommen / vnd von den vnglaubigen Tyrannen vmbbracht worden / zu der zeit Theodosij Iunioris. Den Tempel vnnd Stifft S. Albani / hat Margraff Albrecht vonn Brandenburg / neben dem Schloß / Carthuß vnnd andern / verhert / vnd verbrandt / Jm Tausent fünffhundert zwey vnd fünffzigsten jar.

In der Wendischen verfolgung der Christen zu Carthago inn Aphrica / sein vil tausent Christen mit vnzeligen plagen jämerlich getödt vnd vmbbracht worden/ das etlichen sein die hende abgehawen/ etlichen die augen außgestochen / etlichen sein alle glider

Sanct
Cxxij
X. Tausnt martyrer.

glider verlambt vnd zerknitscht/etliche ha=
ben sie von jhren häusern herab gestürtzet/
vnd auff mancherley weiß vmbbracht. Di=
se grewliche verfolgung ist beschehen im 8.
Jar/ da Hunerich der Wenden vnnd Ala=
ner König das gantz Aphricam mit seinem
Kriegsvolck grewlich verderbt hatt.

Es sein auch inn solicher verfolgung bei
vier tausent neunhundert vnnd sechs vnnd
sechtzig frommer Christen/ so nicht vmb-
bracht/ins elendt geschickt/Daruon schrei-
bet Victo.im 2.vnd 3.Buch von der Wendi=
schen verfolgung.

Ci
E
xriij
Basilius
Presbyter

VOn Basilio Magno haben wir droben
den 3. Februarij gesagt. Es ist aber
noch ein Basilius/ welcher zu Anticyra zu
der zeit des Keysers Juliani ein Christli=
cher priester gewest/ Er hat hefftig wider
die Arianische Secten gestritten/ also daß
jhme auch alle jhre Kirchen vnnd versam=
melung zu besuchen verbotten war/Er hat
die Christen hinundwider eygener person
vnnd durch schrifften inn der höchsten ver=
folgung getröstet/ vnnd wider die Ariani=
sche Secte inn warem Christlichen glauben
bestendigklich zubleiben vermanet / Die=
weil

Iunius, Brachmonat. 165

veil er aber auch hefftig wider die Heydni-
sche Abgötterey geleert vnd gestritten hat/
ist er vonn den Heyden ergriffen/ vnnd vor
allem Volck grewlich gemartert vnd getöd
tet worden/ Beschehen im Jar Christi drei-
hundert sechs vnnd sechzig. Sozo. libro
quinto, capite undecimo Ecclesiasticæ
Historiæ.

Diser

Iunius, Brachmonat.

Jo
G
xxiiij
Ioannes
Baptista.

§ Iser Johannes ist ein Son geweſt Zachariæ vonn Eliſabeth / welcher ſich durch die bewegunge des heiligen Geiſtes der geburt vnſers Heylandts Jeſu Chriſti mit ſpringen inn mutter leib gefrewet hat/ Er iſt des Herren Chriſti vorlauffer geweſen / vnd hat buß vnnd vergebung der ſunden geprediget / vnnd mit fingeren auff das Lämblin Gottes / welches der Welt ſünde tregt / gedeutet. Er hat auch den Herren Chriſtum im dreiſſ.gſten jar ſeins alters im Jordan getaufft / da iſt erſchienen die Herrlichkeyt des Herren / vnd iſt durch die ſtimm Gottes / Chriſtus warer Gottes Son erkläret worden. Endtlich iſt er von Herode / vff anregen der Herodias / dieweil er ſeinn ehebruch vnd hurerey geſtrafft hat / geköpffet worden. Sein Hiſtoria wirdt beſchrieben Luc.j.iij.vij. Johan.j.iij. Matth.ij. iiij xj. xiiij. Marc.j.vj.xc.

han
A
xxv
Eupſichius.

Zv der zeit Juliani des abtrünnigen Keyſers / haben die Bürger zu Cæſarea den Abgöttiſchen Tempel Fortunæ nidergeriſſen vnnd verderbt / darüber warde Julianus vnnd ſein Gottloſer anhang ſehr ergrimmet / vnnd gaben ſolicher verwüſtung
dem

dem Eupsichio vnd seinem Christlichen an=
hangk die schuldt / derhalben ließ er etlich
jämerlich vmbbringen / die anderen ins e=
lendt verweisen.

Eupsichius der jm newlich ein ehegema=
hel hatt vertrawen lassen / vnnd war noch
ein Breutigam/ müste als ein anfenger der
verwüstung vmbbracht / vnd mit dem rech
ten Breutgam Jesu Christo verglichen wer
den. Sozo. cap. 11. libro quinto Ecclesia-
sticæ historiæ.

VOnn disem Johanne haben wir an sei=
nem orth meldung gethan / Es ist aber
zu vnsern zeitten im 1525. jar ein Johann Cle
ric genant / gewest / welcher / dieweil er wi=
der die Abgöttische bilder geredt vnnd ge=
handelt hat / vnnd sonst seine freie Christli=
che bekandtnuß gethan / ist er als ein Ketzer
verdampt / vnd zu Metz in der gassen Cam
passello den 22. Julij gepeiniget worden /
Dann erstlich hat jhm der Hencker die na=
sen mit einer glüenden zangen / darnach die
backen / brüst / vnd seiten grewlich abgeris-
sen / vnd nachfolgents jhn erst ins fewer ge=
setzt vnnd verbrandt / Im fewer hat er den
cxiiij. psalm gesungen.

Jo
B
xxvj
Iohan &
Paul.

Mann

Dor
C
xxij
Sieben
schleffer

Mann schreibet/daß inn der grewlichen verfolgung Decij des Keysers/sieben edle Christen gewest seien/welche sich vor der Tyrannei des Keysers inn ein hôle verborgen/vnnd daselbst verrathen/vnnd von des Keysers dienern verschlossen worden/vnd daselbst entschlaffen/vnd in solchem schlaffe biß vff die zeit Theodosij des Keysers/ohne alle leibliche speiß gelegen sein. Vnnd wiewol dergleichen geschicht mehr gefunden werden/Als daruon plinius vnd M. Damascenus glaublich schreiben/Jedoch halt ich daß Gott darmit anzeygen wölle/daß er wol ein zeitlang wider aller Tyrannen wůthen vnnd toben/lasse sein heiliges wort/vnd desselbigen diener/verborgen vnnd verschlossen ligen in gůter růhe/vnnd ohne allen gebrechen/biß der Teuffel die Tyrannen hinweg fůret/vnnd Gott seiner Kirchen frieden verschaffet/so kompt sein wort widder herfůr vnnd wircket gewaltigklich. Daruon hab ich weiter meldung gethan inn meinem Mirackelbůch/so außgangen ist im Tausent fünffhundert sieben vnd fünffzigsten jar.

Leo

Leo I. auß Thuscia bürtig / Ist auch vmb seiner hohen weißheyt vnnd Gottseligkeyt / Leo Magnus genant worden / er hat in dem Calcedonensischen Concilio die Eutychianische Secten hefftig widerlegt / Hat auch durch wunderbarliche weißheyt vnd Gottseligkeyt den Attilam bewegt / daß er auffhöret inn Italia so grewlich zu wüten / vnd hat Italiam verlassen / vnnd ist wider rüh vnnd besserung herfür kommen / Anno 456.

Leo III. hat erstlich Carolum Magnum zum Römischen Keyser bestettiget / vnnd nach disem darff keiner zum Römischē Keyser ohne vorwissen des Bapsts erwelet vnd bestettiget werden. Also ist diser Carolus der erst Pfaffenknecht gewest / welcher sich auß besonderer vermeinten andacht dem Bapst vnderworffen hat.

Sanct Petrus ist bürtig auß dem Flecken Bethsaida / gelegen an dem Galileischen Meer / Johan. am j. cap. Er ist ein Fischer gewest / vnd wirdt darvon durch Christum zum Apostelampt berüffen / Diser hat erstlich nach empfangenem heiligen Geist /

Iuius, Hewmonat.

das Euangelium zu Jerusalem bekant/vnd vff den pfingstag bei dreitausent menschen zu Christo bekert.Actor.cap.ij.x. Item von dannen ist er gezogen/vnd hat das Euangelium geprediget zu Joppe / Cæsarea/ ponto/Galacia/Cappadocia/Bithynia/ Asia.Daß er aber soll ghen Rom kommen/ vnd daselbst 25.jar Bapst gewesen/vnd gecreutziget worden sein/ist in heiliger schrifft vnd warhafftigen historien nit gegründt.

❡ Von

Iulius, Hewmonat.

¶ Von S. paulo Apostel hab ich droben gesaget den 25. Januarij/Von seinem leben vnd leer/findt mann ordenlich in Actis Apostolorum.

SAnct pauli Apostoli habē wir droben etlich mal ordenlich meldung gethan/ derohalben wöllen wir dises orts eines andern Heyligen Martyrers/ paulus gnant/ gedencken.

paulus Cratius ein Engelender / nicht weit vonn der Statt S. Andreæ wonhafftig/Diser dieweil er etlich lästerliche vnd offentliche mißbräuche der papisten / frei vñ freudig gestrafft/ vnnd mit heiliger schrifft widerlegt/ ist er gefengklich angenommen/ Vnnd nach dem er nicht von der bekandten warheyt hat wöllen abweichen/ sonder sich darumb williglich dem natürlichen todt vñ derworffen / ist er endtlich zum fewer verdampt/vnnd vmbbracht worden / Im tausent vierhundert ein vnnd dreissigsten jar Kurtz vor jhm ist vmb gleicher bekandtnuß willen Thomas Bugluß in Engelandt verbrandt worden/1431.

*Pau
E
xxx
Pauli gedechtnuß.*

Julius, Hewmonat/
Hat xxxj. Tag.

Sanct Johannis Baptiste historiam haben wir droben erzelet/ darumb wöllen wir vonn Johanne Cadueco sagen/ Er ist ein Licentiatus Juris vnd ein Professor zu Tolosa gewest/ Diser da er in ehrlichen zechen vnd gastungen/ die vnzüchtigen geschwetz gestraffet/ vnd alle zeit von Göttlichen dingen geredet/ vnd etliche grobe jrrthumb der pfaffen gestraffet/ vnnd darüber verzathen/ vnnd von den Tyrannen gefangen/ hat er frei seinen glauben bekandt/ vnd den todt williglich darob zuleiden erbotten/ Darauff ist er im eingang des Monats Junij offentlich auff S. Steffans weg gefürt/ vnd seines Juristischen haupts beraupt/ vnd mit andern spöttlichen kleydern angethan/ vnd als ein Ketzer von des Teufels Hoffgesindt zum fewer verdampt/ vnd in bestendiger bekandtnuß vnd anruffung Jesu Christi verbrant worden/ Anno Christi 1533.

Ju
G
j

Johan
acht.

Iulius, Hewmonat. 173

DIsen tag begeht mann die zeit / in welcher die reine Jungfraw Maria die mutter vnsers Heylandts Jesu Christi / jhr Base Elisabeth hat heimgesuchet / vnnd also baldt Elisabeth Marie grüß höret / hüpfet das Kindlin / Johannes / in jhrem leib / vnd fieng an / auß bewegtg des heiligen geists / Gott den Allmechtigen / auch den Son Gottes Jesum Christum / so warhafftig vonn

Vi-
si-
tſ
Marie
heimſuch
ung.

A iſ

Maria der Jungfrawen mensch geboren/
zu loben / Darauff hat Maria mit hohem
Geist vnd freuden/den lobgesang / Magnificat anima mea Dominum, gesprochen/
Vnnd von dem Reich Jesu Christi offentlich geweissagt/Luc.j.

Joerius Martyr.

DIser Joerius ist ein Frantzoß gewest/
welcher sich weitter inn heiliger schrifft
zuerforschen/ghen Geneuam begeben hat/
Nach dem er aber ein zeitlang nicht ohne
frucht da beharret/ist er sampt seinem knaben/so jhm gedient hat/wider inn sein heymeth zuziehen auff dem weg gewesen/Vnd
dieweil er etliche Christliche büchlin güten
freunden heimlich mitzutheylen bei sich gehabt/sein sie verrathen/vnnd Mendæ, in
prouincia Narbonensi gefangen / vnnd
ghen Toloß zuuerbrennen gefürt worden.
Joerius ist in Christlicher bekandtnuß bestendig blieben.

Den knaben haben die pfaffen hefftig angefochten/vnd gesagt: Er sei seinem Herrn
als einem Ketzer nit schuldig nachzuuolgen.
Darauff der knab geantwortet/ er hab seinen Herren nie anderst dann für einn Christlichen vnd frommen man erkandt/ er wölle
auch

auch im leben vnd todt bei im bleiben/Also sein sie beyde an Seulen gebunden vnnd verbrandt worden/im 22.jar Joerij/vnd im 17.jar des knaben. Jm jar Christi 1551.

SAnct Vdalricus ist auß dem Edlen geschlecht von Tullingen geboren/vnnd in aller Gottesforcht in S. Gallen Closter erzogen/Endtlich ist er vmb seines Gottseligen lebens vnnd leer willen zu einem Bischoff zu Augspurg von Henrico Aucupe Imp. erwelet vnd verordnet worden/Diser fromme Bischoff hat auff das höchst gerathen/daß mann den Priestern vnnd den Nonnen die ehe nicht verbieten/sonder wie Paphnutius auch gerathen/frei soll lassen/ Dann er schreibt selbst in einer Epistel/daß er in etlichen Nonnen Clöstern/welche er besucht/in teichen vnd sonst heimlichen orten etlich tausent Kindsköpff/so die Sodomitische huren dahin versenckt vnd vmbracht haben/gefundē hab/dadurch ist er bewegt den Ehestandt zuloben/vnnd des Teuffels gelübd der Geistlosen zuuerdammen. Er ist friedlich gestorben/Anno Christi 974 in seinem alter 84. vñ ist zu Augspurg in S. Affre Kirchen begraben.

Hul C iiij
Vlricus.

Disen halten die papisten für jhren Ratten vnd Meußgott/ des Erdtrich soll solche
tödten/ vnd vertreiben.

Anshelmus.

Diser ist ein Englender gewest/ Dieweil
er aber im leben vnnd leer fürtrefflich
war/ ist er mit gemeyner verwilligung der
Englender erstlich zu einem Apt/ darnach
zu einem Bischoff zu Centuaria ewelet vnd
bestettiget worden. Er hat vil namhafftiger Bücher geschrieben/ Hat gelebt zu der
zeit Henrici IIII. Imp.

Es ist auch noch
ein Anshelmus / ein
Bischoff zu Luca/ gewest / welcher fast
vmb dise zeit auch gelebet / Er hat verschaffet daß auß verlegunge Machildis
das Benedictiner
Closter ausserhalbe
der Statt Mantua
gelegen/ erbawet ward/ daselbst ist er auch
begraben.

Noch ein ander Anshelmus ist gewest
vnder Friderico I. welcher/ nach dem er gestorben/

storben / sollen sich etlich Ampeln wunderbarlich selbs bei seinem begräbnuß angzündet haben / allein eine wolt nicht brennen / darinn ein Wücherer öl gethan hatt. Wer wil / der glaubs.

Iser / zu vnseren zeitten / ist ein Gottsförchtiger geleerter man gewest / welcher / dieweil er in sonderlichen vnd auch gemeinen versamlungen etlicher leuth / seinen Christlichen glauben bekant / vnd der papisten grewel mit vnd auß grundt der schrifft verwarff / ist er erstlich zu Leon gefengklich angenommen / daselbst etlich zeit in beschwerlichem gefengknuß gehalten / Vnnd dieweil er nach vilfaltiger grewlicher angethaner marter nicht hat vonn der bekandten warheyt wöllen abweichen / ist er grewlich zermartert / wie der Herr Christus / ghen pariß für pilatum / das ist / für die weltliche Oberkeyt gebracht / vnd daselbst zum Fewer verdampt / Vnd also in bestendiger bekantnuß Jhesu Christi verbrannt worden / Im Tausent fünffhundert drei vnnd dreissigsten jar.

Alexander Canus.

Wil
ℵ
vij

Vuildbal-
dus.

Sanct Wildbaldus ist vonn Richardo dem Englendischen Christlichen Hertzog/ vnd von Bunna seinem Christlichen keuschen Ehegemahel geboren/ Nach dem er mit grosser arbeyt Jerusalem/ vnnd die Stätt darinnen vnser Herre Christus vnnd die heyligen Aposteln geprediget vnd wunderzeychen gethan/ durchsucht hat/ ist er von dannen ghen Rohm kommen/ vñ von Gregorio tertio, dem heyligen Bonifacio Bischoff zu Meyntz trewlich befolhen worden. Diser hat jn vmb seines Christlichen wandels willen zu einē Bischoff zu Eychstatt in Francken verordnet. Er hat auch die Statt Eychstatt angefangen bekandt vnd scheinbar zu machen. Nicht weit darvon ist ein schönes erbawtes Closter Benedictiner Ordens/ daselbst ligt S. Walburgis sein schwester hertzlich begraben.

chi.
S
viij

Kilianus.

Sanct Kilianus ist in Schottlandt von hertzlichen ältern geborn/ Nach dem er Franckreich/ Engelandt vnnd etliche theyl Teutschlands durchzogen/ vnd das Euangelium von Christo geprediget/ ist er vonn Canone Römischem Bapst/ zu einem Bischoff zu Wirtzburg im Franckenland bestetiget/

tiget/daselbst hat er den Hertzogen Gisbertum zu Christlicher bekandtnuß gebracht/ also daß er sich mit vilen seiner vnderthanē am heiligen Ostertag ließ offentlich Tauffen/ Dieweil er aber seines brüders verlassen weib zum Ehegemahel hatt/vnd sie ein Abgöttisch Gottloß weib war/ gebotte er daß er sie/ Geilana genannt/solte von sich thün/Darüber ward sie ergrimmet/vnd bestallt daß diser heilig mann bei nächtlicher weil vmbbracht ward / Die mörder aber sein auch hernach jämerlich durch sich selbst vmbbracht worden/Anno Christi 700.

Im 253. jar Christi ist vnder Decio Römischem Keyser zu Alexandria die verfolgung wider die Christen hefftig angangen/in welcher vnzelich vil Christen grewlich vmbbracht/etliche sein von jren gütern hinundwider in die wüsten orth gelauffen/ daselbst von den wilden thieren/ vnnd mördern jämerlich vmbbracht/ vnnd sonst von hunger vnd kelte jämerlich verdorben/Vnder disen war Charemon ein Christlicher Bischoff/ welcher mit seinem geliebten Ehgemahel inn sollicher verfolgunge auff das Arabisch gebirg geflohen/ sampt anderen mehr frommen Christen/vnd ist nachmals
weder

Iulius. Hewmonat.

weder er noch jemandt anders auß seiner
gesellschafft in Alexandria je gesehen/noch
gespürt/ Sonder zweiffel ist er auch võ den
Tyrannen auffgefangen/odder sonst vmb-
bracht worden.

Sieben brüder.

IN der Wendischen verfolgũg zu der zeit
Hunerichs des Wendischẽ Königs/ sein
gewest siben Christliche Brüder / genannt
wie nachfolget/ Bonifacius, Seruus, Rusti-
cus, Liberatus, Rogatus, Septimus, Ma-
ximus, Dise sein vmb warer Christlicher be-
kandtnuß willen zu Carthago gefengklich
angenommen/vnnd mit grewlichen plagen
zu wasser vnnd landt angefochten/vnnd in
solchem allem bestendigklich bei warer er-
kandtnuß erhalten worden /. Vnnd als sie
zum fewer verdampt waren/vnd das fewer
nicht brennen wolt/ sein sie vonn Henckers
knechten mit Rüderen zu todt geschlagen/
Vnnd dieweil sie das Meer als todte Ca-
dauera nicht leiden wolt/ sein sie vonn an-
deren Christen ehrlich begraben worden/
Daruon schreibet Victor. libro tertio am
ende. de vandalica persecutione.

Im jar Christi 306. zu der zeit Diocletiani vnd Maximiani / ist ein grewlich verfolgung der Christen entstanden / So hab ich (sagt Eusebius) mit meinen augen gesehen vff ein tag vil Christen mit dem schwert vnd fewr / auch auff allerley weiß jämerlich tödten / also daß die henckers buben darüber müd vnnd matt wurden / Vnder disen Martyrern warde auch diser Philoromus gefunden / welcher ein fürtrefflicher Fürst in der statt Alexandria geweßt / deßgleichen auch Phileas ein Christlicher Bischoff / Dise seindt von jhren freunden vnnd feinden / vom Christlichen glauben vnnd fürnemen abzustehen vermanet worden / Jedoch haben sie beständiglich geantwortet / sie können vnnd wöllen nicht vmb zeitlicher ehr vnd güts willen die ewige herrligkeyt vnnd das ewig güt verlassen / Vnd haben sich also mit beständiger bekandtnuß willig in den todt begeben / Ob solcher jhrer bestendigkeyt hat sich jederman müssen verwunderen / Darvon schreibt Eusebius capite nono & decimo libri octaui Ecclesiasticæ historiæ.

Philoromus.

ne-
H
rij

Henricus
Keyser.

DIser ist ein erster Hertzog in Beyern gewest/ vnd nach absterben Othonis III. vmm seiner fürtrefflichen Christlichen tugent vnnd weißheyt willen/ von den Teutschen Chůr Fürsten/ vnd Stenden des Römischen Reichs zu einem Teutschen Keyser erwelet worden/ vnd hat neunzehen/ etlich wöllen/ fünff vnd zwentzig jar/ glücklich vnnd Christlich regieret. Er hat das Bambergisch Bistumb gestifftet/ auch den Stifft zu Hildesheym/ Item Straßburgk/ Magdenburgk/ Mersenburgk/ Meissen/ welche vonn den Wenden verstöret waren/ wider auffgerichtet/ vnd mit Renthen vnd Zinsen/ zu erbawunge waren Christlicher Religion/ reichlich begabet. Er hat gantz keusch vnnd Christlich mit seinem Ehegemahel Kůnigunda gelebet/ Er hat sein schwester König Stephano vermählet/ dadurch ist Vngerland zum Christlichen glauben bekeret worden.

Diser Keyser Henrich sampt seinem heiligen vnd keuschen Gemahel Kůnigunda/ ligen zu Bamberg begraben.

Dises

Iulius, Hewmonat.

Margaretha.

DIses ist ein schönes vnd keusches Christlichs Jungfräwlin gewest/ welche nach absterbē jrer Heydnischen ältern sich im xv. jar jres alters hat lassen täuffen/ vnd bestendigklich widder alle plagen so jhr durch gefengknuß/ fewer vnd schwert widerfarē/ in Christlicher bekandtnuß beharret/ vnnd endtlich vnder Diocletiano geköpffet worden. Mann schreibt vnd malt/ daß diß zartes Jungfräwlin võ einem grewlichen Trachen sei hefftig angefochten/ vnd vnuersehens vonn einem Ritter darnon entlediget worden/ Damit son der zweiffel die alten haben wöllen anzeygen/ daß die Heilig Christliche Kirch/ vnnd alle rechte Christen/ vom alten Trachen dem Teuffel hefftig angefochten werden/ Aber Christus der recht held vnd Ritter hat sein Margaretham/ die edle vnd wolgezierte Christlich Kirch/ von solcher Tyrannei des alten Trachens erlediget/ vnnd wil dieselbige noch allezeit darfür behüten/ vnd genediglich erhalten.

gar
℞
riiij

Henricus
et Ioannes

IN der Niderländischen verfolgung hat mann etliche Augustiner Mönch vonn Antdorff ghen Vilfort vmb Christlicher bekantnuß willen gefengklich gefüret/In der zal waren gantz bestendigklich geblieben/ Henricus vnnd Johannes/Dise seindt von dannen ghen Brüssel gefürt/ vnd von den Magistris nostris (Wie mann sie ins Teufels Reich nennet) examinirt vnd sie zuuerfüren vonn warer bekandtnuß durch allerley Sophisterey vnnd Tyranney versucht worden. Dieweil sie aber bestendigklich in ihrem fürnemen blieben/ sein sie inn beisein des Antichristi hoffgesinde offentlich für gericht/ vnnd als Ketzer zu dem fewer zuuerdammen/gefüret worden / Nach dem alles vollendet/vnnd sie schon inn das fewer gestellt worden / sungen sie mit Christlichen freuden einen Versikel vmb den anderen/ Herr Gott dich loben wir. In den höchsten nöten des todtes haben sie gerüffenn/ Herr Jesu Christe/ in deine hende befehlen wir vnsere Seelen/Vnd also sein sie bestendiglich in warer bekantnuß gestorben / den ersten Julij/ im Tausent fünffhundert drei vnd zwentzigsten jar.

Diseu

Iulius, Hewmonat.

Disen tag betrachtet mann in der Christlichen Kirchen/ wie sich die heiligen Apostel auff den befelch des Herren Christi/ hin und wider in die örter der welt/ das Euangelium zu predigen / außgetheylet haben / Dann also lautet der entlich abscheidt vnnd befelch des Herren Christi: Gehet hin in alle Welt/ vnd prediget das Euangelium allen Creaturen/ vnd tauffet sie im namen des Vatters/ vnd des Sons/ vnd des Heiligen Geysts/ Wer da glaubt vnd getaufft wirt/ der wirt selig/ Wer aber nit glaubt/ der wirdt verdampt werden. Sie aber giengen auß vnd predigten an allen orten / Vnd der Herr wircket mit jhnen/ vnd krefftiget das wort durch mitfolgende zeichen / Marci am letsten Capittel. Also hat er auch zu vnsern zeitten im 1548. jar / da das grewliche Monstrum Interim in Teutschland vmbher brüllet/ Diuisionem Doctorum Ecclesiæ angerichtet/ vñ dardurch ist hinund wider in Anglia/ Gallia/ Italia/ vnnd anderen orthen/ die leer des Euangelij/ je lenger jhe weitter gemehret vnd außgebreitet

A
H
xv

Apostel theylung.

worden. Vnnd ist nachfolgendts im 52. Jar diß Monstrum Interim auß Teutschlandt vertrieben worden.

post xvj Susanna.

DIse Susanna ist ein fürbild aller keuschen vnd Gottseligen weiber / Sie ist gewest ein Tochter Helkiæ / vnd ein Ehgemahel Joachims zu Babel / Es waren aber zwē alte Richter zu Babylon / welche tag vnnd nacht dahin trachteten / wie sie jren mutwillen vnd wollust an jr möchten vollbringen / Aber die keusche Susanna liesse sich gantz nicht jr trotzen vnd pochen von jrer keusch-
heyt

heyt abzuweichen bewegen/sonder sie rief
se zu Gott/vnnd sprach: Herr ewiger
Gott/der du kennest aller menschen
heymligkeyt/vnnd alle gedancken/So
weissestu auch/daß dise Richter fal-
sche zeugknuß wider mich gegeben ha-
ben/vnnd ich muß vnschuldig sterben.
Sihe aber/da mann sie hin zum todt füret/
erweckt Gott den Geyst Danielis eines
jungen Knabens / Diser verthediget die
vnschuldige Susannam/vnnd brachte der
falschen Richter vntrew vnd erlogen zeug-
nuß ann tag/ Also wurden die zwen Böß-
wichter hinauß geführet/vnd nach dem ge-
satz Mosi versteiniget/vnd die fromme Su-
sana errettet/Daniel.am dreizehenden Ca-
pittel.

Dise ist ein Christliche Matrona zu Ni-
comedia geweßt/vnnd hat vmb warer
Christlicher bekandtnuß willen gelitten/
zu der zeit Maximiani Römischen Key-
sers.

Al B xvij
Theodor

Es ist auch noch ein fromme Christliche
Matrona gewest / nit weit von Nicæa won=
hafftig / welche sampt dreien jhren leiblich=
en Kindern / vmb Christlicher bekandtnuß
willen / verbrandt worden.

Item Theodosia ein Christliche vnd keu
sche Jungfraw zu Cæsarea in Palestina / ist
hefftig von den Heydnischen abgöttischen
Tyrannen angefochten / Vnd dieweil sie jre
Abgöttische Götzen nicht wolte verehren
vnd anbetten / ist sie zu der zeit Diocletiani
Römischen Keysers geköpfft worden / Vnd
in all jhrer pein vnnd leiden / hat sie besten=
diglich Jhesum Christum / als für den eini=
gen vnd warhafftigen Gott vnd heylandt /
bekandt / vnd in solcher bekandtnuß frölich
entschlaffen.

Ar
C
xviij
Maternus.

DIser Maternus ist ein fleissiger zuhö=
rer vnnd Jünger Sanct petri Aposto=
li gewesen / welcher erstlich das Euangeli=
um von Jesu Christo zu Trier geprediget /
vnnd daselbst die Christlich Kirchen ange=
richtet / Neben jhm hat auch fleissig vnnd
hefftig durch Franckreich das Euangelium
geprediget Eucharius / welcher auch ein
Jünger

Iulius, Hewmonat. 189

Jünger Sanct Petri/ vnnd der erst Christ=
liche Bischoff zu Leon gewest/ an leer vnnd
leben hoch berümbt erschienen.

Ruffinus ist ein Christlicher Priester ge=
west zu Aquilea. Diser hat trewlich vnd
fleissig das Euangelium geprediget/ vnnd
nicht allein mündtlich/ sonder auch schrifft=
lich/ außgebreitet/ dañ er hat vil nützlicher
schrifften auß Griechischer sprach in die La

Ruffinus.

teinische gebracht/als Basilium, Nazianzenum, Historiam Ecclesiasticam, vnnd andere mehr / Er ist ein zeitgenoß gewest D. Hieronymi, vmb die zeit Christi 400.

Rüffus ist ein Christlicher Römischer Ritter gewest/ welcher gantz bestendiglich als ein Christlicher Ritter/wider die Heydnische Abgötterey gestritten/vnd die Christliche Religion verthediget hat/Endtlich ist er sampt seinem gantzen haußgesinde zu der zeit Diocletiani/ vmb Christlicher bekandtnuß willen/grewlich gemartert vnnd vmbbracht worden/vnnd bestendigklich in warem Christlichen glauben gestorben.

phus
Helias.

DIser Helias ist ein fürtrefflicher mann Gottes/ vnd ein Gottseliger prophet vnnd Regent gewest/ Er hat gelebt zu der zeit Josaphat des Königs Juda/ vnd Achab des Gottlosen Königs Israel/ vnnd hat regieret vnnd geprediget zwentzig jar. Er hat 450. Baalitische pfaffen im Tempel vmb jrer Abgötterey willen lassen vmbbringen/vnd den waren Gottes dienst auff das höchste mit grosser gefehrligkeyt seines lebens verthediget. Er ist endtlich in einem fewerigen wagen von disem leben lebendig hinweck

hinwegk genommen / vnd nicht mehr gese-
hen worden / dann in der verklärung Chri-
sti auff dem Berg Thabor. Luc. ca. 9. Von
seiner widerkunfft vor dem grossen tag des
Herren / wöllen etlich auß dem propheten
Malachia auff jhn deuten / Aber der Engel
des Herren erklärt solchs auff Johannem /
vnd vff alle Christliche leerer / Luc. j. Von
disem Helia beschicht meldung / 1. Reg. 19.
20. 21. zc.

pra
ɛf
xxj

Armoga-
stes.

DIser ist inn der Wendischen verfolgunge vnder Geiserich der Wenden König / grewlich gemartert vnnd verfolget worden / dieweil er die Arianische Secten vnd andere offentliche grewel vnd Abgötterey nicht wolt helffen bestettigen/ sonder bestendig bei warer Christlichen bekandtnuß geblieben. Nach vilem trübsal befande er / daß sein ende des lebens nicht weit ware / forderet derhalben einen frommen Christen/ Felix genannt/ dem befalhe er/ wo er jhn hinlegen vnd begraben solt/ Soliches saget er jhm zů. Vnnd nach dem er seligklich entschlaffen / grůbe er vnder demselbigen Baum / vnnd als er die wurzeln vnnd andere Sträuche außgegraben/ fande er im Erdtrich einen schönen weissen Sarck von Marmelstein gehawen/ als ein Königklich Grab / dahin leget er disen heiligen bekenner Christi. Von disem vnnd anderen Heyligen Martyrern schreibet Victor, im ersten Bůch vonn der Wendischen verfolgung.

Dise

Iulius. Hewmonat. 193

DIse Maria wirt von dem Flecken Mag
dala/daher sie bürtig ist / Magdalena
genant/ Sie ist/ wie etliche wöllen auß Jo-
han.am xj. cap.erweisen/wie glaublich ist/
ein schwester Lazari / welchen Christus võ
todt erwecket hat/ gewest / Von diser hat

Mag.
S
xxij
Maria
Magda-
lena.

O v

der Herr Christus sieben Teuffel außgetrieben/Sie ist neben andern Christlichen weibern dem Herrn Christo nachgefolget/vnd jhme seine füß mit köstlicher Salben gesalbet/vnd mit jhrem schönen haar getrücknet/ Darüber Judas der Geitzteuffel murret/ Der Herr Christus aber jhme solches werck/ so auß einem glaubigen vñ bekerten hertzen herfloß/gefallē ließ. Sie ist ein bildt vnd Exempel aller deren so sich durch ware erkandtnuß der sünd in warem glauben vñ vertrawen zu Gott durch den Mittler Christum bekeren. Von diser beschicht meldung Luc. 7. 8. 24. Johan. 11. 20.

Ap
A
xxij
Apollinaris.

DIser ist auch inn seinem blüenden alter ein Jünger Sanct Peters gewest/Endlich auß Antiochia in Italiam ghen Rauennam geschickt/ daselbst vnnd in vmbligenden orten hat er bestendiglich das Euangelium von Jesu Christo geprediget vnd außgebreitet/ neben seiner leer/ dieselbigen zu bestettigen/ hat er durch die krafft Gottes vil wunderwerck gethan. Er hat von den Gottlosen vnglaubigē Völckern viñ Christlicher bekandtnuß willen vil verfolgung gelitten/ Endtlich ist er zu der zeit Vespasiani
des

Iulius, Hewmonat.

des Römischen Keysers/in Italia getödtet worden.

Ein anderer Apollinaris ist gewest Episcopus Hierapolitanus/welcher gelebt vñ geleert hat zu der zeit Antonini Veri Römischen Keysers/Von dem schreibet Euse. lib.4.cap.21.26.27.

DIse Christina ist ein warhafftige Christiana gewest/zu der zeit Juliani des abtrünnigen Keysers / ist sie vmb ihrer hübsche vnd vberauß schönen gestallt/vnd sonderlich vmb der innerlichen zier vnd glantz willen/des waren erkandtnuß Jesu Christi/von den Gottlosen Heyden hefftig angefochten/Jhr eygen Heydnischer Vatter verschonet jhr nicht/sonder legt sie gefengklich ein/vnd darmit sie ja jhren glauben nit bekennen solt/ließ er jhr die zungen vornen abschneiden/welche sie dem Tyrannen ins angesicht gespihen / Nach dem sie aber durch kein pein kundte von jhrem fürnemen abzustehen beweget werden/ward sie auff befelch des Tyrannen mit pfeilen zu todt geschossen. Von diser schreibt D. Augustinus vber den cxx. Psalm.

*Chris-
B
xxiiij
Christina*

Sanct

196 Iulius. Hewmonat.

Jacobus.

Sanct Jacobus ist gewest ein Son Zebedei vnd Salome der schwester Joseph/ vnnd ein bruder Johannis Euangelistæ/ Vonn Herode ist er gefangen/ vnnd vmb Christlicher bekendtnuß willen geköpffet worden.

S. Clemens schreibt von disem Heyligen Jacobo/ daß er von seinen voråltern gehöret hab/daß der mensche so den heiligē Jacobum für gericht gezogen/ vnnd ihn zum todt vberantwortet/habe dermassen rewe vnnd mitleiden mit jhm gehabt/ daß er offentlich

fentlich bekandt / er were auch ein Chriſt/ vnnd wölle gern vmb ſolcher bekandtnuß mit dem heiligen Jacob ſterben/ Alſo ward er mit jhm hinauß zu der marter gefürt / vnnd bat den heiligen Jacobum von hertzen / daß er jhm wölle verzeihen / Jacobus ſaget / Der friede ſei mit dir / vnnd küſſet jn. Alſo ſein ſie beyde in beſtendiger bekandtnuß Jeſu Chriſti / enthauptet worden / im ſechs vnnd dreiſſigſten Jar nach der geburt Chriſti / im ein vnd zwentzigſten Jar der Regierung Tiberij. Daruon Euſebius lib. 2. cap. 9.

Diſes Jacobi beſchicht meldung Matthej am iiij. x. xvij. xx. xxvj. Mar. j. iij. ix. Luc. v. vj. Acto. xij. Capitteln.

Epiphanius lib. 2. Tom. 2. ſchreibet / daß diſe Anna ſei geweſt ein mutter Mariæ der Jungfrawen / ihr Mann war genannt Eli vnnd Joachim / Luc. am andern Capittel.

Die Abgöttiſche Papiſten ruffen diſe Annam nach Heydniſcher weiſe für ein nothelfferin in Kindtsnöten an.

Es iſt zu vnſern zeiten ein ehrliche / vonn Adelichem ſtammen geborne Chriſtliche Fraw Anna

co
D
xxvj
Anna.

Anna von Askew inn Engelandt / inn der Graffschafft Lincoln / neben dreien Christlichen bekennern der Euangelischen warheyt / Johann Lacel / Nicolaus von Otterden / vnd Johan Adlam / vmb warer Christlicher bekantnuß willen / nach vil vberstandener marter / verbrandt worden / den sechzehenden Julij 1546 jar. In jrer marter hat Gott in den wolcken groß wunderwerck hören vnd sehen lassen / Auch ist der vnschuldigen

digen todt an dem Tyrannen Nodowolck/ vnd seinem Son/gerochen worden/welche also bald jhrer sinn beraubet/toll vnd vnsinnig worden seindt. Daruon schreibet Johannes Baleus/rc.

DIse ist ein schwester Lazari vnnd Mariæ von Bethania/welche Christo zu pflegen inn der haußhaltunge gar sorgfeltig gewest/Daruon Luc. x. In der schwacheit vnnd leiblichem sterben jhres brüders Lazari ist sie betrübet/vnd doch nicht gantz verzweifflet gewest an seinem ewigen heyl vnd leben/dann also bezeuget sie jhres brüders/vnnd aller glaubigen aufferstehung von der todten/vnnd spricht: Herr werestu hie gewesen/mein brüder were nit gestorben/Aber ich weiß noch/daß/was du bittest vonn Gott/das wirdt dir Gott geben. Jesus spricht zu jr/Dein brüder wirt aufferstehen. Martha sprach/Ja ich weiß wol daß er aufferstehen wirdt/in der aufferstehung am Jüngsten tag. Jesus saget/ich bin die aufferstehung vnnd das leben/wer an mich glaubt/der wirdt leben/ob er gleich stürbe/Johan.11.

bi
C
xvij
Martha.

Diser

que
F
xxviij
Panthaleon.

Dser ist ein fürtrefflicher Artzt/ vnd ein Son Eustorgij vnnd Eubulæ geweßt/ von Adelichem geschlecht auß Nicomedia/ von Hermolao einem Christlichen priester ist er getaufft/ vnnd in der Christlichen seelen artzuei vnderricht worden/ Maximinus der fordert jhn für sich/ vnnd befraget jhn vmb seine Christliche bekandtnuß/ Dieweil er aber darinne bestendig beharret/ warde er inn einen Kessel siedens bleiß gesetzt/ Er ward auch den grausamen wilden Thieren fürgeworffen/ Endtlich nach vil erlittenen plagen ist er mit Hermolao seinem Meister vnd anderen Christen enthauptet worden.

sin
S
xrix
Christophorus.

Dser/ wiewol an etlichen orthen vonn jhme gemeldet wirdt/ daß er inn Licea das Euangelium geprediget hab/ vnd vnder Diocletiano Römischen Keyser enthaupt worden sei/ Jedoch ist er von den alten als ein fürbilde eines rechten Christlichen leerers vnd bekenners fürgestellet worden/ dann es soll ein jeglicher Christ ein Christophorus sein/ Nemlich Christum inn disem weiten Meer der Welt/ vnd die ware Christliche Religion mit starckem vnd festem glauben tragen/ vnd wider alle wind vnd Mee-
res

Iulius, Hewmonat. 201

res wellē beſtendiglich biß ans geſtadt brin
gen. Das männlin ſo mann malet/ daß es
Chriſtophoro leuchte vnd zum geſtadt wei
ſe/bedeutet die trewen leerer/ ſo vns durch
Gottes wort leuchten vnd füren auß diſem
elenden Meer zum geſtadt des ewigen le-
p

bens. Welche aber durch vngedult vnnd vnglauben den Herzen Christum vonn sich werffen/vnnd sich die Wind vnnd vngestümigkeyt des Meeres lassen erschrecken/die müssen inn solichem Meer vnnd trübsal ewigk ersauffen vnnd vndergetrucket werden.

Ab A xxx
Adolphus Clarenbach.

DIser Adolphus ist auß dem Lande zu Bergen/der Reichstat Lenep/bürtig/ Er ist vmb warer Christlicher bekandtnuß willen/ vnnd darumb daß er hefftig mit grundt Heyliger Göttlicher schrifft / des Bapstes vnnd der pfaffen offentlich Abgötterey/grewel/geitz/hurerey/vnd andere laster gestraffet vnnd verworffen hat/ zu Cölln gefenglich eingezogen / vnd nach vil gehaltenen gesprechen/in welchen er nit vonn des Bapsts Eseln hat können vberwunden werden / ist er von jnen sampt Peter Flisteden/zu dem Fewr verdampt/ vnd mit grossem mitleiden viler frommer Christen verbrandt worden. Vnd sein dise beyde in bestendiger bekandtnuß Jesu Christi gestorben / Im jar Tausent fünffhundert neun vnd zwentzig.

Diser

Iser ist ein Christlicher Bischoff gewesen zu Pariß/ zu der zeit Childebroti/ Anno Christi Fünffhundert vnnd dreissigk.

von B xxxj
Germanus

Geminianus ist ein frommer Christlicher Bischoff zu Mutina gewest/ zu der zeit Theodosiorum/ vnnd hat gelebet biß auff Martianum/ Nach dem Attila der grewlich Tyrann die Statt Mutinam hefftig belegeret/ vnnd dieselbige wie andere Stätt verwüsten vnnd verheeren wolt/ hat er die Christen zu Gottseligem leben vnnd Christlichem gebett widder den Tyrannen zu gebrauchen vermanet/ auch für sich selbst zu Gott inn solichen ängsten so fleissig vnnd ernstlich geruffen/ daß jhn Gott erhöret/ vnnd ohn besondern schaden den Tyrannen von der stat abgewisen hat.

Augustus, Augstmonat/ Hat xxxj. Tag.

Pe
C
j
Peter
ketten.

JN der Apostel geschicht am zwölfften Capittel wirdt gemeldet/ wie Herodes nach dem todt Jacobi Johannis brüder/ hab auch den Juden zugefallen/ Sanct petern den Apostel gegriffen/ vnnd jhn durch vier viertheyl kriegsknecht zuuerwaren vberantwortet/ vnd nach dem Osterfest dem volck fürzustellen gedacht/ Das volck aber der Christlichen gemeyn bettet zu Gott für petrum/ vnnd in derselbigen nacht/ da jhn den morgen Herodes wolt fürstellen/ schlieffe petrus zwischen zweyen Kriegsknechten gebunden mit zwo ketten/ Der Engel des Herren aber kam daher/ vnnd ein liecht erschein in dem gemach/ vnnd wecket jhn auff/ vnnd die ketten fielen jhm von seinen henden/ vnd ward also wunderbarlich durch den Engel des Herren vonn der Tyrannei Herodis vnd der Juden entlediget/ Darüber sich alle seine mitbrüder höchlich verwunderten/ vnnd die Herot izniſchen hoffſchrantzen hoch erſchracken. Darauß
sehen

Auguſtus, Augſtmonat.

ſehen wir/wie wunderbarlich Gott denen/ ſo jhn anrüffen inn ängſten/ durch ſeine lieben Engel auß ſolchen vnnd andern gefehrligkeyten gnediglich hilffet / Darvon der 34.vnd 91.pſalm ſagen.

Die Hiſtoria võ Sanct Stephano dem erſten beſtendigen bekenner Jeſu Chriſti/ wöllen wir an ſeinem ort hernach/vnnd jetzt vmb der ordenung willen von anderen heyligen Martyrern / Stephanus genant/ ſagen / Diſer Stephanus Brunus iſt inn Delphinatu vonn etlichen verfolgeren des Euangelij hefftig angefochten / vnd jm alle ſeine hab vnd güter durch des Biſchoffs diener genommen/vnd er durch die Inquiſitores der Lutheriſchen Secten (wie ſie es nennen) als ein Ketzer zu dem fewer verdampt/vnd nach vilen Chriſtlichen geſprechen zu dem fewer geführet worden / In ſolchen grewlichen anfechtungen allen hat er ſich ſo vnerſchrocken/vnnd ſo gantz beſtendig erzeigt/ daß er ſaget zu ſeinen verfolgeren. / Was/ meinet jhr nur hiemit das leben zunemen? ja das zeitlich / aber das ewig ſo mir durch meinen Herren Chriſtum erworben vnd bereitet iſt/ gehe ich jetzt frölich da

Steph.
ij

Stephanus Brunus.

P ij

hin zu besitzen. Nach vilfeltiger Christlicher vermanung / so er zu dem Volck gethon / ist er an die statt / so sie pauuol nennen / gefüret / unnd inn höchster bestendigkeyt mit der umbstender verwunderung verbrandt worden / Anno 1540.

Steph
E
iij
Stephanus de la Forge.

ES waren zu Paris und sonst hin und wider an offentlichen orthen / unnd Kirchthüren etliche zettel wider des Bapstes und der pfaffen grewel und abgötterey / angeschlagen / Darüber wurden etliche als Ketzerische aufrührische leuth verdacht / darzü gefangen unnd verbrandt / under welchen war auch diser Stephanus de la Forge / ein ehrlicher Burger Tornacensis, unnd ein Christlicher Kauffman / welcher / wiewol er sich diser angeschlagen zettel unschuldig bekandt / Jedoch dieweil er sonst als ein Lutherischer verdacht und gehalten / ist er neben andern gefangen / unnd in solchen anfechtungen bestendiglich seinen Christlichen glauben bekandt / und hat sich williglich darüber zu sterben begeben / ist also neben andern frommen Christen in Sanct Johannis Closter verbrandt worden / Anno 1533.

ES ist ein grosse verfolgung der Christen gewest zu der zeit Valentis/ also daß sie des würgen vnd brennens/müde vnd verdrossen wurden. Also verschickten sie mit etlichen angethanen straffen/die lieben heyligen Christen/hinundwider ins elendt/etlich in Thraciam/etlich in das eusserst Arabien/ vnnd etliche in die Stätt Thebaidis/ Vnd müsten also die nächsten blütsuerwanten vnd gefründe/ als weib vnd man/von ihren kindern/schwästern/brüdern/ꝛc. abgeschieden werden. Vnder diser zal ist auch diser protogenes gewest/welcher gern vnd williglich/auß erforderung der noth/ alles verlassen vnd ins elend gezogen / in bedencken daß auch der Herr Christus vmb vnseret willen frembd vnd elendt gewest/ vnnd die höchste verfolgung gelitten vnd erstritten hat. Beschehen im jar Christi 370. Daruon Theod. in Ecclesiast. lib.4. ca.18.19.

Protogenes.

DIser ist ein frommer Christlicher Engelendischer König/vnd Normandiæ ein Herꝛ gewest/er ist sonderlich den armen bezwangten / vnnd dürfftigen menschen mit gantz milter handt behülfflich gewest/Endlich soll er auch vmb Christliches Glau=

Osualdus

bens willen hefftig angefochten vnnd getödtet worden sein / vmb das Jar Christi
650.

 Dises redlicheyt vñ Christliche tugent/
thůmet D.Beda. Mann schreibt vnd sagt/
daß nach seinem todt sein rechte hand/darmit er souil almůsen außgetheylet hat / sei
noch heut bei tag mit dem arm/ haut vnnd
geåder vnuerwesen/welche handt zu Bembaburg noch vorhanden vnd gewisen wirt.
Sonder zweiffel / Gott wirdt nicht allein
sein todte rechte hand/sonder sein göttliche
lebendige handt vnd krafft/bei allen denen
so in Christlichem bestendigem glauben vff
Jesum Christum beharzen/fest/vnd vnuerrucket halten.

Sixtus.

DIser ist vonn Athen / vnnd der ander
Bapst diß namens gewest. Er ist ein
Christlicher vnd ernstlicher mensch gewest/
welcher sich hefftig bemühet die Sabellianische vnd andere Secten zustillen vnd auß
zurotten / Er warde dem Christlichen namen zu schmach inn den abgöttischen Tempel Martis geführet/ Vnnd dieweil er disen
Abgott nicht verehren noch anbeten wolt/
ist er vonn Tyrannen zum todt verdampt
worden/

worden/Vnd als er hinauß zur Marter gefürt/sprach er S. Laurentio Diacono gantz Christlich zů/ vnnd saget auff sein frag: O Son ich verlaß dich nit/ dann du wirst mir baldt auch in gleicher gestalt vmb Christliches namens willen nachfolgen / Vnnd befalhe ihm die schetz der Kirchen/dieselbigen Christlich vnd wol den armen außzutheylen/ Also ist er vnder Decio dem Tyrannen in dem Herren Christo entschlaffen.

❧

ES ist diser Donatus mit vnd neben Juliano zu Rohm in gůten künsten aufferzogen / vnnd darnach vmb seines redlichen vnnd Christlichen gemůts willen zu Aretin in Thuscia Bischoff erwelet worden. Es werden vil seiner mirakel/ so er auß Göttlicher krafft gewirckt hat/ erzelt/ Endtlich ist er zu der zeit Arcadij vnnd Honorij im gefengknuß vmbbracht worden.

Es sein noch etliche diß namens gewest/ zu der zeit Valeriani/ vnd Diocletiani. Es ist aber vnder den allen ein abtrünniger Christ/ vñ ein Carthaginensischer Bischoff gewest/ zu der zeit des Keysers Constantini / Ihme ist nachgefolgt Parmenianus/ Widder diser Secten hat hefftig geschrien vnd geschrieben Sanct Augustinus. Vonn jhrer Sect kommen her die Widertäuffer/ vnd andere mehr schwermerey/ꝛc.

Cyr C viij
Cyriacus.

DIser ist ein Bäpstischer Diaconus zu Rom gewest/hat gelebt zu der zeit Diocletiani Römischen Keysers/Er hat ein besondere gnad vnd krafft von Gott gehabt/ die besessnen von den vnreinen Geystern zu entledigen/darumb ist er von dem Sapore dem Persischen König auß Rohm inn Persiam gefordert/Jobiam den besessnen vnd vngestümen menschen/vonn solicher plage zu entledigen/Nach dem er aber mit besonderem Christlichen lobe wider ghen Rohm kommen/ist er vmb Christlicher bekandtnuß willen vmbbracht worden.

Ein anderer Cyriacus/ Ostiensis Episcopus, ist auch vmb Christlicher bekandtnuß willen getödtet worden/im Jar Christi 272.

Ro D ix
Romanus.

JVlianus der abtrünnige Gottloß Keyser hat den Christen heymlich vñ offentlich vil verdruß angethan/ Auff ein zeit seines oder anderer Keyser geburts tag/befalhe er seinn Trabanten vnd Kriegsknechtẽ/

daß

Augustus, Augstmonat.

daß sie zu der Abgötter Altar tretten/ vnd ins fewer Weirauch weffen solten/daruon ward jnen gelt geschenckt. Vnder andern war auch diser Romanus/welcher/da er vber Tisch saß/vnd ehe er getranck/ bezeichnet er sich mit dem zeychē des Heyligen creutze/da straffet jhn einer vnd sprach:Du hast gestern wider deinen Gottesdienst gethan/ dweil du ein Christ bist/ vñ hast den Abgöttern Weirauch geopffert/Da er solches höret/ lieffe er mit seiner gesellschafft auff den Marck vnnd für den Keyser/vnd bekanten offentlich daß sie Christen weren / vnd gaben sich willig inn den todt / Aber der Tyrann verbotte/ daß mann sie nicht tödten/ sonder ins eusserste endt der Welt ins elend verstossen solt / welches sie williglich gelitten. Beschehen zu Antiochia Anno Christi dreihundert sechs vnnd sechzigk. Theo. lib.3.cap.16.17.

Diser ist ein Hispanus vnd der Kirchen zurzeit Sixti II. Schatzmeyster gewest/ welchem Sixtus da er zum todt gefürt warde/die schätz der Kirchen den armen Christē außzutheylen/befolhen hat/ welches auch der H. Laurentius/ wider den befelch vnd willen

Augustus, Augstmonat.

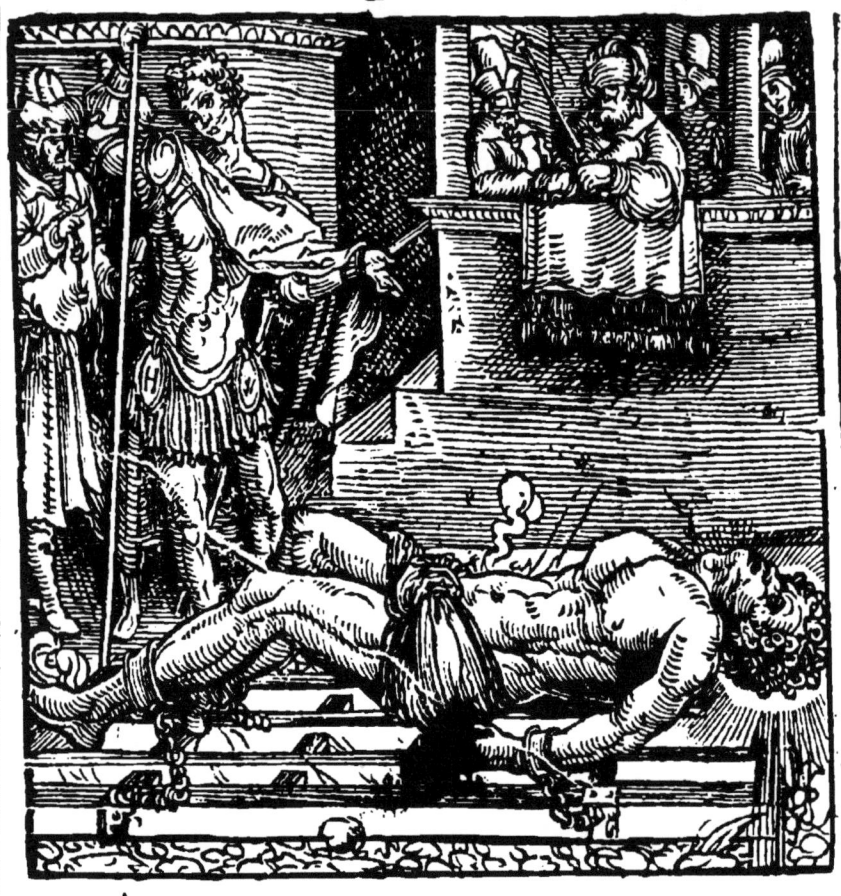

willen des Keysers Decij / trewlich außgerichtet hat / Darüber der Keyser so zornig worden / daß er den heiligen mann befalhe grewlich zuplagen. Endtlich warde er auff einen Roost geleget vnd gebraten/ Mitten aber in der marter/ sagt er mit frölichem gemüt vor dem Decio/ Ich befinde nicht hitz von dem feiver/ sonder wunderbarliche erfrischung vnnd külung/ vnnd sagt: Du Tyrann/

rann/ ein seiten ist gebraten/wiltu so iß sie/ vnd wandt sich auff die ander seitten/vnnd befalh sein Seel dem Herren Christo/ Beschehen Anno Christi 265. Daruon schreibt D. Ambrosius libr.2.offic.cap.28. Item S.Augusti.Homil.30.de Sanctis.

Tiburtius

Tiburtius vnd Valerianus zwen hochberümbte Römische Bürger/Dise sein mit hülffe der heiligen Jungfrawen Ceciliæ zu der erkandtnuß Christlicher leer gebracht/ Vnd dieweil diser Tiburtius in Christlicher bestendigkeit geblieben/ist er võ den Heydnischen Richtern grewlich gemarteret/vnd endtlich vmbbracht worden/vnnd also bestendigklich in Christlicher bekantnuß von disem elenden leben abgescheiden / zu der zeit Seueri Römischen Keysers.

Es ist noch einer/Tiburtius genant/geweßt/welcher vnder Diocletiano Römischen Keyser/ vmb Christliches glaubens willen/ist getödtet worden.

Dise

bur
S
riij
Clara.

Ise ist ein Christliche Jungfrawe vonn Assis in Vmbria gewesen/hat gelebet zu der zeit Friderici Barbarossæ/ Sie hat etlich häuser vnnd Tempel zu Christlicher versamlung gebawet/ vnnd sonderlich bei Sanct Damians Kirchen hat sie ein Closter gebawet/darinn sie gantz keusch vnd Christlich gelebt zwey vnd viertzigk Jar/ vnd den armen vil allmüsen gůtwillig gegeben hat.

Nach dem die statt Assis vonn den feinden hefftig belegert/ vnd allenthalben bezwangt war/ hat sie nit allein für sich selbst ernstlich zu Gott vmb gnedige erledigunge gebetten/sonder hat auch jhre mitschwesteren vnnd andere fromme Christen zubetten ernstlich vermanet/ Gott hat auch ihr gebett erhöret/vnd von der feinde Tyranney genediglich erlediget. Sie ist in gůtem alter friedlich gestorben.

Hip
A
riij
Hippolithus.

Iser hat gelebt zu der zeit Decij des Römischen Keysers/ Hat auff befelhe des Keysers/ den Heyligen Laurentium inns gefengknuß geworffen/ Dieweil er aber die Christliche bekandtnuß vnnd bestendigkeyt/an jhme gesehen/vnnd seine Christliche vermanung gehöret/ ist er von

Sanct

Augustus, Augstmonat. 215

Sanct Laurentio zu Christlichem glauben bekert worden. Nach dem nun Hippolitus ohn alle scheuh seinen Christlichen glauben bekandt / warde Decius der Tyrann gantz vber jhn ergrimmet / vnnd liesse jhn mit pferden durch die Statt schleiffen vnd von einander reissen. Also ist er inn bestendiger bekandtnuß Jhesu Christi gestorben.

Von

Euſ
B
riiij
Euſebius.

¶ Von diſem Euſebio / welcher ein Biſchoff zu Cæſarea geweſt iſt / haben wir droben meldung gethan.

Es iſt ein anderer auch Euſebius gnant / ein Chriſtlicher Biſchoff zu Vercellis / in Liguria zu der zeit Conſtantini geweſen / Diſer dieweil er ſich nit den Arianiſchen ſatzungen vñ vnchriſtlichen Artickeln vnderſchreiben wolt / ſonder die Tafel ins fewr warff / iſt er ins elend getrieben / vnd zu dem heyligen Athanaſio / welcher zu Alexandria ein Chriſtlicher Biſchoff geweſt / kommen / vnd ſich mit demſelbigen der Arianiſchen Sectē halber beſprochen / Dann auch diſer heylig Athanaſius hefftig ſtreit wider die Arianer gehabt / daruon wir droben meldung gethan.

Diſer Euſebius iſt zu der zeit Iouiniani widerumb zu ſeinem Biſchofflichen Ampt ghen Vercell gefordert vnd jngeſetzt worden / Endtlich dieweil er hefftig widder die Arianiſche Secten ſich geleget / iſt er vnder Valente dem Römiſchen Keyſer / welcher auch mit der Arianer falſchen leer vergifftet war / mit ſteinen zu todt geworffen worden. Trip. lib. 3. cap. 13. &c.

Diſes

Augustus, Augstmonat. 217

Dises ist im Bapsthumb ein Abgöttisch vnd Heydnisch Fest/dann die Papisten diser heiligen vnd reinen Jungfrawen Marie der mütter vnsers Heylandts Jesu Christi/alle ehr vnd höchsten verdienst/so allein irem lieben Son vnd vnserm heylandt Je-

Marie Himmelfart.

su Christo gebüret/zueygenen/Dann neben falscher anrüffung lauffen die Abgöttischen leuth mit vilerley Kreuteren vnnd Wurtz beladen inn die Kirchen/vnnd legen dieselbigen neben vnnd auff den hohen Altar/daselbst lassen sie es durch einen Gottlosen Baalitischen pfaffen beschweren/ vnnd brauchen darmit allerley Abgötterey vnnd Zauberey/wie jederman/so in solchen Abgöttischen orten wonet/ wol bewust ist.

Wir aber sollen wissen/ daß die liebe vnnd Heylige Mutter Christi/ nach der Auffart ihres lieben Sohns/ ein zeitlang bei den lieben Apostelen/ vnnd sonderlich sich bei Johanne/ welchem sie der Herr am Creutz befolhen/gehalten/vnnd in Christlichen übungen bewiesen/ Endtlich inn seliger vnnd bestendiger bekandtnuß vonn disem leben abgefordert/vnnd zu der Himmelischen gesellschafft in hohen freuden gebracht worden sei.

Diser

Augustus, Augstmonat. 219

Rochus.

DIser ist inr Narbonensischen Lande für
einen Christlichen vnnd heyligen man
geehret vñ gehalten wordē/ von dannen ist
er gen placentz in Italiā komen/ vñ dieweil
daselbst die pestilentz greulich wütet/ hat er
vilen menschē mit seinē Christlichē gebet vñ
andern gebürlichen mitteln võ solcher plag
zur gesundheit geholffen/ Daher die abgöt
tischen leut disen verstorbnen heiligē man/

Auguſtus, Augſtmonat.

noch in ſolichen kranckheyten vnnd plagen für jren nothelffer erkennen vnd anrüffen. Sie geben jhm auch zů / daß er die Statt Coſtnitz am Bodenſee / welche / nach dem das Concilium Huſſen halber gehalten / mit groſſer peſtilentz beladen geweſt / ſoll darvon entlediget haben. Endtlich ſoll ſein Leichnam oder gebeyn auß Teutſchlandt ghen Venedig geführet worden ſein / Im jar Chriſti 1485.

Augustus, Augstmonat. 221

O E xviij
Veronica.

Von diser melden die Alten Historien/ daß es ein Christliche Jüngerin Christi/ wonhafftig zu Jerusalem, geweßt sei/ vnnd soll auff befelch Tiberij des Keysers durch Volusianum mit dem schweißtuch/ darauff die bildnuß Christi abgemalet (oder wie sie wöllen/abgetrucket war) gefordert worden sein. Daselbst soll sie den Keyser von beschwerlicher kranckheyt geheylet haben/ vnd bei jhme in grossem ansehen geweßt sein. Etliche auß den alten wöllen/es sei das weiblin geweßt/welches dem Herren den Saum seiner kleydung berüret/vnd võ jrer weiblichen schwacheyt durch jhren bestendigen glauben erlediget worden sei. Diß lassen wir in seinm werth stehn/ Es ist glaublich daß es ein Christlich weib sei gewesen/ welche nicht allein auff einem Tuch/sonder auch in jhrem hertzen die bildtnuß Christi/ mit allen seinen gnaden/feßt vnd gründlich eingetruckt/vnd verfasset gehabt hab/ꝛc.

A F xviij
Agapitus.

Diser ist zu der zeit Justiniani Römischen Keysers ein Christlicher Bischoff zu Rohm geweßt/Als sich aber etlicher vnwillen zwischen Theodato vnd Justiniano zugetragen/darmit solches alles gestillet wer

E iij

den möchte/zohe er zu Justiniano vnd bat
vmb friden.Er ward vmb seiner besondern
gottseligkeyt gantz freundlich vnnd ehrlich
von dem Keyser empfangen/Aber der Key
ser bat jn daß er auch in die schädliche Eu=
tychianische Sect wolt verwilligen/vñ die=
selbige helffen bestettigen. Er ließ sich a=
ber gantz nichts dahin bewegẽ/sonder spra
che / Ich hab offtmal gewünschet zu dem
Christlichen Keyser Justiniano zukom̃en/
so hab ich Diocletianum den feind der Chri
sten befunden.Auß solcher freier red warde
der Keyser bewegt/daß er die Eutychiani=
sche Sect verließ/vnd vertrieb Anthimum
den Constantinopolitanischen Bischoff/
vnnd setzet einen Christlichen Bischoff an
die statt/Vnnd er selbst warde ein frommer
Christlicher Keyser.

Vonn einem anderen Agapito beschicht
meldung Triparti. libri quarti, capite
tertio.

ga
S
xix
Sebaldus.

DIser ist von Königlichem stammen auß
Dennmarck geboren/Vnd wiewol jhm
grosse weltliche herrlichkeyten angeboten
waren/Jedoch verachtet er solchs alles/vñ
begabe sich gantz auff erforschunge warer
Christ=

Christlicher Religion/ darinne er dañ durch den heyligen Geyst wunderbarlich erleuchtet vnd zůgenommen hat/ Endtlich ist er inn Teutschlandt komen/ vnd seindt seine mitgeferten gewest/ Wunibaldus/ vñ Willibaldus/ zwen gebrůder. Er hat erstlich auch zu Regenspurgk das Euangelium gepredigt/ von dannen ist er bei Nürnbergk inn ein Einöde gezogen/ von der Einöde soll er in S. Martins Capell zu Nürnbergk komen sein/ vñ daselbst geprediget haben/ welches jetzt ein Closter Benedictiner Ordens/ vnnd S. Egidij genannt wirdt. Inn seinem namen ist ein schöne Kirchen zu Nürenbergk zu Sanct Sebaldt genannt/ erbawet worden/ inn welcher etlich Jar der Heylige vnnd Hocherleuchte Theologus Doctor Vitus Dietrich die reine leer des Euangelij geleert/ vnnd biß in seinen todt bekandt hat/ Welcher auch in höchster verfolgunge der Kirchen / zu der zeit da das Monstrum Interim tobet vnnd vmb sich fraß/ zu Nürnbergk den sechs vnd zwentzigsten Martij / Anno Tausent fünffhundert neun vnd viertzig seligklich gestorben ist.

pi
A
xx
Berno.

ES war ein Hertzog Guillidenus zu Aquitania/vnnd Graffe zu Aluernia/ Diser/ dieweil er keinen männlichen Erben hatte/ warde er auß besonderer andacht bewegt/ vnd erbawet auff seinen grundt vnd boden in Burgundia das Cluniacensisch Closter/ Vnnd darmit dasselbig nit allein mit reichlichen Renten vnd Zinsen/ sonder auch mit einem tüchtigen fürsteher versehen werden möcht/ hat er disen frommen Gottseligen Mann Bernonem zu einem Apt dahin verordnet/zu der zeit Conradi I. Imp.

Von Sanct Bernhart haben wir droben gesagt.

ti
B
xxj
Anastasia.

DIse ist ein Edle Römerin vnd Christliche fraw gewest/welche von jrem eygenen gemahel vmb Christlicher bekandtnuß willen hefftig ist angefochten/ vnd auch ins gefengknuß vberantwortet/ vnd nach langer gefengknuß vnnd viler marter/ vnder Diocletiano verbrandt worden.

Von dem herrlichen Tempel Anastasiæ zu Constantinopel/ in welchem Gregorius Nazianzenus die Arianische Ketzerey offentlich widerlegt hat/beschicht meldung Trip. lib. 9. cap. 8.

Von

Augustus, Augstmonat. 225

Von dem heyligen Timotheo/ welcher ein Jünger vnd mitgefert Sanct Pauli Apostoli gewest/ haben wir droben meldung gethan.

Diser Thyrsus aber ist ein fleissiger vnnd Christlicher jünger des heiligen Policarpi gewest/ Von dem hat er die leer des Euangelij gründlich erlernet/ vnd jhme trewlich in seinem ampt geholffen/ Nach dem er hin vnd wider jnn Minori Asia das Euangelium geprediget/ vnd die Marcionitische vñ andere Secten hefftig widerlegt/ ist er herauß gezogen/ vnd in Franckreich kommen/ daselbst auch das Euangelium geprediget/ Vnnd dieweil er die offentliche Heydnische Abgötterey gestrafft/ ist er von den Gottlosen Völckern vmbbracht worden.

ti C xxij Thyrsus.

Diser Zacheus ist erstlich ein Oberster der Zölner gewest/ sehr ein reicher Bürger zu Jericho/ Da aber Jesus durch Jericho gieng/ begeret er jhn zusehen/ vnd stige auff einen Baum/ dañ er war klein von person/ Der Herr aber fordert jhn herab/ vnd gieng in sein hauß/ aß mit jhm. Darüber ärgerten sich die Phariseer/ vnd murreten/ daß der Herr mit den offentlichen Sündern

mo D xxij Zacheus.

Q v

Augustus, Augstmonat.

gemeinschafft hielte. Der Herr aber sprach/ Des menschen Sohn ist kommen zusuchen vnnd selig zumachen das verloren ist/ Luc. cap.xix.

Bar
E
xriiij
Bartholomeus.

DIser Heilige Bartholomeus hat das Euangelium durch Indiam gepredigt/ Er hat auch den greulichen vnd Teufflischē Abgott Astaroth an seinn Teufflischen zeychen verhindert/vnd mit Christlichem eifer nidergerissen/ Hat auch des Königs Polimij Tochter/ so vom Teuffel besessen war/ durch sein Christliches gebett gereiniget vn̄ entle-

Augustus, Augstmonat. 227

entlediget. Nach dem aber das Volck sahe die grosse thaten die Gott durch jn gewirckt hatt / fienge es an mit lauter stim zurüffen / bekandt vnd sprach: Es ist nicht mehr dann nur allein ein einiger Allmechtiger Gott / welchen da bekennet vnnd prediget diser man Gottes/Bartholomeus. Für solchen Göttlichen beistandt lobet vnnd dancket Gott der Heylig Bartholomeus.

Der

Der König liesse sich mit seinem gemahel vnd zweien sönen/vnd anderen mehr täuffen/Die Heydnischen pfaffen aber/dieweil ihr gewinn auffhöret/verklagten den heyligen Bartholomeum vor Astiage dem jüngern bruder obgemelts Polymñ/Darüber warde Astiages so zornig/daß er befalhe Bartholomenm mit kolben zuschlagen vnd zuenthaupten. Von disem heiligen Bartholomeo schreibet Abdias der Bischoff in Babylonia/Lib.8. seiner Ap. histo. Nicephorus Lib.2. cap.39.   Eusebius lib.3. cap.1 Lib.5. cap.10.

---

tho
ｆ
ｌｓ
ｒｖ
Ludouicus.

DIser ist gewesen ein Christlicher König in Franckreich/Nach absterben seines vatters ist er im dreizehenden jar seines alters zum König erwelet worden/vnnd hat regieret ein vnnd viertzig jar/im zwentzigsten jar seiner Regierung/samlet er auß der Christenheit ein groß volck/vnd führ vber Meer inn palestinam/an den fluß Nilum/vnd bestritte mit Göttlicher macht die Saracener vnnd andere vnglaubige Völcker/vnd erobert die Statt Damiatam. Zuletst warde er vonn den Saracenern gefangen/aber für sein erledigung ward jnen die statt
Damiata

Damiata wider zůgestellt. Endtlich kam ein sterben vnder sein Volck / in welchem er mit vilen Christen gantz bestendigklich inn Christlicher bekandtnuß von disem elende ist abgeschieden/zu der zeit Friderici II.

Diser ist ein Christlicher Bischoff zů Cöllen gewest/vmb das jar Christi 450.

Es ist auch noch einer / Severinus genant/ein Christlicher Apt in Franckreich gewest/welcher da er Clodoueum den König von seinem beschwerliche Fiebern erlediget vnd gesundt gemacht/ hat er die herrlichen angebottnen geschenck abgeschlahen / vnd nicht anders begert dann daß alle gefangene möchten erlediget vnd frei gelassen werden. Diser Clodoueus ist der erst Christlich König in Franckreich gewest/ welcher nach vilem streit/ so er mit seinn feinden gethan/ vnd sie vberstritten hat/glücklich wider anheym kommen/ vnd im 25. jar seines Reichs von Sanct Remigio getaufft/ vnnd ist der Christlich glaub inn seinem Königreich allenthalben erweitert vnd außgebreitet worden.

Severinus

Diser

Auguſtus, Augſtmonat.

Ruf
A
xxvij
Ruffus.

DIſer iſt erſtlich ein Heydniſcher Ritter geweſen / vnnd hat ſich in ſeinem ampt ernſtlich vnnd gantz auffrichtig gehalten. Nachmals iſt er zu Chriſtlichem glauben bekeret / vñ ein warer Chriſtlicher Ritter worden / Dann zu der zeit Diocletiani Römiſchen Keyſers / hat er hefftig wider die Heydniſche Abgötterey geſtritten / Vnnd dieweil er dem Teuffel nicht weichen / noch ſeine abgötter anbetten vnd verehren wolte / iſt er mit allem ſeinem hauſzgeſinde vnd andern beſtendigen Chriſten nach grewlicher peinigung vmbbracht / vnd in die zal der liebē beſtendigen heiligen zur hiṁliſchen geſellſchafft genommen worden.

Aug
B
xxviij
Auguſtinus.

DIſer Auguſtinus / ein fürtrefflicher leerer Chriſtlicher Religion / iſt ein Aphricaner geweſt / vonn ehrlichen ältern geboren / Patricio vnnd Monica. In ſeiner jugent hat er ſich begeben auff die kunſt / zierlich zureden. Er iſt neun Jar mit der Manicheiſchen Secten vñ jren jrthumben vmbgangen / Darnach iſt er ghen Rom komen / vnd durch Simachi des Stattpflegers anregung von dannen ghen Meyland gezogen / daſelbſt hat er den heyligen leerer Ambro-
ſium

Auguſtus, Augſtmonat.

ſium mit beſonderem fleiß vnnd eifer von Chriſtlichem glauben hören leſen vnd predigen/ dardurch iſt er vonn der Manicheiſchen Ketzerey abzuſtehen/ vnd ſich in die Chriſtliche Gemeyn zubegeben/ beweget/ vnnd durch anregunge ſeiner Mutter Monica im dreiſſigſten Jare ſeines alters von dem Heyligen Ambroſio auff das hertzliche Feſte der Oſteren getaufft worden/ vnnd haben den Hertzlichen Lobgeſange

Te

Te Deum laudamus, Herr Gott wir loben dich/ꝛc. gemacht/vnd mit grossen frewden gesungen / nach der geburt Christi 387. Nach empfangener Tauff ist er wider in Aphricam gezogen/ daselbst hat jhn Valerius Bischoff zu Hyppone zu einem Bischoff verordnet vnnd eingesetzet/ Solches ampt hat er 40. jar Christlich versehen/vnd hefftig mit lebendiger stim vnnd mit schreiben/ die Manicheische/ Arianische/ Donatistische vnnd pelagianische ketzerey widerfochten.

Nach dem aber die Vandali Aphricam allenthalben verwüstet/vnnd auch die Statt Hypponem hefftig belegert/ ist er vor eroberung der Statt im 76. jar seines alters/vñ im 433. Jar Christi seligklich in bestendiger Christlicher bekandtnuß gestorben.

coll
C
XIX
Johan
Friderich
Churfürst

DJeweil wir droben gnůgsam vonn S. Johannis geburt/leben/leer vnd sterben gesagt/wöllen wir hierinn in die zal der Christlichen frommen Könige vnd Fürsten auch disen Johan Friderichen Churfürsten des Heyligen Römischen Reichs/ꝛc. vnnd Fürst zu Sachsen/setzen vnd erzelen. Diser Christlich vnd löblich Fürst ist geborn den dreissigsten

Augustus, Augstmonat. 233

dreissigsten tag Junij im 1503. jar. Er hat nicht allein auff vilen gehaltenen Reichstägen die ware Christliche Religion selbst mündtlich bekandt/sonder auch dieselbige zuverthedigen(mit Gottes hülff)sein leib/leben/weib/kind/land/vnd leut williglich dargegeben. Dann im 1546. jar ist er außgezogen neben anderen Christlichen Fürsten vnd stenden/ʒc. dem Bapst vñ seiner Gottlosen gesellschafft zuwiderstehen/darüber der löblich Fürst grosse gefehrligkeyt vberstanden/ Dann nach vilen gefehrligkeyten ist er bei Mülberg võ den Keyserischen mit gewaltigem hauffen/vnuersehens/in dem er in zuhörung Gottes worts vnd in seinem gebet andechtiglich gestanden/vberfallen/vnd sich Ritterlich zuwern bewegt worden/ In dem streit vff der Lochischen Heyd hat er sich so Ritterlich gehalten/daß er sich keinem Spanischen Ruffianer/sonder einem Teutschen Edelman(Trutt genant/) ergeben hat wöllen/ Darüber hat er auff dem lincken backē ein wunden empfangen/vñ ist also verspeit vñ verspottet/für Carolum v. Römische Keyserliche Maiestatt ghen Pistritz/ein Dorff der Vniuersitet Witenberg zügehörig/wie der Herr Christus für Pilatum/geführet/vnnd daselbst in des Keysers gewalt vñ Custodiam zubegeben vberantwortet worden. Er ist aber nach fünff jaren seiner gefengknuß wunderbarlich wider seinen wissen / vnnd willen / erlediget worden / vnnd widerumb zu seinem weib/ kinden/landt vnnd leuthen kommen/ Vnd hat auch / wie der König David/aller seiner fürnembsten feinde vnglückseligen vndergang / vnnd Gottes Raach an jhnen geübet/erlebet / vnd erfaren. Nach dem er sich nun mit allen seinen freunden etlicher spaltung halben verglichen / hat er sich vnnd sein Seel Gott gantz ergeben / Vnnd vor seinem ende seine Junge Söhne zu Christlicher bestendigkeyt vnnd redlicheyt vermanet. Ist den dritten tag Martij in Christo seligklich gestorben / als zunorn Sibylla Hertzogin vonn Cleue den eilfften Februarij zu Weinmar gestorben war/ Zu der seitten begeret der löblich Fürst vor seinem abschiede begraben zu werden / Anno Christi Tausent fünffhundert vier vnnd fünfftzigk.

Diser

Auguſtus, Augſtmonat. 235

au
D
xxx
Adalber-
tus.

Iſer iſt vonn hohem Behemiſchem ge-
ſchlecht geboren/ vnnd nach abſterben
Diethemari des erſtē Biſchoffs zu Prag/ iſt
er an ſein ſtatt erwelet worden / Nach dem
er aber etlicher vrſachen halber ghen Rom
gezogen/ vnd ein zeitlang bei ſeinem bruder
Gaudentio gelebet/ hat er ſich wider zu ſei-
nen ſchäflin/ dieſelbigen zu weyden/ in Be-
hem begeben/ vñ hat König Stephanum/
vnd ſchier gantz Vngariam zu Chriſtlicher
erkandtnuß gebracht / Darnach iſt er in Po-
len gezogen/ vnd daſelbſt auch Boleslaum
zu Chriſtlichem glauben gebracht/ vnd jhn
ſampt vilem volck des lands getaufft. End-
lich iſt er in Pruſſiam gezogen/ vnd daſelbſt
beſtendigklich das Euangelium vonn Jeſu
Chriſto geprediget. Vnd dieweil er jhre of-
fentliche Abgötterey vnd ander laſter ernſt-
lich geſtraffet hat/ iſt er von dem Gottloſen
volck geköpffet worden/ zu der zeit Otho-
nis III. Römiſchen Keyſers.

cti
E
xxxj
Paulinus.

Iſer iſt ein frommer vnnd beſtendiger
Chriſt vñ Biſchoff zu Trier geweſt/ bei
welchem der heilig Athanaſius / da er ein
zeit lang hat müſſen weichen vñ beſtediger
bekandtnuß willen/ ſo er in dem Meylen-

R ij

dischen Synodo wider die Arianer erzeiget vnd gebraucht/ geherbriget/ vnd auffenthaltung gehabt hat. / Endtlich aber ist er von Constantino Römischem Keyser/ vmb bestendiger Christlicher bekantnuß willen/ in Phrygiam ins elendt verschickt worden/ daselbst hat er das Euangelium vonn Jesu Christo gantz freudig vnd bestendiglich geprediget. Vnd nach dem er vil Volcks zu Christlicher erkandtnuß gebracht/ ist er seliglich in Christo von diser welt abgeschieden.

September, Herbstmonat/ Hat xxx. Tag.

Egidius.

DIser ist ein frommer/ geleerter / vnnd Christlicher man gewesen/ welcher inn Griechenland gewont/ zu Athen. Nach dem er aber zu Christlichem glauben bekert worden/ hat er einen guten theyl seiner güter den armen Christen geschencket/ vnnd hat sich mit etlichen frommen Christen von der Heydnischen gesellschafft abgesündert/ vñ

in

in besondere orth begeben / daselbst seines Christlichen gebets / lesens / vnd predigens gewartet.

Mann schreibet daß er ein Hündtlin gehabt hab / welches stettigs bei jm gewesen / die Jäger aber des orths schossen im Wald nach dem hündlin / vnd traffen den heiligen man / welches jhm doch nichts geschadet / sonder etlich Jar darnach ist er seliglich gestorben.

Die Jäger halten auff disen tage / wie der Hirsch oder das wild eintrette / also soll er auch in gleichem wetter wider außtrettn.

VOn den Historijs Sanct Anthonij hab ich droben an dem xvij. tag Januarij gesagt.

Diser Anthonius Magnus war ein Frantzoß zu Orleac in dem gebirge Auerniæ geborn / ist zu vnsern zeiten ein martyrer worden / Dann dieweil er ghen Geneuam gezogen / vnd denselbigen frommen Christen angezeygt / wie grewlich wider die / so die ware Christliche Religion bekenten / in Franckreich hin vnd wider Tyranney geübet / vnnd sie gefangen / verbrandt / grewlich vmbbracht vnd verfolget werden / hat er sie zu

Antonius Magnus.

September, Herbſtmonat.

Geneuæ Gott den vatter aller barmhertzigkeyt für ſie zubitten vermanet. Nach dem er aber etlicher ſeiner geſchäfft halben wider ghen Burgis kommen / iſt er von etlichen Gottloſen pfaffen / ſo in kandt / verzathen / vnd dem Official / vnnd fürter ghen pariß den weltlichen Richtern vbergeben / zum Fewer verdampt / vnd jm die zung vornen abgeſchnitten / vnd alſo in beſtendiger bekandtnuß Jeſu Chriſti den xiſj. Junij im 1553. Jar offentlich auff dem platz / Malberti genannt / verbrandt worden.

Milles.

Im 347. Jar Chriſti / iſt zu der zeit des Königs Saporis in perſia ein grewlich verfolgüg / wider die Chriſten entſtanden. Jn diſer zeit iſt auch diſer Milles vm warer Chriſtlicher bekandtnuß willen gefangen / jämerlich gemarteret vnnd getödt worden. Man ſchreibt daß er in perſia in einer ſtat ſei Biſchoff geweſen / vnnd dieweil ſich die einwoner ſo gar Tyranniſch gegen jm vnd ſeiner predig gehalten / hab er dieſelbige ſtatt verflucht / Nicht lang darnach hab der König dieſelbig etlicher anderer vrſach halben gar vnd dermaſſen verwüſtet / daß man denſelbigen platz mit einem pflůg hett können

September, Herbstmonat.

nen Äckern. Also wardt die verachtung Gottes worts vnnd seiner diener gestrafft. Ju derselbigen zeit seindt Man vnd Weib/ so verzeychnet gewesen/ sechtzehen tausent gemartert vnd getödtet worden. Darvon schreibet Sozo. libri secundi capite decimoquarto Eccles.histor.

Serapion.

DIser hat gelebet zur zeit Commodi Imp. Ist zu Antiochia ein Bischoff gewesen. In der verfolgung der Christen hat er sich etwa gantz verzagt gehalten/ vnd seinen Christlichen glauben nit offentlich wöllen bekennen/ darumb warde er von der gemeynschafft der Christen außgeschlossen. Nach dem er aber schwach worden / vnnd drei tag todkranck gelegen/ begert er durch den Christlichen priester die Absolution vñ das heilig Nachtmal Christi zu empfahen/ vnd schicket seiner tochter kindt zu dem Kirchendiener/ Dieweil aber der priester auch kranck war/ vnd nicht selbs kommen kund/ gab er dem knaben dasselbig/ vnnd befalhe ihm / daß er jhn trösten vnnd das geben solte. Solches thet der knab/ vnnd da er zu Serapio kam/ sagt er jhm/ wie der priester schwacheyt halben nit kommen könte/

September, Herbstmonat.

er hett im aber solches außzurichten befolhen. Wolan/sagt Serapion/so thů in dem namen des Herren was er dir befolhen hat/ vnd laß mich im frieden faren. Nach dem er solches empfangen hat/ist er friedlich gestorben/ Euse.lib.6.cap.44.

---

sep
C
v
Herculanus.

DIser ist ein Christlicher Bischoff zu Berusa gewesen/ Die statt aber ward von den Gothis belägeret/ hefftig bezwanget/ vnd endtlich erobert/ Der oberst des kriegs volcks ließ disen frommen mann ergreiffen/ vnnd auff der stattmaur den kopff abschlagen/ vnd den leib vber die maur hinab werffen/ Etliche aber begrůben jn mit eim kindlin/ vber 40. tag suchten sie den leib / in die Kirchen zubegraben/ da fanden sie des kindes leib gantz voll würm / aber des Herculani leib war noch gantz rein vñ vnbeflecket. Ist beschehen vmb das Jar Christi 550.

---

ha
D
vj
Magnus.

DIser ist inn Apulia von ehrlichen/ doch Heydnischen ältern geborn/ Nach dem er nun alt war / gieng er fleissig inn die versamlung der Christen/ vnd höret jre leer/ dardurch ward er zu Christlicher erkantnus gebracht. Zu der zeit aber der grewlichen verfolgung

verfolgung vnder Decio Römischem Keyſer/ iſt auch diſer Magnus gefangen/ vnnd für Seuerinum den Heydniſchen Richter mit groſſer vnbarmhertzigkeyt gebunden/ vnd jämerlich zerſchlagen/ gefürt worden/ In ſolchen ſeinen ängſten hat er den Sohn Gottes Jeſum Chriſtum angerüffen/ vnnd geſprochen: O Herr Jheſu Chriſte/ verlaß mich nit in meinem leiden/ vnd ſcheide dich nit von mir/ hie vnnd dort ewiglich/ Vnd behüte mich durch dein Göttliche gnade an Seel vnnd Leib/ Vnd ſprach zu den Tyrannen/ Fliehet von mir ihr vbelthetet/ ir ſolt mich nit bewegen ewren Göttern zu opffern/ dann in dem waren Gott ſteht mein heyl vnd mein ehre/ in deſſelbigen hende befelhe ich mein ſeel. Dieweil er alſo beſtendig in warer Chriſtlicher bekandtnuß beharret/ iſt er nach viler greulicher marter vmbbracht vnd geköpfft worden.

D Iß iſt ein junges vnd hüpſches Jungfrewlin geweſt/ von Heydniſchen ältereñ geborn/ welche dieweil ſie inn ihrer jugent fleiſſig die gemeynſchafft der Chriſten beſucht/ vnd ihre leer von Jeſu Chriſto ge-

bet Eviij Regina.

242 September, Herbstmonat.

höret/ist sie zu erkantnuß Christi gebracht/ vnnd getaufft worden/ Da sie aber fünffzehen jar alt war/ ist sie von den Heydnischen Richtern jhres Christlichen glaubens halber hefftig angefochten worden. Vnnd dieweil sie solichen mit freudigem gemüt vnnd hertzen bekandt/ ist sie grewlich von jhnen gemartert worden/ Dann sie warde auffgehenckt mit jhren armen/ vnnd mit brennenden Fackeln vnder den armen gebrant/ vnd

vnnd endtlich getödtet / Welches sie alles
gedultiglichen gelitten/ vnnd mit hülff des
Sohn Gottes / welchen sie bekandt vnnd
angeruffen / beſtendigklich vberſtritten
hat.

Von Marie der heiligen reynen Jungfrawen/ vnſers Herren vnd Heylands
Jeſu Chriſti mütter/ geburt/ leben/ vnd ſeligem ſterben/ hab ich an ſeinem orth droben meldung gethan. Darumb wöllen wir
hie von Maria von Beck/ ſo zu vnſern zeiten vmb warer bekandtnuß willen gelitten
hat/ ſagen. Diſe Maria vnd ihr ſchweſter
Vrſula woneten zu Dolden/ drei meil von
Däuenter/ ſein geweſt von adelichem ſtammen/ Dieweil ſie aber durch fleiſſig leſen vñ
predig hören/ zu warer erkandtnuß Chriſti
gebracht/ vñ ſolchs/ ſo ſie darumb gefragt/
frei mit grund offentlich bekanten/ wurden
ſie gegriffen / vñ ghen Däuenter gefürt/ vñ
daſelbſt ernſtlich jres glaubens halben befragt. Sie aber bekanten offentlich/ daß ſie
mit der Widertäufferiſchen Secten odder
leer gar kein gemeynſchafft hettẽ/ Auch hielten ſie das Abentmal vnſeres Herren Jheſu Chriſti / darinn vnns ſeine wolthaten
verheyſſen

Anno MD. viij. Marie geburt.

September, Herbstmonat.

verheyssen vnnd versicheret seindt / für die rechte Christliche Meß/ Vnnd dergleichen bekandten sie von andern Christlichen Artickeln mehr. Also warde erstlich Maria die älrest / zu einem schrecken Vrsulæ der jüngeren / verbrandt / Vnnd dieweil auch Vrsula bestendig bliebe / warde sie auch verbrant. Das wunderwerck hat sich begeben / daß der Hencker die todten cörper nit kundt verbrennen / sonder blieben bloß stehen / vnnd warden bei nacht vonn den frommen Christen zůgedeckt. Dauon ist ein hüpsch vnd Christlich lied außgangen im 1545. Jar.

Gor
H
ir
Kunigundis.

DIses ist ein keusche vñ Christlich fraw / vnd ein Ehegemahel Keyser Heinrichs des andern gewesen. Sie haben in irem Ehlichen stand gantz friedlich / keusch / vnd züchtig gelebt. Durch ir beyder anregen ward König Stephan zu Vngern / welchem er sein schwester vermählet / mit grosser menge des Vngerischen Volcks zu Christlicher erkandtnuß gebracht. Diser Henricus vnd Kunigunda haben vil herrlicher stifft / als zu erhaltung des Christlichen glaubens / vñ zu aufferbawung der Christlichen jugent / auffgerichtet / vnnd reichlich mit järlichem einkommen

September, Herbstmonat.

einkommen begabet. Darvon wir droben von Henrico II. gesagt haben.

Hildebertus.

Diser ist ein Christlicher vnd hochgeleerter Bischoff gewest/ Er hat auch inn verwirrung der Christlichen Kirchen zu Rom in seinem Bischofflichen Ampt vil hertzenleyd vnd anfechtung erlitten. Er hat nit allein gegenwertig vñ mündlich/ sonder auch durch vil schöne vnd Christliche Sendbrieffe die außlendische betrübte Kirchen getröstet/ vnnd zu bestendiger bekandtnuß vermanet. Er hat sein elendt vnnd trübsal/ so er vmb warer Christlicher bekandtnuß willen erlitten/ gantz artig vnd zierlich Carmine beschrieben. Hat auch ein betrachtung gestellt von dem elend vnd trübsal des menschlichen lebens.

Vonn Sancto Hilario Aquitano haben wir droben meldung gethan. Ein anderer aber Hilarion genannt/ ist ein Einsidler gewest/ vnnd hat gelebet zu der zeit Constantij Imp. Darvon thůt ordenlich meldung Sanct Hieronymus.

pro
B
rj
Pothimus.

Diser ist ein frommer Christlicher Bischaff zu Leon inn Franckreich gewest. In der verfolgung aber zu der zeit Antonini Veri,ist er auch inn der zale der bestendigen Christen gefunden/vnnd im neunzigsten Jar seines alters grewlich gepeiniget worden. Nach dem er aber für den Richter gebracht/ fraget jhn der Richter/ob er ein Christ were/ hat er bestendiglich vor jm vn̄ allem Volck seinen Christlichen glauben bekennet. Weitter fraget in der Richter/ wer doch der Christen Gott were?Darauff gabe jm Pothimus antwort vnnd sprach: Wann du des werth werest/ würdest du es wol erfaren ꝛc.Darauff ward er von den knechten des Richters noch vil grewlicher gepeinigt/ Vnnd nach solicher peinigung warde er für halb todt ins gefengknuß geworffen/darinnen ist er nach zweyen tagen gestorben/ Ist beschehen im 180.Jar nach der geburt Christi.Dauon Eusebius lib.5.cap.1.Eccle.

ti
C
rij
Murita.

Nach dem Eugenius der Bischoff zu Carthago ins elend geschickt/ wurden bald nach jm auch alle andere Kirchendiener verjagt vnnd verstossen/ Vnder denen ist auch diser Murita ein Diacon gewest / welcher sich

sich bestendiglich wider die Arianische Secten vnd verfolgung gehalten hat. Es war aber ein Tyrann/Elpidophorus genannt/ welchen diser Murita getaufft/ vñ auß der heyligen Tauff gehaben hatte/ derselbige verleucknet seinen glauben/ vnd warde ein grewlicher verfolger der Christen / Nach dem aber Murita gefangen für jhn gefüret ward/zeyget er jm das tüchlin/ in welchem er gewicklet/vnd von jm auß der Tauff gehaben worden war/ vnd vermanet jhn seines bundts/so er in der tauff mit dem Herren Jesu Christo gemacht hette/ vnd sagt: Diß tüchlin wirdt dich deiner meyneydigkeyt halben am Jüngsten Gericht anklagē. Nach solichen reden wurden sie inns elend verstossen/ vnnd auff dem weg von den Arianischen Bößwichtern außgezogen vnnd beraubet.   Hæc Victorinus libro tertio.

Diser Cyprianus ist anfänglich ein hoch berümpter/ vñ sonderlich in der kunst/ wol vnnd zierlich zureden/ hochgelert geweßt/ welche kunst er auch andere geleeret hat. Darnach ist er durch Ceciliũ eiñ Christlichen priester zu der erkandtnuß Christliches

que
S
riij
Cypria-
uus.

ches glaubens gebracht/ vnd von jhm ge=
taufft/ daher er auch den namen Ceciliū be=
kommen/ vnnd ist ein Christlicher Bischoff
zu Carthago verordnet worden/ Nach dem
er aber bestendiglich vnd ernstlich in seinem
Ampt gewest/ vnd hefftig wider die Sectē
so zu seinen zeitten vnnd zuuor erwachsen/
gestritten vnnd geschrieben/ Als wider die
Sabellische/ Novatianische/ Samosateni=
sche/ vnd andere mehr/ ist er nach vilen trüb
sal vnd elend vnder Valeriano vnd Galie=
no geköpfft/ vnnd mit der kron der marter
gezieret worden/ Ist beschehen den vierze=
henden Septembris/ im Jar nach Christi
geburt zweyhundert zwey vnd sechtzig. Eu
sebius aber sagt von zweyhundert neun vñ
fünfftzig Jar/ als die Keyser/ Valerianus
vnnd Galienus eben drei Jar regieret hat=
ten.

   Die Histori von dem Heyligen Cypria=
no ist zum theyl durch pontium seinen Dia=
con/ zum theyl auch durch den Heyligen Au
gustinum in der zwölfften predig vonn den
Heyligen/ beschrieben worden.

Mann

September, Herbstmonat. 249

Man schreibet / daß Helena ein Enge-
lenderin / Constantini Magni des Key-
sers Mutter / sei auß Christlichem eifer gen
Hierusalem gezogen / vnnd habe mit fleiß
das creutz / daran vnser Heylandt Christus
gehencktist worden / besücht / Nach viler
mühe hab sie vnder drei creutzen das recht
gefunden / mit der vberschrifft Pilati / vnnd
hab dasselbige mit grosser Reuerentz erha-
ben vnnd auffgerichtet / Vnnd das hinfürt

crux
E
xiiij
Creutz er-
hebung

ehrlich zuhalten/ hat sie einen Tempel gebawet. Daruon beschicht meldung Histor. Trip.lib.2.cap.18.

Vnd wiewol es billich/ daß mann solche alte Monumenta solte ehrlich halten / jedoch soll mann dieselbigen nit zu Abgötterey gebrauchen/ sonder wir sollen das creutze/leiden/sterben / vnnd einigen verdienst vnsers Herren Jesu Christi inn vnsern hertzen erheben / vnd vns desselbigen in nöten trösten.

Dionysius Numidicus.

Diser Numidicus ist zu Carthago ein Christlicher vnnd fleissiger diener der Kirchen gewesen. Er hat in verfolgung der Kirchen die Christen getröstet/ vnnd zu bestendigkeyt des glaubens trewlich vermanet. Er hat auch sein eygene Haußfraw/ so jhm an der seitten gestanden / da sie mit andern solte verbrandt werden / im fewer sehen sitzen/ sie getröstet, vñ auch zu bestendigkeyt mit hertzlichen Euangelischen sprüchen vermanet. Er ist auch selbst halber verbrandt/ mit steinen zůgedeckt/ vnnd als für todt da ligen blieben / aber sein tochter hat jhn heymgetragen/ vnd wider erquickt. Also ist er bei dem lebē durch Gottes krafft erhalten/

September, Herbstmonat.

erhalten/ vnd von den vberbliebenen Christen mit freuden zu seinem vorigen Priesterlichen Ampt auffgenommen worden. Darvon schreibet Sanct Cyprianus Libro 4. Epist. Epistola 10.

DIse ist ein Aquiliensisch Christliche jungfraw/ vnnd ein schwester Sanct Dorothee gewesen. Ist vmb jhrer bestendigen Christlichen bekandtnuß willen von jhrem eygnen vatter/ Valentino genannt/ den Tyrannen vbergeben. Dieweil sie aber mit jrer schwester Dorothea in bestendiger bekantnuß Christi beharret/ ist sie nach viler peinigung endtlich geköpffet/ vnnd ins wasser geworffen worden. Dises ist geschehen fast vmb die zeit da Sanct Paulus von Nerone dem Tyrannen zu Rohm ist enthauptet worden.

Es ist auch noch ein andere Calcedoniensische Christliche Jungfraw gewesen/ welche auch zu der zeit Diocletiani des Tyrannischen Keysers vmb bestendiger Christlicher bekantnuß willen ist vmbbracht worden.

Marginal: euph S xvj Euphemia

September, Herbſtmonat.

Lam A xvij
Lampertus.

Diſer iſt in Holandt Traiectenſis Epiſcopus geweſen. Er hat Chriſtlich vnd fleiſſig ſeinem Biſchofflichen Ampt vorgeſtanden/ derhalben iſt er auch von etlichen verhaſſet/ vnd võ ſolchem ſeinem Biſchofflichen Ampt abgeſetzet worden / da hat er ſich in ein andere Chriſtliche gemeynſchafft gethan/ vnd ſeines lebens vñ bettens ernſtlich vnd fleiſſig gewartet. Nachfolgends aber iſt er vmb ſeiner Chriſtlichen tugent vnd leer willen durch Pipinum Caroli Magni des Keyſers vatter widder inn ſein Biſchofflich ampt eingeſetzet worden Dieweil er aber nicht allein offentliche abgöttercy/ ſonder wie Johannes der Täuffer/ etlicher gewaltigen Gottloſen leuth offentlich hůrerey vnnd ſchandtlich laſter geſtrafft hat/ iſt er jämerlich von derſelbigen geſellſchafft vmbbracht worden/ Nach der geburt Chriſti 700. jar.

per B xviij
Fortunatus.

ES ſeindt etliche beſtendige leerer vnd bekenner geweſen/ welche warhafftig Fortunati, das iſt / glückſelig geachtet werden in dem ewigen himmliſchen Reich.

Es iſt einer Pictauienſis Epiſcopus geweſt/ welcher nicht allein mündlich geleert.
ſonder

September, Herbſtmonat.   253

ſonder auch durch ſeine ſchrifften / ſo noch vorhanden ſeindt / das Euangelium Jheſu Chriſti auſzgebreytet / vmb das Jar Chriſti 570.

Ein anderer diſes namens iſt im Speletaniſchen Hertzogthumb Tudertinus Epiſcopus geweſt.   Diſes thůt meldung inn ſeinen ſchrifften Gregorius Magnus. Item noch zwen / einer in Hiſpania / der ander inn Aquileia / vmb warer Chriſtlicher bekantnuſz willen vmbbracht worden.

Dlſer iſt Sanct Felicitas Son geweſen / welche zu Rohm mit ſieben ihren Sönen getödtet iſt worden / vnder welchen diſer Januarius auch einer geweſt. Er iſt nach grewlicher peinigung jämerlich getödtet wordē / zu der zeit Antonini Veri, nach der geburt Chriſti 164. Darvon thůt meldung der Heylig Auguſtinus in ſeinen predigen.

Ianuarius.

Es ſeind ſonſt etliche mehr diſes namens heilige zeugen Jeſu Chriſti geweſt / Einer iſt Biſchoff zu Beneuent in Campania geweſt / vnnd vnder Diocletiano gemartert worden. Ein ander iſt zu Carthago vmb-

S iij

September, Herbstmonat.

bracht worden / zů welchem der heilig Augustinus geschrieben hat.

que
S
xx
Fauſtina.

DIſes iſt ein Chriſtliche jungfraw geweſen/ welche gantz fleiſſig die Chriſtliche verſamlung beſůcht/ vnd die leer von Chriſto trewlich vnd mit ernſt gehört hat / Derhalben dieweil ſie ſich von der Heydniſchen gemeynſchafft abgeſondert hat/ iſt ſie hefftig vmb jhres Chriſtlichen glaubens willen angefochten worden. Dieweil ſie aber mit Gottes hülff vnd beiſtandt/ beſtendig darauff beharret/ iſt ſie neben andern Chriſtlichen bekennern auch vmbbracht worden/ zu der zeit Maximiani des Römiſchen Keyſers.

Mat
E
xxj
Matthæus

DIſer iſt ein Apoſtel vnd Euangeliſt geweſt/ Er wirt ſonſt Leui ein ſon Alphei genannt/ Luc. cap. v. Marci ca. ij. Iſt ein Zöllner geweſt/ welchen der Herr Chriſtus von dannen zum Apoſtelampt abgefordert/ wie er die geſchicht ſeiner vocation vnd berůffs ſelbſt beſchreibt / Matthei cap. ix. Eusebius bezeugt inn Chronic. daß er nach der Auffart vnſers Herren Chriſti hab den
Hebreis

September, Herbſtmonat.

Hebreis das Euangelium geprediget / habe auch ſolches inn Hebreiſcher ſprach beſchrieben hinder ſich gelaſſen/ꝛc. Nach dem er aber Aſiam vnnd Pontum durchzogen/ vnd ein zeitlang das Euangelium geprediget/ vnnd die Kirchen regiert hatte/ iſt er in Aethiopiam gezogen/ daſelbſt zwentzig jar auch geprediget / vnd hat daſelbſt den König Egippum ſampt der Königin Euphemia vnd jren Sönen zu Chriſtlichem glauben bekert. Endlich iſt er von einem/ Hirtacus genannt / darumb / dieweil er jhm ſein vnbilliche fürhabende ehe nicht geſtatten noch zůlaſſen wolte / getödtet worden.

September, Herbſtmonat.

Von diſem Mattheo ſchreibet Euſebius libro tertio capite 24. 39. Libro 5. capite 10.

mau
S
xxij
Mauritius

MAuritius ein fürnemer Hauptman des Thebaniſchen Kriegsuolcks. Diſer iſt mit ſeiner geſellſchafft von dem Biſchoff zu Hieruſalem getaufft worden / Dieweil ſie aber in Kriegshändeln erfaren / warden ſie dem Keyſer Maximiano inn Galliam nach zuziehen beweget. Da ſie aber der Keyſer zwingen wolte / daß ſie den Abgöttern opffern / vnnd ſie anbetten ſolten / vnnd ſie ſich ſolches beſtendiglich weigertē / befalhe der Keyſer ſie grewlich zumartern / vnd zuköpffen. Alſo ward Mauritius mit ſeiner geſellſchafft vmbbracht / welcher zal geweſen iſt ſechstauſent / ſechshundert vnd ſechs vñ ſechtzig ſtreitbare vnnd Chriſtliche Ritter / Anno Chriſti 287.

ri
S
xxiij
Tecla

DIſes iſt ein Chriſtliche Jüngerin geweſen des heiligen Apoſtels Pauli / welche dieweil ſie jren Chriſtlichen glauben beſtendiglich bekante / vnd die Heydniſche Abgötterey verdampt hat / iſt ſie auch hefftig gepeiniget / dann ſie iſt den Schlangen / Beeren /

September, Herbstmonat.

ren/vnd Löwen/ sie jämerlich zu zerreissen/ fürgeworffen worden / welchen sie mit bestendiger bekandtnuß jhres glaubens/ vnd mit einbrünstigem gebett zu Jesu Christo/ widerstanden/ vnd solches alles vberwunden hat. Also ist sie doch endlich den drei vn̄ zwentzigsten dises Monats inn bestendiger bekandtnuß Jesu Christi/ von disem elenden leben abgeschieden.

Dieweil diser Robertus ein anfänger des Cistertienser Ordens/ ist er auch in die zale der heiligen gezelet worden. Er ist ein Molinensischer Apt gewest / vnnd hat sich in der Einsidel Cistertij in stillem leben vnd Christlichem gebett gehalten/ darvon dann der Cistertienser Orden seinn vrsprunge bekommen/ vnd angefangen von disem Roberto in Burgundia/ Nach der geburt Christi 1098. Jar/ welchen Orden darnach Bapst Vrbanus mit vilen zusamen gestickten Regeln/ dem Orden der Benedictiner vnderworffen. Diser Orden ist darnach durch andere Bäpst mit grossen freiheyten begabt. Von dem vnd andern vffgerichten Orden hab ich an einem andern ort meldūg gethan.

Robertus.

S v

September, Herbstmonat.

us B xxv
Cleophas

Dser ist ein bruder Josephs gewesen/ dem Maria die mutter vnsers Herren Jesu Christi vertrawt ward. Mit disem hat der Herr Christus nach seiner hertzlichen vfferstehung auff dem weg ghen Emaus ein ernstlich gespräch gehalten/ vnnd jhm die schrifft der propheten/ von seinem leiden/ sterben/ vnd von seiner hertzlichen Aufferstehung/ erklärt/ Vnnd durch sein Göttliche krafft hat er jnen jre augen geöffnet/ vnd zu warer einbrünstiger erkandtnuß gebracht. Darvon Luc. xxiiij.

September, Herbſtmonat.

Von Sanct Cypriano dem Heyligen Biſchoff haben wir droben an dem xij tage diſes Monats geſagt. Diſer Cæſarius aber iſt ein Chriſtlicher Diacon geweſt/ welcher mit Juliano dem Prieſter /. nach dem mann den tag zuvor vil frommer Chriſten umbbracht hatte / auch gefengklich angenommen/ den andern tag zu peinigung gefüret / und ſeind nach viler marter in ſeck geſteckt/ und ins Meer geworffen worden. Diſer und andere mehr ſeind Sanct Policarpi jünger geweſen/ welche er herauß in Galliam / das Euangelium daſelbſt zupredigen und außzubreyten/geſchickt hat.

et
C
xxvj
Cæſarius.

Diſe zwen ſeindt gebrüder / unnd zwen fürtreffliche Arabiſche Artzet geweſt/ welche/ nach dem ſie zu Chriſtlicher erkandnuß gebracht / haben ſie ihr leibliche Artznei auch inn Chriſtliche heylſame Artzenei verwandelt / unnd mit ihrer heylſamen Chriſtlichen leere manchem betrübten und krafftloſen Menſchen troſt und erquickung geben / unnd dieſelbigen durch die krafft Gottes widderumb zu waren Chriſtlichen kräfften

Da
D
xxvij
Coſmas
Damian.

krefften gebracht. Endtlich aber/dieweil sie beständig geblieben in dem waren Christlichen bekandtnuß/seindt sie mit einander zur zeit Diocletiani des Römischen Keysers enthauptet worden/ Nach der geburt Christi 288. jar.

**Wen
Exviij**
/uenceslaus.

DIser ist ein frommer Christlicher König in Beheim gewest/welcher inn seiner regierung neben allen andern Weltlichen Regiments sachen/sonderlich fleiß vnnd ernst fürgewendet hat/dz auch die heilige Christliche Religion möchte gefördert vñ gehandhabt werden. Dieweil aber jm nit allein die Gottlosen Räthe/sonder auch sein leiblicher bruder Boreslaus vmb warer erkantniß willen/feind vnd zuwider waren/ist er endlich von demselbigen Boreslao/wie der gerechte Abel von seinem eygnen bruder/mörderischer weise vmbbracht worden/der meinung/daß sie gedachten/fürters die Christliche Religion gantz vnderzutrucken. Aber Gott hat jnen ein Ganß/Johan Huß/ nach etlich jaren geschickt/welches gebratenen geruch sie mit ihrer stinckenden leer nit werden verleschen. Der mord ist beschehen Anno Christi 920.

Michael

September, Herbstmonat.

Michael wirdt gehalten für einen Ertzengel/ vnd wirdt verteutscht: Wer ist also wie der Herr vnser Gott? Also nennet ihn auch der Prophet Daniel cap.x. vnd xij. Einen Fürsten gestellt vonn Gott vber das volck Israel. Item in Johannis Offenbarung am zwölfften cap. wirdt auch sein person vnd ampt gemeldet vnd beschrieben ɀc.

Disen tag/ vnd alle zeit/ sollen wir bedencken/

Mich
E
xxix
Michael.

cken/wie Gott wunderbarlich seine Kirche
vnd alle gläubige Menschen/durch beistãd
der heyligen Engel behüte/vnd wider alle
gefehrlicheyt erhalte/daruon nit allein die
H. Schrifft vnd alle alte/sonder auch täg-
liche exempla erweisen vnnd anzeygen/Für
solche wolthaten sollen wir Gott loben vnd
dancken/vnnd vns keusch vnnd auffrichtig
halten/darmit wir die lieben Engel/als keu-
sche/vnnd der gerechtigkeyt liebhabende
geyster/nit von vns vertreiben.

Hier
G
xxx
Hierony-
mus.

DIses ist der fürtrefflichen/hochberüm-
bten/vnd beredten lerer einer/welch-
er ist bürtig vonn Stridone/welche Statt
gelegen ist an den grenzen Dalmatiæ vnnd
Pannoniæ/dieselbig ist von den Gothiern
gantz verwüstet worden. Sein vatter hat
Eusebius geheyssen/Inn seiner jugendt ist
er ghen Rohm/daselbst zu studieren/ge-
schickt worden/allda hat er mit fleiß Dona-
tum vnnd Victorinum gehört/vnnd ist ein
zeitlang Damasi des Bapstes Schreiber
gewest/Darnach ist er den mehrenteyl Eu-
ropæ vnnd Asiæ durchzogen/darmit er die
sprachen erlernen möchte/Gregorium
Nazianze-

September, Herbstmonat. 263

Nazianzenum hat er in Cappadocia / Epiphanium inn der Insel Cypern / Dinum Alexandriæ in Aegypto gehört / vnd von ihnen nit allein in den sprachẽ / sonder auch in heyliger Schrifft des Alten vnd Newen Testaments vndericht worden. Nach dem er solchs außgericht / hat er sich ghen Bethlehem inn das Stättlin / inn welchem vnser Heylandt

September, Herbstmonat.

Heylandt Jhesus Christus geboren ist/ zu wonen begeben/ daselbst hat er mit grosser arbeyt vnnd fleiß die Biblischen schrifften außgelegt/vnd auß andern sprachen in ander verändert/Wie solchs noch seine schrifften/ so in grossem brauch vorhanden seind/ bezeugen. Zu Bethlehem ist er friedlich in warer Christlicher bekandtnuß vonn disem jamerthal abgeschieden im ein vñ neunzigsten Jar seines alters/Anno Christi 422.

Was mann sonst von jhm schreibet/daß er mit einem Bischofflichen hůt gezieret gewesen sei/das laß ich bleiben für sich / Aber es bedeutet daß ein jeglicher trewer leerer vnd Bischoff (wie Sanct Paulus saget) zwifacher ehre wirdig sei. Item wie S. Petrus sagt/ Daß solichem Gott werde die vnuerwelckliche Kron geben.

Item der Löw bedeutet/ daß der brüllendt Löw der Teuffel/ sonderlich vmbher geht vnnd sucht/ wie er solche fürtreffliche Christliche männer könne mit seinem grewlichen brüllen inn jhren Christlichen fürnemen jrrig vnd wendig machen/ ja gantz vñ gar/ wie Sanct Peter sagt/ möge verschlingen.

¶ Hieronymus von Prag/ ein fürtreffl: cher

cher Theologus vnd discipulus Sanct Johann Hussen/ist auch vmb Christlicher bekandtnuß willen/so er widder den Bapst vnd des Teuffels reich frei vnd freudig gethan hat/nach langer beschwerlicher gefengknuß/wie sein Meister Sanct Johann Huß/zu Costnitz verbrandt worden/Im 1416. Jar/den dreissigsten May. Es haben sich auch die feinde Hieronymi/ ja Christi feind/vber dises manns hohen verstandt/ wolredenheyt/ Christlichen dapfferkeyt/ vnnd bestendigkeyt/hoch müssen verwundern/ Wie solches neben andern Poggius Floren. in seiner Epistel genügsam bezeuget.

October, Weinmonat/ Hat xxxj. Tag.

WJewol die offentliche vnnd heymliche verfolgung der Christen in Engeland grewlich vberhand genommen hat/jedoch haben die ware Christliche Religion nicht allein gemeyne leuth/sonder auch (wie bil-

Renaudus Pecholtz.

T

October, Weinmonat.

lich) grosse Bischoff bekennet / darüber creutz vnd leiden / vnnd auch den todt erlitten. Vnder denen ist auch diser Renaudus erfunden worden / welcher in Engeland Cistertiensis Episcopus geweßt. Vnd wiewol er etwann vmb forcht willen / ein zeitlang die warheyt des Euangelij verschwigen / jedoch dieweil er allezeit bei den Gotlosen Baalspfaffen derhalben in verdacht gewesen / ist er vonn zweyen verrathen / gefangen / vnd ghen Lambetum für Thomã Cantuariensem Episcopum gebracht / Vnd dieweil er offentlich die ware Christliche Religion bekante / ist er gefengklich eingelegt / vnd nach vilem erlittenem elend im gefengknißß seliglich gestorben / Anno tausent vierhundert neun vnd achtzig.

Leodigarius.

DIser soll gelebet vnnd geleert haben zu den zeitten Lotharij Römischen Keysers. Dieweil aber nach absterben Lotharij / diser Leodigarius seinen rath vnd verwilligung gabe / daß mann einn Christlichen Keyser erwelen solte / vnd auch denselbigen ernannt hat / darüber zürnet Ebranus ein gewaltiger Herr an des Theodorici Hofe / vnd trachtet den frommen vnd heiligen man

October, Weinmonat.

man vmbzubringen. Vnd dieweil diser Leo digarius bestendig in seinem fürnemen bliebẽ/ist er gefangen/vnnd nach langer gefengknißmit grossem gespött für alle menschen gestellt vnd enthauptet worden.

IN der grewlichen verfolgung zu der zeit Diocletiani/haben sich inn Christlicher bestendiger bekandtnuß lassen finden/diser Simphorianus/vnd Claudius/Necostratus/vnd Simplicius. Dise seindt vmm Christlicher bekandtnuß willen/zu Rohm gefangen/mit geysseln geschlagen/vnnd endtlich nach vilen peinigungen (welche sie bestendiglich vnd gantz gedultig gelitten) vff befelch des Tyrannischen Keysers Diocletiani/ins wasser geworffen vnnd ertrencket worden.

Simphorianus.

DIsen Franciscum erheben die papistẽ/ sonderlich seines Ordens mitgenossene brüder/biß in Himmel. Vnd wiewol kein zweiffel/daß er ein frommer mann gewesen sei/welcher einen besonderen eifer gehabt hat/jedoch befindt mann inn seinem leben/ daß er mit vilen Abgöttischen vnnd Aberglaubischen dingen vmbgangen/vnnd vil zu seiner Gesellschafft gereyzet hat/

Franciscus

October, Weinmonat.

Daher auch seine Ordens gesellen offentlich leeren: welcher sich, in einer Franciscaner Kutten laß begraben/ der soll durch solcher krafft von stundan ghen Himel faren/ Ja wie ein Küh in ein Meußloch.

Diser Orden/ welchen man nennet Franciscaner Bettel Orden/ ist auffkommen vnder Honorio III. Anno Christi 1222. Auß disem Orden seindt ander vngezifer vnd geschmeyß entstanden/ als Minores, Maiores,

October, Weinmonat.

res. In summa/disen Orden vergleichen sei ne gesellen gantz dem leben/leer/leiden vnd sterben/vnsers Heylands Jesu Christi/vnd seine fünff wunden seind bei jhnen ein höherer verdienst dann der gantz verdienst vnsers Herrn Christi. Sie faren hin mit jhm/ wir wöllen bei vnserm Herren Christo bleiben.

Ises ist ein Christliche/ gantz keusche/ vnd züchtig Jungfraw/vnd ein jüngerin Mogn des Christlichen Bischoffs geweft. Sie hat sich in Christlicher leer vnnd tugent dermassen gehalten/ daß sie nicht allein von Gott/ sonder auch von jhren Bischoffen/vor allen andern Jungfrawen/ist geliebt/vnnd im leben geehret worden. In sollichem Christlichen leben ist sie auch bestendiglich in der höchsten marter blieben/ Dann in der verfolgung vnder Claudio Römischen Keyser ist sie gefangen / gebraten/ vnd ins wasser geworffen worden.

cus
F
L
vj
Fidentius.

JN der verfolgunge vnder dem Keyser Diocletiano seindt vil tausent Christen vmb bestendiger Christlicher bekandtnuß willen jämerlich vmbbracht/ vnd auff mancherley weise ertödtet worden/ Vnder denen ist auch diser Fidentius gefunden/ welcher/ dieweil er sein vertrawen in den Herren Christum gestellet/ vnd gar nicht wolte frembden Göttern der Heyden dienen/ warde er gefangen/ vnd nach vil erlittenen plagen vmbbracht/ welches er gedultig vñ bestendiglich erlitten hat/ darumb er billich Fidentius, das ist/ ein getroster vnd behertzter man Gottes genant wirt/ ꝛc.

Mar
H
vij
Marcus.

VOn Marco dem Euangelisten hab ich droben an seinem ort gesagt.

Diser Marcus vnnd Marcellinus seindt zwen Christliche Römische Burger gewest. Dieweil sie aber die Christen/ so fälschlich angeklagt/ vñ jämerlich verdampt waren/ hefftig vertheidigten/ vnnd auch sich selbst für Christen bekanten/ seindt sie in der verfolgung zu der zeit Diocletiani gefengklich angenommen/ vnd nach viler peinigung in bestediger bekantnuß Jesu Christi seliglich gestorben.

Dise

October, Weinmonat.

Sie ist ein ehrliche/ betagte/ vnd Christliche Widtfraw gewest/ welche etliche keusche vnd Christliche mägdlin vnd Jungfrawen bei sich gehalten/ vnnd dieselbigen in Christlichem glauben vnnd zucht vnderwisen hat/ sonderlich aber inn den Geystlichen psalmen Dauidis. Auff ein zeit gienge Julianus der abtrünnige Keyser fürüber/ da sungen sie den hundert vnd fünfftzehenden psalmen / widder der Heyden Götzen vnd abgötterey/ Da solches der Keyser höret/ verbott er jhnen / daß sie fürters solche gesäng nicht mehr solten singen. Sie aber vermanet jhre jüngerin/ daß sie nicht solten zusingen nachlassen/ sonder auch/ wañ der Keyser widder fürüber gehn würde/ solten sie noch mit lauterer vnd heller stimme die vorigen vnnd andere psalmen singen. Das verdroß den Tyrannen/ vnd befalhe seinen dieneren / daß sie das alt betagte weib solten mit feusten schlahen/ Welches auch beschehen/ aber Gott hat sie wunderbarlich bestendig erhalten. Daruon Theodor. libro tertio capite decimonono, &c.

October, Weinmonat.

Dionysius

ES seindt etliche heilige Bischoff vnd leerer dises namens geweft. Dionysius Areopagita ist von Sanct Paulo zu Christlichem glauben bekert worden/Actor. vij. Diser ist der erst Atheniensisch Bischoff gewesen. Er ist in der höchsten gefehrlicheyt seines Meysters Pauli ghen Rohm kommen/ von dannen ist er ghen Pariß in Franckreich gezogen/vnd daselbst das Euangelium Jesu Christi geprediget. Ist vnder Domitiano Römischen Keyser geköpffet worden/ꝛc.

Item es ist ein Dionysius ein Bischoff zu Corintho geweft/zu der zeit M. Antonini vnd Commodi. Daruon Eus. lib. 4. cap. 23.

Item Dionysius Alexandrinus/ ein disapulus Origenis/ ein fürtrefflicher leerer. Er hat gelebet zu der zeit Decij Römischen Keysers. Dises seindt zum theyl eiferige Christliche leerer geweft. Dauon Eusebius Lib. 7. cap. 9. 10. 21. 22. 23. 24. &c.

Gereon.

NAch dem zu der zeit des Römischen Keysers Maximiani die Christen hefftig zugenommen/ vnd die Tyrannen dieselbigen hefftig angefochten/ vnnd mit macht vnnd gewalt vnderstunden vnderzutrucken/ Ist auch

October, Weinmonat.

auch diser Gereon mit etlichen Kriegsknech-
ten/darüber er ein Hauptman gestellt war
de/die Christen zuuerfolgen / außgesandt
worden. Dieweil er aber der Christen leer
verstanden/vnd ihre vnschuldt vermercket
hat/ist er ein Christ zuwerden/bewegt wor
den. Darüber die Tyrannen also ergrim-
met/daß sie jn mit 318. seiner zügehörigen/
so auch Christen waren/ vberfallen vnd er-
schlagen haben lassen.

Diser Burchardus ist ein Engellender
von Adelichem stammen geboren. Er
hat inn Engelandt die Christliche Kirchen
regiert zu der zeit Caroli Magni. Nach
dem aber Kilianus vnnd Bonifacius Bi-
schoff zu Würzburg/mit tod abgangen/ist
er durch Carolum Magnum auß Engellad
ghen Würtzburgk/daselbst die Christliche
Kirchen zuregieren/gefordert worden. Dar
nach vbergab er das Bisthumb Megignan
do/vnd zohe ghen Hochenburgk/da lebet
er als ein Einsidel odder Mönch / Ist auch
daselbst gestorben im jar Christi 791. als er
das Bisthumb Würtzburgk viertzig jar re-
giert hatte.

ar
D
rj

Burchar-
dus.

Maximilianus.

Biewol ein heyliger Bischoff diſes namens auß der Statt Ceyca geboren/ vnnd vmb Chriſtlicher bekandtnuß willen gelitten/ vnnd geſtorben iſt / Jedoch mag man billich den hochlöblichen Keyſer Maximilianum in die zal der heiligen Chriſtlichen König ſetzen. Er iſt von Friderico III. in Oſterreich den zwen vnd zwentzigſten Martii geboren/ vnnd im tauſent vierhundert vier vñ nentzigſten jar iſt er allein ins Regiment getretten/ hat von einheymiſchen vnnd außlendiſchen völckern vil anfechtung gehabt. Auch ſonſt iſt er in viler vnnd mancherley gefehrlicheyt geſtandẽ/ darauß jhn Gott alle zeit wunderbarlich erlediget hat/ Wie er ſelbſt ein mal lachendt mit verwunderung geſaget: Lieber Gott wann du nicht beſſer das Geyſtlich vnd Weltlich Regiment dann durch den tollen vnnd vollen Pfaffen (Iulium II. meynt er) vnd durch mich als einen armen Gemſſenſteiger/ regirteſt/ ſo wer es mit vnns verloren/ aber du wirdſt es alles wol verſehen. Im 60. Jar ſeines alters iſt er geſtorben / vnd zu Wölß begraben.

October, Weinmonat.

Colomannus.

In der verfolgung in Schottland ist diser ein bestendiger verfechter Christlicher leer gewest. Dieweil er aber nichts hat wider die Tyrannei außrichten können/ ist er durch Schotten vnd Teutschlandt gezogen/ vnd in Beyern kommen/ daselbst hin vnd wider das Euangelium Jhesu Christi freudig geprediget vnd außgebreytet. In solcher bestendiger bekandtnuß ist er nach vilfaltiger peinigung gestorben/ Anno Christi 1110.

Calapodius.

Diser ist zur zeit Calixti des Römischen Bischoffs ein Christlicher priester vnd leerer gewest/ welcher die leer Christi fleissig von Calixto dem Bischoff gehöret vnd geleernet/ auch dieselbig trewlich geprediget vnd außgebreytet hat. Vnnd dieweil er bestendiglich darinn beharret/ wider die Abgötterey der Heyden/ ist er in die Tyber geworffen/ vnd ertrenckt worden.

Calixtus aber (dauon ich droben gesagt) ist zum fenster hinauß in einen tieffen brunnen gestürtzt/ vnd ertödtet worden.

October, Weinmonat.

lia A xv
Hildebertus.

Diser Hildebertus ist ein Christlicher Bischoff vnnd leerer gewest. Er hat zu Rom ein zeitlang offentlich den waren Christlichen glauben geprediget/ auch mit seinen schrifften denselbigen verthediget vnd bestettiget/ Darüber hat er von dem Gottlosen Volck vil gefehrlicheyt/ als gesengknuß vnnd elendt erlitten/ wie er dann solliches sein elendt gantz kläglich Carmine beschrieben/ auch sonst ein tröstlich Büch gemacht/ vonn verdrießlicheyt dises elenden lebens/ vnnd vil andere Christliche schrifften hat er hindersich gelassen.

Gal B xvj
Gallus.

Diser Gallus ist ein Discipulus gewesen S. Columbani. Er hat hinundwider/ vnd sonderlich inn Franckreich/ ein zeitlang das Euangelium von Jesu Christo geprediget. Das Bisthumb Costnitz hat er zu Christlichem standt gebracht/ vnd daselbs einen Christlichen Bischoff eingesetzet. In demselbigen Bisthumb ist in Sanct Gallen namen ein herrlich Closter erbawt worden. Er hat gelebet zu der zeit Heraclij des Keysers. Zu seinen zeiten seind in Schweitz vil Christliche vnnd geleerte männer gefunden worden.

Diser

October, Weinmonat.

li
C
xvij
Cassiodorus.

Dieser ist ein fürtrefflicher vnd fürnemer Römischer geschlechter vnd ein Raths person geweſt/ vnd von ſeiner fürtrefflichē weißheyt vnnd wolredenheyt wegen/ iſt er von Theodorico der Gothen König/ zu ſeinem innerſten Rath vnnd Cantzler erwehlet vnd angenommen worden. Endtlich hat er in Chriſtlicher weißheyt dermaſſen zůgenommen/ daß er mit gemeyner wahl der Chriſten zu einem Chriſtlichen Biſchoff zu Rauenna erwehlet vnd verordnet worden. Vnder anderen ſeinen nützlichen ſchrifften/ hat er die Kirchen Hiſtoriam/ welche mann Tripartitam nennet/ auß Theodoreto/ Sozomeno/ vnd Socrate/ in ein ordenlich Corpus zuſammen gebracht. Er iſt geſtorben zu der zeit Juſtiniani Römiſchen Keyſers.

Lu
D
xviij
Lucas.

Dieser iſt auß Antiochia bürtig/ vnd anfengklich ein fürtrefflicher Artzet geweſen/ Daruon S. paulus zun Coloſſ. am iiij. Nachmals iſt er des H. Apoſtel S. pauli mitgeſert/ vnd auß einem leiblichen Artzet/ ein heylſamer Artzet der ſeelen worden. Er hat mit den Heyligen Apoſteln/ vnnd ſonderlich mit dem H. Apoſtel paulo/ vil gemeyn-

October, Weinmonat.

meynschafft gehabt. Er hat auch sein Evangelium auß S. Pauli vnd anderer Jünger Christi vnderweisung/ so solchs alles selbs gesehen vnd gehöret haben/ beschrieben/ Darvon 2. Cor. 8. 2. Timoth. 4. Er hat auch der Apostel Geschicht mit besonderm geyst ordenlich beschrieben. Nach dem er aber ein zeitlang bei S. Paulo zu Rohm verharret/ ist er in Griechenland gezogen/ vnd daselbs vil vnglaubiger zu Christlichem glauben bekert. Endtlich ist er von den Gottlosen verfolgern an einen grünen ölbaum erhencket worden/ Seins alters/ wie Hieronymus saget/ im 84. Euseb. lib. 3. cap. 4. &c.

October, Weinmonat.

JN der grewlichen Alexandrinischen verfolgung/ zu der zeit Antonini des Römischen Reysers/ ist under anderen fürtrefflichen bestendigen Christen auch diser Ptolomeus in warer und bestendiger bekandtnuß Jesu Christi gefunden worden/ welchem die Heydnischen Abgöttischen leuth vil zuschaffen geben. Vnd dieweil er jhren willen in anrüffung der Abgöttischen Götzen/ nicht wolte volbringen/ ist er von jnen nach vilem elendt umbbracht worden.

Cas. Exix
Ptolomæus.

WIr haben droben gesagt/ wie in Sachsen/ inn Francken/ unnd hin und wider vonn Carolo Magno vil Christliche Bißthumb und Schülen auffgerichtet worden seindt/ die zu regieren/ hat er allenthalben Christliche unnd verstendige leuth auß allerley landen lassen fordern. Also ist auch diser Willehadus auß Engellandt gefordert/ unnd der erste Christliche Bischoff zu Bremen inn Sachsen/ erwelet unnd fürgestellet worden / welche ihm befolhene Kirchen hat er neben unnd mit anderen ein zeitlang wol regieret/ die grobe abgötterey und offentliche mißbräuch abgeschafft/

uil Exx
Vuillehadus.

und

268 October, Weinmonat.

vnnd an die statt den Christlichen standt auffgerichtet/ Wie dann noch heutigs tags (Gott sei lob) inn derselbigen Statt vnnd Lande das Euangelium Jhesu Christi rein vnnd lauter geleert/ vnnd die Sacramenta nach der einsatzung Christi gebraucht werden. Beschehen Anno Christi sibenhundert fünff vnd achtzig.

72

Disca

October, Weinmonat.

Vr
S
xxj
Vrsula.

DIses ist ein Christliche Jungfraw vnd eines Königs tochter auß Engellandt gewest / welche eylff tausent andere Jungfrawen von hohen geschlechten an sich gezogen / vnnd zu Christlichem glauben bekeret hat. Auß Engellandt ist sie mit jhrer gesellschafft in Franckreich komen / von dannen ghen Basel auff dem Rhein geschiffet. Zu Basel warde jhnen pontulus der Bischoff zu Basel / zu einem geferten / sie ghen Rom zubeleyten / zůgeben / Von Rohm seind sie wider ghen Basel kommen / von dannen sie mit jhrer gesellschafft auff dem Rhein nach Cöllen geschiffet / Auff solcher schiffart ist sie vonn den Hunnis vnderfangen / mit eim pfeil durch den hals geschossen / vnnd mit eilff tausent Jungfrawen jämmerlich vmbbracht worden / Anno Christi 450.

se
A
xxij
Columbnus.

DIser ist auß Schottland in Franckreich komen / vnd hat daselbst etlich jar das Euangelium von Jhesu Christo rein vnnd lauter geprediget. Er ist ein præceptor gewest Sanct Galli. Darvon wir droben gesagt haben.

Es ist ein anderer Columba gnant / auch ein Schottlender gewesen / welcher durch

y

gantz Angliam mit grosser beständigkeyt das Euangelium Jhesu Christi geprediget vnd außgebreytet hat. Dises thut meldung Beda inn seinen schrifften. Diser Columba hat gelebt vnd geleert vngefehrlich vmb das fünffhundert vnnd siebentzigste jar Christi.

Sempronius.

DJser hat mitten vnder den Abgötischen Heyden gewonet/ vnd ist seines handtwercks ein künstlicher Steyn oder Bildhawer gewest. Nach dem er aber zu Christlichem glauben bekeret/ ist er hefftig vonn den Heyden angefochten worden/ welche jhn mit gewalt zwingen wolten/ daß er jhnen/ wie vormals auß vnwissenheyt beschehen/ noch solte jhre Götzen vnnd Bilder hawen vnnd schmücken. Dieweil er sich aber solches auß Christlicher beständigkeyt geweygert/ vnnd nicht dahin hat mögen gebracht werden/ ist er auff Tyrannischen befelch Diocletiani/ ertrencket worden.

Diser

October. Weinmonat.

DIser ist einer ehrlichen Lingoniensis in Franckreich Matronen Sohn geweßt. Nach dem aber Benignus/ ein frommer vñ Christlicher leerer/ auß Asia in Franckreich kommen/ vnd daselbst das Euangelium bestendiglich geleert vnnd außgebreytet/ hat sich diser Cleosippus/ mit zweien seiner brůder zů ihm gesellet / vnnd vonn ihm zu warer erkandtnus Christi gebracht. Ihr Meyster hat zu der zeit Aureliani vil hunger vñ kummer gelitten / vnnd endtlich vonn den Tyrannen erstochen worden. Also baldt darnach ist auch diser Cleosippus / sampt seinen zweyen brůderen/ vmbbracht worden.

Cleosippus.

DIses sein zwen Christliche brůder gewesen/ zu Rohm wonhafftig. In der verfolgunge aber Diocletiani seint sie auß der statt Rom vertrieben/ vnnd ghen Sucsion in Franckreich kommen Dieweil sie aber aller ihrer gůter beraubt waren/ vnd darmit sie sich im elendt erneren kondten/ haben sie das Schůster handtwerck gelernet/ Daher noch die Schůmacher Zůnfft dise/ nach papistischer weise/ für ihre patronos halten.

Crispinus & Crispinianus.

October, Weinmonat.

Nach dem aber die Tyrannen erfaren/daß
sie Christen waren/vnd den glauben offent
lich bekandten/sind sie gefangen/vnd nach
vilen plagen geköpfft worden.

pi
E
xxvj
Amandus.

Diser ist ein Christlicher Traiectesischer
Bischoff in Vasconia gewesen. Zu seinn
zeitten war das Volck im land so gantz wüst
vnnd wild/daß sie keinen rechten verstandt
hatten/weder in Weltlichen noch in Geyst-
lichen sachen. Derhalben diser Amandus/
als ein fleissiger vnd Christlicher Bischoff/
vil mühe vnd arbeyt gehabt/biß er solches
vnberichtes vnd grobes Volck in ein Christ-
lich disciplin vnd gehorsam gebracht hat/
Darumb er billich Amandus / das ist/der
von jederman solt geliebt werden/ genannt
wirdt. Er ist endtlich nach viler mühe vnnd
arbeyt geruhlich gestorben.

ni
F
xxvij
Sem.

Diser ist ein Son Noahs des Altuatters
gewest. Er ist 98. jar vor der Sindflut
geboren. Nach der Sündflut ist durch jhn
der ware Gottesdienst wider auffgerichtet/
die verheyssung vonn des Weibs samen er-
leutert/ vnnd auff die nachkommenden ge-
bracht worden. Er hat gelebt nach dem tod
Abrahæ

October, Weinmonat.

Abrahæ 35. Jar/ Dann ob wol Gott etwa die Gottlose Welt strafft/ vñ die Gottlosen außrottet/ so wil er jhm doch alle zeit besondere Menschen vorbehalten/ durch welche der ware Gottesdienst erhalten/ vnnd Er gelobt vnd gepreiset werden möge.

DIser Simon ist bürtig auß Canan Galilee. Er ist ein leiblicher bruder gewest bey der Aposteln/ Jacobi Minoris vnd Judæ Thadei/ auch Joses des fürtrefflichen mans/ Matthet rix. Marci vj. Sein vatter ist gewest Cleophas/ mit dem zunamen Alpheus/ ein leiblicher bruder Josephs/ dem die mutter Christi vertrawet warde/ Sein mutter auch Maria Cleophas geheyssen. Nach scheydung der lieben Apostel/ ist er in Aegypten vnd durch Persiam gezogen/ vnd daselbst die leer des Euangelij außgebreytet. Nach dem todt Jacobi warde er an sein statt Bischoff zu Hierusalem/ Vñ im hundert vnnd zwentzigsten jar seines alters ist er vnder Traiano Römischen Keyser/ vmbbracht worden. Eusebius lib. 3. cap. 11. & 32.

October, Weinmonat.

mo
A
xxix
Narcissus.

Diser ist zu Gerundia inn Hispania ein Christlicher Bischoff geweſt. In der zeit der verfolgunge Diocletiani iſt er inn Teutſchlandt vnd ghen Augſpurg komen/ daſelbſt war ein vnzüchtig weib/ Aphra genannt/ welche mit Hilaria jhrer mütter auß Cypern ghen Augſpurgk kommen/ In diſer Hauß hat Narciſſus/ vnwiſſendt jhres vnzüchtigen lebens/ einkeret/ vnnd durch ſeine Chriſtliche vermanung iſt ſie zu Gottſeligem keuſchem leben beweget worden/ Darnach iſt er wider in Hiſpanien kommen vnnd daſelbſt/ vmb Chriſtlicher bekandtnuß willen/ geköpffet worden.

Aphra iſt auff dem Lechfeldt bei Augſpurg mit etlichen anderen Chriſtlichen Frawen verbrandt worden.

nis
B
xxx
XVI. tauſent martyrer.

In der perſiſchen greulichen verfolgung zu der zeit der Regierung des König Saporis/ im Jar Chriſti dreihundert ſieben vñ viertzig/ ſeind beide mann vnd weib/ ſo verzeychnet ſein/ ſechzehē tauſent vff ein mal/ vmb Chriſtlicher bekandtnuß willen/ grewlich verfolget/ vnnd auff mancherley weiſe

October, Weinmonat.

se gepeiniget worden/ welche alle in beständiger bekandtnuß Jhesu Christi seligklich gestorben seindt. Ecclesiast. Histor. Sozo. Libro 2. cap. 14.

quint
C
xxxj
Vuolff-
gang.

Sanct Wolffgangus ist der eylfft Christ
liche Bischoff zu Regenspurg gewest.
Er ist Henrico dem Bischoff zu Trier wol
bekandt/ vnd daselbst ein Schůlmeyster ge-
wesen/ Aber vm̃ seines Christlichen lebens/
vnd geschicklicheyt willen/ zu einem mit Re-
genten des Trierischen Bisthumbs erweh-
let vnd angenommen worden. Darnach ist
er durch Vdalricum Bischoff zu Augspurg/
zu einem leerer des Euangelij zu Regen-
spurg/ vnd hin vnd wider in Bayrn/ verord-
net worden./ Dieselbigen Kirchen hat er
gantz trewlich vnnd Christlich sechs vnnd
zwentzig jar regiert/ im Jar Christi 994. ist
er seliglich in warer bekandtnuß gestorben/
vnd in seinem namen im Beyerischen gebir-
ge ein Cappell / dahin ein grosse Abgötti-
sche walfart ist/ erbawet worden.

Im tausent fünffhundert fünff vnd zwen-
tzigsten jar/ ist ein frommer geleerter man/
Wolffgangus Schuch genant/ in Lothrin-
gen in ein statt/ Sanct Hippoliti genannt/
kommen/ vnnd daselbst mit gemeyner ver-
willigung des Raths vnd der Gemeyn / zu
einem pfarrherr vnnd prediger angenom-
men worden/ Dieweil er aber hefftig wider
die Abgötterey des Bapsts vnd andere la-
ster

ſter geprediget/vnnd dieſelbigen geſtraffet hat/iſt er von ſeinen widerſachern bei Anthonio dem Hertzogen/als für einn Kätzer vnd auffrhürer verklagt worden/Vnd wiewol er ſich ſchrifftlich ſolchs gegen dem Hertzogen entſchuldiget hat/jedoch wolt es nit helffen/ſonder er iſt nach vilen angethanen ſchanden vnnd peinen zu Nannt offentlich verbrandt worden.

November, Wintermonat/ Hat xxx. Tag.

Iſen tag pflegen wir inn recht Chriſtlichen Kirchen zubetrachten den Artickel vnſers Chriſtlichen glaubens/da wir alſo bekennen/vnnd ſprechen: **Ich glaube ein heilige Chriſtliche Kirche/vnd gemeynſchafft der Heyligen/** Dann Gott hat ihm von anfangk völcker vnnd perſonen vorbehalten/welche jhn recht erkandt/angeruffen/gelobt/ vnnd gepreißt haben.

Aller Heyligen tag.

290 Nouember, Wintermonat.

Als da war biß vff Noahs zeitten / Adam/
Eua/Abel/Seth/vnd andere jre nachkom-
mende. Von Noahs zeitten warens die Hey-
ligen patriarchen / Abraham/ Isaac/ Ja-
cob/Joseph. Von denselbigē zeiten warens
die König/vnd die heyligen propheten.

Von

Vonn vnseren zeitten biß zum ende der Welt/ist das die Kirch vnd das volck Gottes/vnder welchen Gottes wort rein/ vnnd on menschliches zůthůn geleert/vnd die Sacramenta nach der einsatzung Christi/ gereycht werden/ Vnd da mann nach Gottes willen vnd befelch heiliglich darnach lebet. Vber solche kirchẽ wil Christus das haupt vnd beschirmer sein.

Disen Tag betrachten wir den Artickel vonn aufferstehung der Todten/ zum Jüngsten Gericht/ daß gleich wie alle glaubige in Christo geraufft vñ gestorben seind/ also werden wir auch mit jhm herrlich wider aufferstehen. Von solicher wunderbarlichen aufferstehung schreibet Ezechiel am sieben vnd dreissigsten Capittel. Item paulus 1. Thess. am vierdten Capittel. Wie aber solliche beyde tag im Bapsthumb mit grewlichen Abgöttischen gebräuchen begangen werden/ist jederman/ so vnder solchem grewel wonet (leyder) wol bewust.

Diser

Noȿiij
Theophilus.

Diser Theophilus ist der sechst nach den Aposteln/Bischoff zu Antiochia gewesen. Diser hat alles/was von den Heiligen Aposteln geleert/vnd in der Kirchen ist angerichtet worden/mit seiner bestendigen leer vnd bekandtnuß bestettigt/rein/vnnd ohn allen falsch erhalten. Er hat nicht allein trewlich vnd fleissig geleert vnd gepredigett/sonder hat auch etlich Christliche vñ nützliche Bücher geschrieben/Deren Eusebius lib.4. cap.24. meldung thůt. Item Actorum cap.1.

uem G iiij
Modestus.

Zu der zeit der Regierung M. Antonini/ ist ein verwegner Bůb/ Marcion/ auß der Statt Sinope bürtig gewest/ welcher ein Jungfraw geschwecht/derhalben er võ seinẽ vatter/welcher ein Bischoff war/ auß der Gemeynde außgeschlossen worden. Võ dannen ist er ghen Rohm kommen/vnd da selbst die gottlose Sect Cerdonis/võ zweien gůten vnd bösen Göttern/ erweckt/vnd außgebreytet/ꝛc. Wider disen Gottlosen Ketzer vnd seine offentliche lägen/hat diser Modestus mit besonderer Christlichen Modestia vnd eifer/ neben andern/geschrieben vnd gestritten.

Diser

Nouember,Wintermonat.

D Iser ist ein Frantzoß gewest / welcher gantz Christlicher meynüg/auß Franckreich in Pannoniam zuziehen/vnd die Gottlosen Hunnos zu Christlichem glauben zubekeren/fürhabens war. Nach dem er aber ghen Regenspurg kommen/ist er von dem Hertzogen derselbigen zeit vffgehalten/vn zu einem prediger vnd leerer des Euangelij/verordnet worden/daselbst er daß trewlich vnd fleissig geleert hat. Dieweil aber des Hertzogen Tochter von einem am Hoff geschendet vnd geschwecht worden/ist solche that auff den vnschuldigen Emeranum gelegt worden/Derhalben hat im des Hertzogen Sohn/hend/füß/ohren/nasen/vnd auch das mänlich glide abschneiden/ vnnd endtlich jämerlich ertödten lassen.

der
A
v
Emeranu

D Iser Leonhardus ist auch ein Frantzoß gewesen/vnd hat gelebet im jar Christi 500. Zu der zeit Ludouici des Königs inn Franckreich/ist er in so grossem ansehen geweft/daß er von dem König vnnd allen seinen nachkommen erlangt hat/ so offt er der König/ für Rohm oder nahendt darbeiligenden örtern fürüber ziehen würde/ daß alle gefangene des orts sollen erledigt werden/

Le
B
vj
Leonhardus Bischoff.

November. Wintermonat.

den / dardurch vil vnschuldige Christen er-
lediget worden. Daher die Abergläubische
gefangene leuth disen Leonhardum für jh-
ren nothelffer erkennen vnd anrüffen.

Non C vij
Leonhart Keiser martyrer.

qua D vij
Vier gekrönte.

DIser Leonhart Keyser von Rab / vier
meil wegs vonn Passaw / im Landtge-
richt Schärding / von ehrlichen ältern bür-
tig / Hat inn seiner blüenden jugent / vnnd
auch darnach / zu Wittenbergk in der hey-
ligen Schrifft studiert / vonn dannen ist er /
vmb seiner ältern schwacheyt willen / sie zu
besuchen / abgeforderet worden. Nach
dem er aber heym kommen / hat er die reine
leer des Euangelij / widder des Bapstes
leer / offentlich bekandt vnnd verthediget /
Darauff ist er / von den Gottlosen pfaffen /
bei dem Bischoff von Passaw hefftig ange-
klagt / auch den zehenden Martij gefengk-
lich angenommen / vnnd vilmals zu Exa-
minieren vnnd auff etliche fürnembste pun-
ten zubefragen / fürgestellet worden / Dar-
auff hat er / vnerschrocken / gantz bestendi-
ge antwort vnnd bericht geben. Dieweil
er aber / widder der pfaffen willen / auff
Christlicher meynung bestendiglich behar-
tet /

ret/ist er den sechzehenden tag Augusti zu dem fewer verdampt/zwischenn acht vnnd neun vhren an Sanct Rochus tag/hinauß gefürt/vnnd verbrandt worden/Anno tausent fünffhundert siben vnd zwentzig. Dise Historiam beschreibet Doctor Martinus Luther in dem sechsten teyl seiner Bücher.

Diser ist ein Hispanier/vnd der drei vnd vierzigst Römische Keiser/ein glückseliger vnnd Christlicher Keyser gewest. Er hat das gantz Reich vonn Teutschlandt an biß inn Egypten zufriden gebracht. Hat auch vil spaltunge vnnd Ketzerey inn der Kirchen/durch etlich Christliche angestellte Concilia/zufriden gebracht/ vnnd hat den waren Christlichen glauben durch alle Lande außgebreytet. Der Heylige Ambrosius klaget seinen todt sehr/vnd spricht also: Dilexi uirum, qui cùm corpore solueretur, magis de statu Ecclesiarum, quàm de suis periculis angebatur. Er hat gelebet Anno Christi dreihundert acht vnnd achzigk/vnnd regiert eylff jar/biß vff das vierhundertst Jar Christi. Historia Tripartita lib. 9. &c.

Theodosius.

Diser

Nouember, Wintermonat.

Martinus.

DIser ist ein pannonier auß der Statt Sambadra bürtig geweſt. Zu Papia in Welſchlandt iſt er aufferzogen. In der jugent hat er mit ſeinem Vatter vnder Juliano in Gallia gekrieget. Eins mals iſt jhme in dem kalten Winter ein armer nackender Menſch bei einem Waſſer / Soma genant / begegnet/des hat er ſich erbarmet / vnd jn zubedecken / ein theyl ſeines Kleyds abgeſchnitten/ vnnd jhm williglich geben / Die nachfolgende nacht ſahe er den Herrn Chriſtum darmit bekleydet. Nach ſolcher erſcheinung hat er ſich vonn den Kriegshändeln abgewendet/ vnd ſich zu dem heiligen Hilario dem Pictauienſiſchen Biſchoff begeben / Darnach iſt er zu einem Römiſchen Chriſtlichen Biſchoff auffgenommen worden/ im jar 386. vnd hat Chriſtlich vnd wol ſolchem ſeinem Biſchofflichen ampt vorgeſtanden ſechs vnd zwentzig jar. Endtlich iſt er ſeliglich zu der zeit Arcadij vnd Honorij Römiſchen Keyſer/ im 81. Jar ſeines alters geſtorben.

Diſes Martini tag begehn wir Chriſten nach Sewiſcher weiſe / dann alles was nur freſſen vn ſauffen mag/ das muß voll/ toll/ vnd vnſinnig ſein/ Vnd wirt hierin wenig/
nach

November, Wintermonat.

nach dem exempel des Heyligen Martini/ der armen nackenden/ hungerigen/ vnnd durstigen/ mit stewer vnnd hülffe gedacht. Es ist erstlich bei den alten wol angesehen gewest/nemlich/ dieweil alle frücht/ wein/ vnd alles was der Mensch zu leiblicher vnderhaltung durch den Winter hinauß bedarff/ inn die Schewren gebracht worden/ seindt die nachbauren zusammen kommen/ vnd haben Gott den Allmechtigen/für solche seine mitgetheylte gaben/gelobet vnnd gedanckt/ vnd gebetten/ daß er sie das mit rechtem brauch/vnd mit gesundtheyt wölle lassen gebrauchen vnd verzeren.

Doctor Martin Luther der hocherleuchte man Gottes/ der Teutschen leerer/ vnd der groß prophet vor dem grossen tag des Herren/ ist den zehenden tag dises Monats Novembris/ im Tausent vierhundert drei vnnd achtzigsten jar Christi zu Ißleben von ehrlichen vnd frommen ältern/Martin Luther vnnd Margaretha genannt/geboren/ vnd den eylfften tag dises Monats getaufft worden. Im vierzehenden jar seines alters/ Anno 1497. ist er/ sampt Johann Rheineck ghen Magdenburg/ da zu studie

Mar
ti
ni

Martinus
Luther, be
kenner.

ren/geschickt worden/vnd ein Jar da blieben. Darnach im tausent vierhundert acht vnd neunzigsten Jar ist er ghen Eisenach/ in seiner mutter heymet/zu der Schůl abgefertiget worden/ vnd daselbst vier Jar beharret. Von dannen ist er im Tausent fünffhundert vnnd dritten Jar ghen Erdfurdt auff die hohe Schůl geschickt/ vnd daselbst im 20. jar seines alters / Magister Artium worden.

Im 1504. jar ist er/ auß besonderer andacht/wider seiner ältern willen/in das Augustiner Closter kommen/ vnnd darinnen sein Regel vnd Orden/ mit fasten/ betten/ lesen/vnnd anderem gantz streng gehalten. Hernach im 1508. ist er durch Johann Staupitz ghen Wittenberg gebracht/im 26. Jar seines alters/daselbst hat er/mit grosser verwunderung/ die heilig schrifft außgeleget/ geleert vnd geprediget. In dem 1511. Jar ist er/etlicher vrsachen halben/ghen Rohm gezogen/ Im selbigen jar da er von Rohm widder heim kommen / ist er der heyligen Schrifft Doctor worden. Im 1517. schicket Bapst Leo X. Johann Dezelium/ einn vnuerschampten Mönch in Teutschlandt mit seinem Ablaß/darwider hat Doctor Martinus

November, Wintermonat. 299

tinus hefftig geprediget/vñ jederman durch
schrifften trewlich gewarnet. Darauff ist er
ghen Augspurg auff den Reichstag gefor-
dert/vnnd im 1518. Freitags nach Francisci
zu fůß/mit geringer zerung/ vnd mit wenig
geferten/ dahin kommen / vnd sein leer vor
dem Bäpstische Legaten/Thoma von Ca-
ieta / gewaltiglich vnnd bestendiglich ver-
thediget. Was sich aber von derselbigen
zeit an biß zum ende seines lebens/mit jhme
zůgetragen hat/ist leichtlich auß seinen vnd
andern schrifften zuerkennen. Im 1546.jar/
den 23 Februarij/ist Doctor Martinus etli-
cher vrsachen halben von den Grauen von
Mansfeldt ghen Ißleben geforderet wor-
den / dahin er mit seinen dreien Sönen ge-
zogen. Den achten tag Januarij/ist er an
der grentz bey Ißleben von den Grauen
mit hundert vnnd dreizehen pferden em-
pfangen / Jnn dem warde er schwach auff
dem Wagen / Jnn sollicher seiner schwa-
heyt hat er inn seinen stüblin vnnd sonste/
vil tröstlicher Sprüche außgeleget. Die
schwacheyt aber name vonn tag zu tag
zů/also daß er sich niderliget / vnnd gentz-
lich inn den willen Gottes ergabe / vnnd
vnder vilen schönen tröstlichen Sprü-
chen/ hat er seinen Geyst inn die hende des

Æ ij

Himmlischen Vatters befolhen/vnd ist also/eben als in eim süssen schlaaff/den 18. Februarij von disem elenden leben in die ewige frölliche Himmelische gesellschafft abgefordert/vñ sein Leich ehrlich ghen Wittenbergk gefürt/vnd in der Schloßkirchen begraben worden.

Ludouicus Berquinus.

DIser Ludouicus Berquinus Arthesiensis, ist vonn hohem Adelichem geschlecht geboren/vnd hat zu Pariß in seiner jugent fleissig studieret/vnnd ein geleerter fürtrefflicher Mensch auß ihm worden. Nachmals hat er sich vff die Heylig schrifft begeben/vnnd die reine leer des Euangelij erforscht vnd erkandt. Dieweil er sich aber mit stettigem disputieren wider die Sorbonisten gelegt/vnd ihre offentliche lügen vñ Gotloß leben freudig gestrafft/darauff haben sie in zu Pariß verklagt/vnd gefenglich angenommen/endtlich zu dem strang vnnd Fewer/als ein Ketzer/verdammet/vnd im Meyen im Tausent fünffhundert neun vñ zwentzigsten Jar offentlich verbrandt worden.

Bricius

Iſer Bricius/ wöllen etliche/ ſei obgemeltes Sanct Martini Turonenſis ſon geweſt. Er iſt aber zu einem Turoneñſiſchen Biſchoff/ vmb ſeines Chriſtlichen lebens willen/ nach abſterben Sanct Martini/ erwehlet vnd angenommen worden/ welcher auch die Kirchen Chriſtlich vnnd wol ein zeitlang mit trewlichen leeren vnnd predigen verſehen vnd regiert hat.

Cornonus

Iſer Cornonus iſt ein vngeleerter Menſche/ aber doch durch tägliche zühörüg Gotes worts/ in Chriſtlicher Religion wol vnderricht geweſen. Dieweil er aber ſolich ſein bekandtnuß in ſonderheyt/ auch in gemeyn/ offtmals beſtendiglich gethan/ iſt er als ein Ketzer/ vor den Geyſtlichen angetragen/ als baldt zu Matiſcone angegriffen/ ghen Breſſa gefengklich gefürt/ vnd in ein ſchreckliche gefengknuß ein zeitlang geleget vnd behalten/ Endtlich für Gericht geſtellet/ vnnd zu dem fewer/ als ein Ketzer/ verdampt worden. Er hat vor den Tyranniſchen Richteren dermaſſen ſein Chriſtliche bekandtnuß gethan/ daß ſich alle vmbſtende darob ſehr haben müſſen verwundern. Die Tyrannen aber ſeindt erbittert/ vnnd haben mit jhm zum fewer geeilet. Also ist er in bestendiger bekantnuß Jesu Christi den letsten Junij / im 1535. Jar Christi verbrant worden.

D xv
Constantinusmartyr

Dser ist zu Rothmagen ein ehrlicher Burger gewest / welcher / dieweil er inn Euangelischer warheyt wol vnderricht ware / vnd dieselbige offentlich on alle schewhe bekandte / ist er / sampt dreien seinen mitgesellen gefengklich angenommen / vnd endtlich zu dem Fewer verdampt worden. Da mann sie aber an die statt / da sie verbrandt soltē werden / hat füren sollen / seind sie auff einen vnfletigen Karren / darmit mann das kaat vonn den gassen pfleget außzufüren / jhnen vnd jhrer Religion zu schmach / gesetzet worden / vnd also mit spott hinauß gefüret / welchs sie alles mit grosser gedult vñ freuden gelitten / vnd endtlich in hoher bestendigkeyt verbrandt worden / Anno 1542.

que C xvj
Othmarus

Dser ist ein Teutscher heyliger man gewesen / welcher gelebt hat vmb das jar Christi 750. Er warde fälschlich eines Ehebruchs halben beziegen / vnnd darüber vnschuldiger weiß / in das elend geschickt / darinnen riſſe ſtarb er. Nach r. jarn ward er in S. Gallen Cloſter vber den Coſtnitzer See gefürt. Mann ſchreibt / dz er ein fläſchlin mit wein oder anderm tranck gefüllt gehabt/ welchs nie hat können ledig gemacht werden. Diß iſt allein ein anzeygung/ daß Gott die/ ſo in förchten/ vnd auff ihn trawen/ nicht verlaſſen/ ſonder alle zeit ſpeiſen/ tråncken/ vnnd erquicken wölle.

Sanct Hupertus iſt Sanct Lamperti diſcipulus geweſt / vñ hat gelebt zur zeit Caroli Magni.

Es iſt aber ein anderer Hupertus zu vnſern zeiten/ von Daulon in Franckreich bürtig/ ein junger geſell von neunzehen jaren geweſt/ welcher/ dieweil er in ſeiner jugent in Gottes wort wol vnderrichtet war/ vnd daſſelbig wider des Antichriſti grewel/ beſtendiglich bekandte/ iſt er gefangen/ endtlich zum Fewer verdampt/ vnd zu Daulon offentlich verbrandt worden./ Jederman hat ſich ob ſeiner großmůtigkeyt vnnd beſtendigkeyt hoch verwundert. Iſt beſchehen im Tauſent fünffhundert neun vñ vierzigſten Jar.

hec
Sxviij
Pauane.

JN der verfolgung zu Meldis vnder dem Bischoff Bricconeto / ist auß Polonia auch diser Jacobus Pauane dahin komen/ vnnd wiewol er zu 10: etlich mal die Euangelische warheyt offentlich bekante/jedoch dieweil jhm von den Tyrannen so grewlich vnd hefftig zůgesatzt ward/hat er auß menschlicher blödigkeyt/verleucknet/ vnnd offentlich nach jrem brauch/buß gethan. In dem aber ist jhn ein soliche rew vnd schreckē ankommen/ daß er vermeinet er müste verzweifeln. Endtlich aber hat jhm Gott das hertz wider geben / daß er mit schrifften/ vñ mündtlich/ vor den Tyrannischen Richtern die leer des Euangelij bestendiglich bekante/ Also ist er wider gefangen/ vnd zu Pariß in Franckreich offentlich verbrant worden/ Anno 1525.

Axix
Elisabeth

DIse Elisabeth ist ein Tochter gewesen Andree des Königs auß Vngern/ welche ein Ehegemahel gewesen ist Ludouici des Landtgrauen zu Hessen/ welche vmb jrer Christlichen übung vnd miltigkeyt willen/ von des Landtgrauen Räthen/ hefftig gehasset war/ vnd warde bezigen von jnen/

November, Wintermonat.

als ob sie mit jhrer miltigkeyt gegen den armen bewisen/ den Landgrauen in groß verderbung brächte/ Aber die Gotselige fraw ließ sich solches alles nicht von jrem Christlichen leben hinderstellig machen / sonder sie wuste wol/ daß Gott vnd jhr Ehegemahel/ ein besonder gefallen daran hetten/ vñ sonderlich wardt sie durch einen/ M. Conradt genannt/ in jhrem Christlichen fürnemen gesterckt. Vber alle wolthat so sie den armen bewisen/ hat sie einn hertzlichen Tempel zu Marpurg in Hessen/ vnnd daran ein nützlich Hospital für die armen/ deren darinn zupflegen/ erbawen lassen/ vnd mit järlichen einkommen reichlich begabet. Sie ist seliglich von disem elendt abgescheyden im 1231. Jar/den 19. Nouembris/ vnd von Gregorio dem neundten in die zal der Heyligen geschrieben.

li
B
xx
Flandrinus

Diser ist ein Flander/ vñ ein Mönch Augustiner Ordens gewesen/ welcher/ dieweil er/ auß Christlichē vrsachen/ sein stand verlassen/ vnd sich in ehelichen stand vnnd zum predigampt begeben/ ist er in der statt Cortracensi gefangen/ vnd siben Monat in einer grewlichen gefengknuß gehalten/ vnd letzlich von den Tyrannen/ als ein Ketzer/ zu dem Fewer verdampt/ vnnd offentlich verbrandt worden/ welches er mit grosser bestendigkeyt erlitten/ vnd in seiner marter vnnd außfüren mit freuden gesungen: Te Deum laudamus, te Dominum confitemur, &c. Beschehe im Meyen An. 1528.

Von

Von den fürnemen Historijs Mariæ der mutter vnsers Herrn Jesu Christi/ haben wir droben gnugsam meldung gethan/ Darumb wöllen wir diß mal von einer Maria Becandelle/ so ein Frantzösin gewesen/ sagen. Dise hat zu Essaris inn pictonibus/ einem ehrlichen vnnd Christlichen man gedienet/ bei dem ist sie inn Christlicher zucht vnnd vnderweisung aufferzogen worden. Nach dem sie aber ein Franciscaner Mönch widder die offentliche warheyt hat hören predigen/vnd die reine leer (welche sie Lutherisch nennen) grewlich lesteren/hat sie den vnuerschampten Mönch/ mit zeugnuß der schrifft/offentlich lügen gestrafft/Darüber ist sie beklaget/gefängklich angenommen/vnd nach dem parisiensischen vrtheyl zum Fewer verdampt/vnnd Fontenani offentlich verbrandt worden/ Im 1534. Jar.

3a C xxj Maricopfferung.

JSt ein heylige vnd Christlich Römische Jungfraw/ vonn hohem geschlecht geboren/ gewest. Sie ist Valeriano einem Edlen Römischen jüngling vermählet worden/denselbigen hat sie mit Tiburtio vnnd anderen/ zu der erkandtnuß Christliches glaubens

ce D xxij Cecilia.

November, Wintermonat.

glaubens gebracht. Dieweil aber Sanct Cecilia sich weigert den Götzen zuopfferen/vñ bekante/daß sie ein Christin were/befahle der Tyrann Almachius/sie mit siedendem waſſer zubeschütten/vnd tag vnd nacht zu peinigen/welches sie alles gedultiglich gelitten. Endtlich ist sie in höchster beständigkeyt geköpfft worden.

Cle
E
xxiij
Chrysantus.

DIser ist auß Alexandria ghen Rohm gezogen/daselbst zu studieren/inn dem seindt jhm etliche schrifften vnd Bücher der Christen zulesen vberantwort/welche er mit besonderm fleiß gelesen vnd betrachtet hat/darauß hat er dermassen Christlicher Religion verstand gefaſſet/dz er nit gezweifelt/solches offentlich vor den Tyrannen zubekennen. Darmit sie jm aber das maul verstopfften/habē sie jn mit steinn geworffen/vnd also jämerlich vmbbracht/welches er bestendiglich mit hoher gedult erlitten hat.

Ca
E
xxv
Catharina

DIses ist ein Alexandrinische fürtreffliche vnnd geleerte Jungfrawe gewest/welche durch etlicher Christen vermanung/sich gantz auff die heylige schrifft zu studieren/begabe. Dieweil aber Maximinus die
Egypter

November, Wintermonat. 309

Egyptier zwingen wolte die Abgötter an/
zubetten/ hat sie jhn offentlich darmit ge/
strafft/ welcher sie inn ein gefengknuß ge/
worffen/ vnnd fünfftzig hochgeleerte Mey-
ster/ mit jhr zu disputieren/ verordnet. Die/
selbigen hat sie mit heyliger Schrifft vber/
wunden/ vnnd zu Christlicher erkandtnuß
gebracht. Die hat der Tyrann als baldt laß/
sen vmbringen/ Catharinam aber wolte er
auff ein Radt legen/ welches vom blitz vom
Himmel verbrandt warde/ Also ließ er jhr
den

den kopff abſchlagen. Jr leib ſoll von den
Engeln vff den Berg Sinai getragen ſein
worden / Dahin noch ein groſſe Bilgerfart
iſt/ꝛc.

te S xxvj Conradus	DIſer Cónradus iſt ein Teutſcher auß ade̅lichem geſchlecht geboren. Er iſt inn Heyliger Schrifft hoch erfaren/ vnd mit beſonderer Gottſeligkeyt begabt geweſen. Auch iſt er/ vm̅ ſeiner geſchicklicheit willen/ von Nothingo dem Biſchoff zu Coſtnitz zu eim verhörer Geyſtlicher ſachen verordnet worden. Nach abſterben des obgemielten Biſchoffs/ iſt er von Sanct Vlrich zu einem Biſchoff zu Coſtnitz erwehlet vnd beſtettiget. Mann ſchreibt/ er hab vber dem Altar im Kelch ein Spinne vnwiſſendt getruncken / die ſei nachmals vber Tiſch zum hals/ vnuerletzt/ widerumb herauß gekrochen. Wer wil der mags glauben.
ri A xxvij Ponitet.	DIſer iſt ein Wundartzet vn̅d inn der Kunſt fürtrefflich geweſt/ vnd hat ſolch ſein Handtwerck zu Leon in Franckreich geübet. Daſelbſt hat er vilen groſſen Leuthen vonn der krankheyt der Franzoſen/ vnd andern gebrechen geholffen/ Bei den-ſelbigen

November, Wintermonat.

selbigen hat er etwa freier odder vertraw-
ter meynung von der Religion geredt / die
jenigen welchen er güts gethon, haben ihn
bey den Sorbonisten verrathen. Darauff
ist er gefangen / vnnd zu Pariß drei vrtheyl
vber jhn gangen / Das erst / dieweil er jhr
leer gelestert / soll jhm die zung abgeschnit-
ten / Das ander / er solte auffgehencket /
Das dritte / er solt noch lebendig verbrandt
werden / welches alles vollbracht / vnnd er
mit grosser bestendigkeit gelitten hat / An-
no Christi 1533.

Iser Johannes Heuglinus ist von Lin-
daw am Bodensee bürtig. Dieweil er
etwan ein zeitlang vor der Bewrischen auff-
rhůr sich zu Vberlingen im Predigampt
enthalten / ist er neben dreien anderen / als
auffrhůrisch / verdacht worden. Dieweil er
sich aber des genůgsam entschuldiget / vnd
sich / seiner leer halben / zuvertheidigen er-
botten / ist er dem Bischoff vonn Costnitz
ghen Merspurgk vberschicket / vnnd da-
selbst / seines glaubens halben / hefftig an-
gefochten / vnd doch von des Bischoffs ge-
leerten nit hat können mit grund der schriff-
te vberwunden werden / Ist degradieret
vnd

Heuglinus

vnd zum fewer verdampt worden/ solches
alles hat er mit hoher gedult gelitten/ vnnd
auff dem weg mit freuden/ biß inns fewer/
tröstliche psalmen gesungen/ vnnd also im
Herren entschlaffen/ den 10. May. An. 1527.

Sat
C
xxx
Saturni-
nus.

SAturninus vnnd Satyrus seindt zwen
Christlicher brüder gewest/ welche mit
einander/ in Christlicher leer vnd aller Got
seligkeyt/ seindt aufferzogen worden. Nach
dem aber in Africa/ vnder Galieno Römi-
schen Keyser/ die verfolgung der Christen
grewlich erwüchse/ seindt sie auch neben an-
deren frommen Christen vmb warer Christ-
lichen bekandtnuß willen/ vmbbracht wor-
den.

Es ist noch einer dises namens gewesen/
welcher neben achtzehen anderen beständi-
gen Christen/ zu der zeit der verfolgung vn-
der Diocletiano auch ist vmbbracht wor-
den.

An
C
xxx
Andreas
Apostolus

DIser Andreas ist bürtig auß Bethsai-
da/ gelegen am Galileischen Meer. Er
ist ein brüder gewesen Simonis Petri/ ist
anfengklich Johannis des Täuffers Disci-
pulus gewest. Diewil aber Johannes mit
fingern

November, Wintermonat. 313

fingern auff Christum gewiesen / sagendt:
Sihe / das ist das Lämblin Gottes/ꝛc. hat
er sich von Johanne gethan / vnd zu Chri-
sto gewendet. Darnach hat er auch Simo-
nem seinen bruder zů Christo geführet / da er
mit freuden sagt: Wir haben den Messiam
gefunden / Johannis j. Mattheí iiij. r. ꝛc.
Nach der Himmelfart Christi hat er in Sci-
thia / wie Eusebius sagt lib. 3. ca. 1. darnach
inn Achaia / Bithynia / Macedonia / ꝛc. das

Euangelium Jhesu Christi bestendigklich
geprediget/ vnd vil zum Christlichen glau-
ben bekert / sonderlich aber Maximillam
Egei des Landtpflegers Haußfraw. Dar-
über warde Egeus dermassen ergrimmet/
daß er den Heyligen Andream nach vilem
schlahen/ ließ in ein harte gefengknuß werf-
fen. Endlich warde er/ wie sein Herr Jesus/
zum Creutz verdammet. Jnn dem er das
Creutz ersahe/ sprach er mit andacht: Sei
gegrüßt du heyliges Creutz/ der du in dem
Leichnam Christi geweihet/ vnd mit seinen
glidern/ wie mit edlem gestein/ gezieret bist.
Also warde er ans Creutz geschlagen/ dar-
an drei Tag lebendig blieben/ vnd mit ho-
her bestendigkeyt/ in seiner höchsten pein/
Christum bekennet/ vnd sein leer vertheidi-
get. Also ist er seligklich zu patris in Achaia
verschieden. Maximilla hat seinn Lei-
chnam abnemen vnd begra-
ben lassen.

December, Chriſt=
monat/ Hat xxxj. Tag.

Diſe iſt Aureliæ in Franckreich geborn/
vnd jhr Haußwirt iſt ein anſehenlicher
Apotecarius geweſt. Nach ſeinem abſter⸗
ben hat ſie jhre hab vnnd güter zum theyl
verkaufft / zü teyl mit ſich ghen Geneuam/
dahin ſie dann/ vmb Gottes worts willen/
zuziehen fürhabens wäre/laſſen füren. In
dem ſie vff dem weg mit etlichen jren Chriſt
lichen geferten geweſt / wirt ſie verrathen/
von den feinden des Euangelij vberfallen/
vnd ghen Pariß für gericht gefürt. Nach
dem ſie aber zum todt verdampt/iſt ſie von
dannen wider ghen Aureliam/in jr Vatter⸗
landt / vnd daſelbs mit ſtricken gebunden/
zum fewer gefüret worden / auff einen Sa⸗
bath den 28. Septembris. Da ſie die ſtrick/
darmit ſie gebunden war/gefült/ hat ſie ge
ſaget : Diß iſt ein herzlicher gürtel/ darmit
mich mein Breutgam Jeſus Chriſtus jhm
verbindet. Hat alles mit gedult gelitten/ vn
iſt verbrandt worden/Anno 1549.

*De
E
j
Adaulkerta.*

Thierrius.

Diser ist auch ein Aurelianischer Apotecarius gewest / welcher / nach dem er ein zeitlang zu Geneua gewest / vnd daselbst in Gottes wort recht vnderrichtet / ist er wider in sein Vatterlandt gezogen / vnnd daselbs als für ein Ketzer angeklagt / vnd zum fewr verdampt worden. Nach vilem gespött ist er zur marter außgefürt / vnd offentlich verbrandt wordem. Solches alles hat er / als noch ein gantz junger gesell / mit wunderbarlicher beständigkeyt erlitten. Beschehen Anno 1549.

Athalus.

Diser Athalus pergamenus ist ein fürtrefflicher bekenner Jesu Christi gewesen / welcher / dieweil er zu Leon in Franckreich / Christum vnnd seine leer hefftig verthediget / ist er vonn seinem auffrhürischen fürnemen (wie sie es achten) abzustehen vermanet worden / Dieweil er aber inn seinem Christlichen fürnemē beständigk beharret / ist er gefangen / vnnd zum fewer / auff einen Roost / wie S. Laurentius / zubraten / verdampt worden / Welches er wie S. Laurentius / beständiglich erlitten. Ist beschehen vnder Antonino Vero, &c.

Sanct Barbara ist auß der Statt Nico­
media/ von ansehenlichen vnd gewalti­
gen ältern geboren. Sie warde erstlich in ei­
nem hohen Thurn verschlossen gehalten/
darmit sie mit den Christen keine gemeyn­
schafft haben/ vnd von jhnen verfürt wer­
den möchte. In solcher gefengknuß bat sie
Gott vonn hertzen vmb ware erkantnuß.
Nach dem sie solcher gefengknuß erlediget/
ist sie in Christlicher erkantnuß vnderricht

Barbara.

worden/Darüber sie gefangen/für den Richter gefüret/vnnd auff mancherley weise gepeiniget worden / mit Rüthen/mit abschneidung ihrer brüst / mit Fackeln jhren leib brennendt. Diewiel sie aber inn solicher peinigung in warer bekandtnuß Christi beständigklich beharret/ist sie letzlich von jhrem eygenen Vatter geköpfft worden/Das Fewer aber soll von dem Himel herab den Vatter auch verbrandt haben. Beschehen zu der zeit Maximiani.

DIses ist ein Antiochenische Jungfraw/ oder sonst ein Christliche Matrona gewest/welche zu der zeit Adriani des Römischen Keysers ghen Rom / die Christen zubesuchen/kommen ist/ Daselbst hat sie Sabinam zu Christlichem glauben bekeret/ welche den Christen vil wolthaten bewisen hat. Endtlich ist sie vnd Sabina/nach vieler angethaner schmach vnd peinigung/võ den Tyrannen getödet worden. Von Sabina haben wir droben meldung gethan.

Sanct

December, Christmonat.

SAnct Nicolaus ein Christlicher Bischoff/ welcher auß der statt Patera in Licia gelegen/ geboren vonn ehrlichen reichen ältern/ Baldt inn der angehenden jugent/ hat er sich allerley tugenden/ sonderlich der miltigkeyt gegen den armen/ beflissen. Es ware zu seinen zeitten ein Reicher man/ welcher inn grosse armůth gerathen war/ also daß er gedachte drei seiner mannbaren Töchter/ gewinns halben/ inn das gemeyn vnzüchtig hauß zubegeben. Da solches Sanct Niclaus vernommen/ hat er jhm bei nacht durch ein fenster ein täsch voll goldts heymlich in sein kammer gelegt/ Daruon hat er seine Töchter ernehret vnnd bei ehrn behalten. Derhalben wir noch den kinderen disen Abendt mit Sanct Niclaus gaben freude machen/ vnnd sie zu Gottes forchte vermanen/ Dann Gott wil niemandt/ der jhm vertrawet/ verlassen/ ꝛc. Nachmals ist er auß Licia in Egyptum geschifft/ inn solcher fart erhůb sich ein grewlich vngewitter/ welches er fůrsehen/ vnnd mit seinem gebett gestillet hat/ Daher jhn die Schiffleuth noch für jhren patronum halten. Er hat hinundwider in Egypten fleissig geprediget. Zu Mirę ist er zum Bischoff verordenet/ Vnd zu der zeit Dio-

Nicolaus.

R liij

cletiant ist er inn ein harte gefengknuß ge‑
worffen/ aber võ Constantino Magno wi‑
der darvon erlediget worden. Nach dem Ni
cenischen Concilio/ darbey er auch gewest/
ist er gantz friedlich gestorben/ vnnd zu Mi‑
ra begraben.

co
C
vij
Nicolaus
Antuerpia
nus.

ES ist ein Stättlin oder Flecken/ ij. Meil
wegs vonn Antorff gelegen/ Melza ge‑
nant/ im selbigen war ein frommer Christ‑
licher prediger/ welches predig mit begir‑
de zuhören / ein grosse menge volcks auß
Antorff dahin lieffe. Da solches die Mönch
vnnd pfaffen gewar wurden / brachten sie
ein Keyserlich Mandat auß/ daß mann die/
so zu seinen predigen lieffen/ angreiffen/ vñ
jhrer kleyder berauben solt. Welcher aber
den Curionem vnd den Augustiner Mönch
jhre prediger gefengklich vberantwortet/
dem sollen dreissig Carlische gulden geschen
cket werden. Auff einen Sontag kam vil
Volcks dahin/ Gottes wort zuhören. Die‑
weil aber der Curio noch der Augustiner
Mönch nit gegenwertig waren/ ist diser Ni
colaus bewegt/ diß Volck nit on Geystliche
speiß abziehẽ zulassen/ sonder hat mit gros
sem eifer angefangen vor der gantzen Ge‑
meyn/

meyn / võ Gottes wort mit grosser verwun
derung zureden. In dem ist er von zweyen
Metzger knechtẽ ergriffen / der Tyrannischẽ
Oberkeyt überantwortet / in einen sack ge-
stossen / ins wasser geworffen / vnnd also in
beständiger bekandtnuß Christi ertrencket
worden / Anno Christi 1534.

VOn Mariæ der mütter vnsers Heylan-
des Jesu Christi geburt / geschlecht / vñ
jhrem heiligen leben vnd wesen / haben wir
droben genügsam meldung gethan. Wir
wissen auch von jhrer empfengknuß nichts
anders zusagen / dann daß sie / wie andere
natürliche Menschen empfangen / vnnd ge-
boren / auch so wol mit der Erbsünde / wie
andere Menschen beladen gewest sei / vonn
welcher wir allein (was die straff belanget)
durch Jesum Christum jhren lieben Sohn
vnd vnsern Heylandt entlediget werden.

Marie empfengniß.

DIses ist ein Christliche Widtfraw gewe-
sen / welche den fünffzehenden Nouem-
bris von dem Schloß Werden ist inn Hag
gebracht / vnd von den gesandten auß Ho-
land auff alle Artickel befragt / vnnd jhnen
von jhr gantz Christliche antwort gegeben

Wendelmüth.

X v

worden. Nach vilfeltiger versuchung ist sie
für Gericht gefürt worden. In dem kompt
ein Mönch mit einem hölzern Crucifix / vñ
begeret/sie soll inn des namen widerzüffen/
Sie aber wendet sich vonn dem hülzeren
Creutz/vnd sprach: Ich bleib bei meinem
Herzen vnnd Gott / weder todt noch leben
sol mich dauon abscheyden. Also ist sie dem
Hencker vberantwortet worden / welcher
sie auff dem weg gesterckt/ vnd gesagt hat:
Liebe mütter/bleibet bei Gott/ vnnd lasset
euch daruon nicht abscheyden. Also ist sie
willigklich zu dem fewer getretten/ vnd sich
auff den stock gesetzt/Da das fewer angan-
gen/thet sie die augen zü als ob sie entschlaf-
fen wolte (wie auch im Herzen beschehen)
Also hat dise Wendelmüt im Hag den zwey-
tzigsten Nouembris/ im 1527. Jar diß leben
verlassen/ꝛc.

Et
A
r
Rogerius.

DIser ist auß Engeland von Adelichem
geschlecht geboren / vnnd ist ein Welt-
licher strenger Rittermessiger man gewest.
Nach dem er aber inn warer erkandtnuß
Christi vnderricht / ist er ein Christlicher
Ritter worden/vnnd hat die reine leer/wi-
der alle Abgötterey bestendiglich verthe-
diget.

diget. Darumb er auch in Engellandt gefangen/ vnd erhenckt worden / im Tausent vierhundert vnd neuntzigsten Jar. Nach solchem seinem Christlichen todt hat die Christliche Religion in Engellandt hefftig zůgenommen / dann der Christen blůt ist ein feuchtigung der Kirchen.

Diser ist ein Christlicher vnd hochgeleerter Römischer Bischoff gewesen / zur zeit Gratiani vnnd Theodosij Römischer Keyser. Er hat vil nützliche ding/ vnd sonderlich das leben der Römischen Bäpst/ beschrieben. Bei disem ist D. Hieronymus ein zeitlang zů Rohm gewest/ vnnd haben sich inn Religions sachen gantz vertrawlich mit einander besprochen. Er hat auch den H. Hieronymum vermanet / daß er die Prophetischen schrifften auß dem Hebraischen in Lateinische sprach bringen soll/ Welchs der H. Hieronymus nachmals gethan/ wie solche seine Translationes noch vorhanden seindt.

al B xj
Damasus.

Diser

Ma
C
rij
Carpenta-
rius.

Iser ist von Emmering / im Bayrlandt bei München / bürtig. Dieweil er aber in warer erkandtnuß wol underricht / unnd deren bekant war / ist er / als ein Ketzer / verdampt / unnd zum todt außgefürt worden. Die Münch und pfaffen / so jhn haben sollen trösten / hat er abgewisen und nicht leiden wöllen. Item der Schůlmeyster zu S. peter hat jhn auch zum widerrůff bereden wöllen / den hat er auch vonn sich gewisen / vñ ist also gedultigklich zur marter gangen. Unnd in der höchsten noth unnd angst des fewers / hat er biß an sein endt mit lauter stimme gerüffen: Jesu / Jesu du Heylandt / erbarme dich mein. Beschehen Anno Christi 1527.

Lu
D
riij
Lucia,
Otilia.

Ist ein Christliche Jungkfrawe auß Sicilia gewesen / welche / dieweil sie mit den Christen gemeynschafft gehabt / unnd von jhnen in Christlichem glauben bericht ist worden / haben sie jhre eygene Söne und freundtschafft bei dem Richter verklaget / und in bestendiger bekandtnuß von jhnen ins fewer gesetzt / und ein Schwerdt durch jhren hals gestochen / under Diocletiano.

Otilia

December, Christmonat.

Otilia ist ein Burgundische jungfraw vñ blind geboren geweſt. Nach dẽ ſie aber von S. Gerhardo getaufft / iſt ir das geſicht võ Gott gegeben worden. Darnach iſt ſie in ein Jungfrawen Cloſter inn Burgundia kommen / vnd daſelbſt ir leben ſeliglich geendt / Anno 750. Diſe Otiliam verehren die Abergläubiſchen leuth für den weetagen der augen.

Diſer

ci
E
xiiij
Nicasius.

DIser ist ein Frantzoß vnd ein Renensi-
scher Bischoff gewest. Er hat sich inn
glücklichen vnnd widerwertigen zeitten in
seinem Ampt/ vnnd sonderlich in der Van-
dalischen grewlichen verfolgunge / gantz
Christlich vnd bestendiglich gehalten/ Das
er die Christen / widder die Wandalische
grewliche Tyrannei/ starckmütig gemacht/
vn̄ auch selbs darwider/ mit leeren / bitten/
vnnd betten/ gestritten. Endtlich ist er mit
vilen frommen Christen/ vonn den Tyran-
nen vmbbracht/ vnd von disem elenden le-
ben seliglich erlediget worden.

a
F
E
w
Valentinia-
nus.

VAlentinianus ist ein Christlicher Kriegs
hauptman/ vnder Juliano dem abtrün-
nigen Keyser gewesen. Dieweil er aber Chri-
stum nicht verleugknen/ vnnd von jhm ab-
fallen wolte/ ist er von seinem Ampt abge-
setzet worden. Er hat einen Heydnischen
pfaffen / welcher jn mit dem Götzen wasser
besprenget/ frei offentlich ins angesicht ge-
schlagen. Nachmals ist er zu einem Christli-
chen Keyser erwehlt worden/ vnnd hat die
Kirchen Christi Christlich vn̄ wol regieret/
beschützt/ vn̄ im friden erhaltē. Er hat auch
sonst in Weltlichē händeln grosse ding auß
gerich-

December, Chriſtmonat.

gerichtet / Darvon die Hiſtorien meldung thůn. Zu ſeinen zeiten iſt der heylig Ambroſius zu Meyland zum Biſchoflichen Ampt erhaben worden. Trip.lib.6.cap.35.&c.

Diſer iſt ein bruder Marthæ vnnd Mariæ geweſen / welchen Chriſtus lieb gehabt / vnnd von dem todt aufferweckt hat / Johannis am xj. vnd xij. Capittel. Er hat / nach der aufferſtehung Chriſti / zu Maſſilia in Franckreich geleert / vnd das Evangelium von Chriſto außgebreytet.

ſam H xvj
Lazarus.

Ein

328 December, Christmonat.

Ein anderer Lazarus ist / welches gedacht wirdt / Luc. xvj. welcher für des reichen Schlemmers thür elendt / hungerig / vñ durstig / gelegen ist / Vnnd ist ein figur der Kirchen Christi / deren sich die gewaltigen diser welt wenig / ja etwan gar nicht / annemen. Darumb muß allein Gott derselbigen helffer vnd beistandt sein / wie das wörtlin Eleazar, das ist / Gott helff dir / vnd Gott behüt dich / mit sich bringet / ꝛc.

Wir

December, Christmonat.

Wir wöllen vor dem Feste der geburt Christi von den fürnembsten Ertznätern vnd Patriarchen / auß welcher stammen Christus geboren ist / sagen. Adam ist der erste irdische Mensch / von Gott mit sonderlichem rath / nit wie andere Creaturen / sonder nach dem bildtnuß Gottes warhafftig / gerecht / vnd voller weißheyt / erschaffen. Solicher gaben vnd gnaden hat er sich vnnd seine nochkomnen / darumb / daß er der Schlangen / vnnd Euæ seinem weib gefolget hat / beraubet. Got aber hat sich sein vnd des gantzen Menschlichen geschlechts erbarmet / vnd die verheyssung des Weibs samen / welcher ist Jesus Christus / vns gegeben / dardurch wir von solchem fall / vnd der ewigen straffe solten erlediget werden / Genes. iij.

Actus A xvij Adam.

Abraham ist ein Son Tharah gewesen / Genes. xj xij. Er hat gelebt zu der zeit Nini. Disem Abraham ist / zu bestettigung der verheyssung / vonn Christo erstlich die beschneidung gegeben worden / im 99. jar seines alters / nach der Welt anfang 2047. dieweil er fest auff die verheyssung Gottes gebawet / vnd auch seins lieben Sons Isaac /

ac B xviij Abraham.

I

denselbigen zuopffern / nach dem befelch Gottes / nit verschont hat. Darumb spricht S. Paulus Roma. iiij. Daß er nit allein ein Vatter der Beschneidung / sonder auch des glaubens gewesen sei Solchen seinn bestendigen glauben rhümet allenthalben die heylige Schrifft / Acto. vij. Rom. x. iiij. Gala. iij. Joan. viij. Matth. iij. Luc. xvi. Er hat gelebt 175. jar / vnd ist gangen den weg den alles fleysch gehn muß / Ist auch von seinen sönen zu seinen vättern begraben worden / im feldt Ephron / gegen Mambre vber.

Diser

December, Christmonat.

Iser ist der erst geborne Sohn Abrahams/ von Sara/ da sie 90. jar alt war/ geboren. Er wirdt Isaac/ das ist/ ein gelächter oder freud/ genant/ dieweil Abraham/ da er die verheyssung von dem Engel gehört/ ist erfrewet worden. Genes. xvij. Johan. viij. Abraham hat meinn tag gesehen/ vnd hat sich gefrewet/ ꝛc. Rebecca Bethuels Tochter ist Isaacs gemahel gewest. Dieser Isaac ist seinem vatter biß in todt/ nach dem befelch des Herrn/ gehorsam gewesen/ darumb ist er auch/ wie S. Paulus Gala. 4. saget/ ein eygentliche figur Christi gewest/ Dann Gott hat auch seines eingebornen Sohns nicht verschonet/ sonder denselbtgen inn die Welt gesandt/ auff daß alle die/ so an jhn glauben/ nicht verloren würden/ sonder das Ewig leben haben sollen. Also ist auch Jhesus Christus dem Himmlischen Vatter biß in den todt gehorsam gewesen/ Johannis am dritten Capittel. Isaac ist gestorben 180. jar alt. Genesis am 35. Capittel.

in C xix Isaac.

December Christmonat.

de
D
xx
Iacob Patriarcha.

Iser Jacob ist ein Son Isaacs/vnd ein bruder Esaus gewesen/ der namen ist jhm darnach von dem Engel verändert/vñ Israel genannt worden. Nach jhm werden alle seine nachkomende völcker Israeliter/ das ist/vberwinder Gottes/ genannt/ das ist/welche durch den waren glauben an Jesum Christum/Gottes zorn stillen/vnd den Teuffel vberwinden. Mit disem Jacob hat Gott selbst/auff einer leytern stehendt/ geredt/vnd jhm angezeyget/ daß auß seinem nachkomenden geschlecht der ware Messias solt kommen/vnd entspringen. Er hat auch die zeit der zůkunffte Christi angezeyget/
Genes.

December, Christmonat.

Genes. 49. Er ist nach vilfeltigen anfechtungen endtlich in friedlichem alter in Egypten gestorben/ im 147. jar seines alters/ da er 17. jar bei seinem lieben Sohn Joseph in Egypten gewest ist.

DIser Thomas ist ein Apostel Christi gewesen/ vnd Didymus genant/ Johan. x. Er ist/ seines vnglaubens halben/ ein fürbildt menschlichs vnglaubens vnd vnuerstands/ welche nicht glauben wöllen/ allein was sie mit augen sehen/ vnnd mit henden begreiffen können. Nach dem er von Chri-

Thomas Apostel.

sto im glauben gestercket worden / hat er das Evangelium bestendigklich in Parthia geprediget. Euseb.lib.3.cap.5. D. Hierony= mus schreibet / daß er den Persis / Medis / Carnanis / Bactris / vnd Indis / das Euan= gelium geprediget / vnd weit außgebreytet habe. Endtlich ist er von den Abgöttischen Heyden geköpfft / vnnd von disem elenden leben in die ewige freude geschickt worden. Caliminæ in India ligt er begraben.

Ioseph Pa= triarch.

DIser ist der fürnemen Patriarchē einer / von welchem an der Königliche stamm Christi / biß auff den König Dauid / erwei= tert worden. Ist gewesen ein Son Jacobs / von Rachel geboren / Genes.37. Er ist wie Christus / von seinen eygenen brüdern ge= hasset / vnd in Egypten verkaufft worden / Genes.39. Ist auch von seins Herren des Hoffmeysters weib / vnzucht mit ihr zutrei= ben / hefftig angefochten worden / aber er hat sich in dem allen inn bestendiger Keusch= heyt gehalten / darumb er vonn der Huren / fälschlich / bey seinem Herrn beklaget / vnnd inns gefengknuß geworffen / endtlich aber wunderbarlich durch Gottes hülff erledi= get / vnd in Egypten zu grosser herrlicheyt erho=

erhaben worden/ Also/ daß ihm alle seine
brüder/nach laut seines traums/müsten vn
derworffen sein. Er ist hundert vnd zehen
Jar alt gewesen/ in Egypten gestorben/vñ
von seinen brüdern/nach jrer vätter gewon
heyt/begraben worden. Von disem patri-
archen Joseph habe ich ein besonder Büch
lin zu Wittenberg im Truck lassen außge-
hen/Anno 1551.den 1.Januarij/in welchem
das gantz lebẽ vñ Reich Christi/ Geystlich-
er weise/abgemalet vnd beschrieben wirdt.

Ises ist ein fürtrefflicher prophet/ auß
dem geschlecht Juda geboren. Er hat
lang zuuor weißgsagt/wie das hauß Juda
vñ Israel durch Sennacherib soll gestrafft
vnd verstört werden/ welches auch nach-
mals also beschehen. Auch hat er geweis-
sagt von dem Reich Christi/vnder dem Ne
wen Testament/vnd wie dasselbig im ende
der Welt solt auffgehaben werden. Hat
auch geweissagt/wo vnd wie Christus vn-
ser Heylandt solt geborn werden/ nemlich
zu Bethlehem Juda/Michee.5.Dahin auch
die Schrifftgeleerten Herodem den König
weisen.Matth.5.

mo
S
rxiij
Micheas.

December, Chriſtmonat.

do
A
xxiiij
Iſaias Prophet.

DIſer Iſaias iſt ein Son Amos / vnd võ Königlichem ſtammen geboren / Dann Amazias der König / vnnd Amos Iſaiæ vatter / ſeindt zwen gebrüder geweſen. Er hat gelebet vnnd das Jüdiſch Volck regiert vnd geleert / achtzig Jar / zu der zeit der Königen Juda / vnnd Iſrael / Oziæ / Joathan / Achas / vnd Ezechiæ. Er hat nicht allein den Juden grewliche ſtraffen verkündiget / ſonder

sonder auch vonn dem berůff der Heyden/ so durch die predig des Eũgelij beschehen ist/geweissaget/Isaiæ 9. Er hat auch in seiner prophetia dermassen von der Geburt/ predigampt/ Leiden/ Sterben/ Begrebnuß/ Aufferstehung/ vnd von dem gantzen Reich Christi/geweissaget/daß jhn der heylig Hieronymus/ ad Paulinum schreibẽd/ nicht allein für einen propheten/sonder für einn Euangelisten zuhalten vermanet. Der König Manasse wolt von jhm vngestraffet sein/vnd ließ jn mit einer hültzeren sege von einander teylen. Sein berůff/ leben vñ leer/ wirdt in seiner prophetia beschrieben.

Nach dem alle weissagunge der propheten auffgehört/vnd auch Johannes der Täuffer zwey jar buß vnnd vergebung der sünden gepredigt hat ist/ IESVS CHRISTVS, der Heylandt der Welt/ zu Bethlehem geboren / nach erschaffung der Welt 3962. Jar/ im vier vñ dreissigsten Herodis/ vnd zwey vnnd viertzigsten jar Augusti des Keysers. Im zwölfften jar seines alters ist er mit seinen ältern ghen Hierusalem gezogen/vnnd daselbst sein Göttliche weißheyt vnder den leerern bewiesen. Von Johanne

Nat B xxv

Iesus Christus.

Z v

December, Christmonat.

ist er im 30. Jar getaufft/ von dem Vatter erklärt/ vnd als ein rechter Leerer vnd Heyland der Welt/ bestettigt worden. Darnach hat er drei Jar hinnnow(i)der in Judea vnd Galilea/

December, Chriſtmonat.

Galilea/ꝛc. geprediget/vnnd ſein lehr mit Göttlichen mirackeln beſtettiget. Im 34. Jar ſeines Menſchlichen alters iſt er gecreu tziget vnd begraben wordē/den 25 Martij. Nach der Welt ſchöpffung 3996. Jar/den fünfften May/iſt er auffgefaren ghen Him̄el/da er ſitzet zu der rechten Gottes des Himliſchen Vatters/vnd iſt vnſer einiger/barmhertziger/getrewer Mitler/vnd Heylandt.

Steph
C
xxvj
Stephanus

DIser Stephanus ist zu der zeit der Apostel ein Diaconus/ vñ ein man voll glaubens vnnd des heyligen Geysts gewesen. Dieweil er aber offentlich die halsstarrigkeyt vnnd mörderisch arth der Juden/ mit grossem eifer gestrafft/ vnnd jhnen angezeyget/ daß jhr Reich ein endt habe/ vnnd der rechte Messias schon erschienen were/ ward er zu der statt hinauß gestossen. In seinem gebett hat er den Himmel offen/ vnd Christum zu der rechten handt Gottes sitzen gesehen. Dem er seinen geyst befolhen hat/ ist also gesteiniget worden/ vnd wirdt für den ersten Martyrer nach der aufferstehung Christi gehalten. Des namens Stephani genannt/ seindt etliche zu vnseren zeiten vmb Christlicher bekantnuß willen/ vmbbracht worden/ als Stephanus Bruno, im jar tausent fünffhundert vnd eylff. Stephanus de la forge in Franckreich/ im tausent fünffhundert vier vnd dreissig. Item Stephanus Magnus, im jar tausent fünffhundert sechs vnd viertzig/ vnd dergleichen noch etliche mehr.

Johan-

December, Christmonat. 341

Johannes ist ein Apostel vnnd Euange-
list/ein Sohn Zebedei vnd Salome der
schwester Josephs gewest. Er ist erstlich ein
Fischer gewest/von dannen ist er von Chri-
sto zum Apostelampt beruffeh/ Matthei x.
xvij.xx.xxvij. Marci j.iij.ix. Johan.xiij.xix.
xxj. Vnder dem Keyser Domitiano ist er inn
die Insel pathmon ins elend geschickt wor
den/daselbst hat er die offenbarung beschri
ben/ Vnder der Regierung Nerue des Key
sers ist er widder ghen Epheson gefoderet
worden/ vnd hat 68. jar nach der aufferste-
hung Christi gelebt/ biß auff die zeit Traia
ni/ vnnd ist in guter ruh/ vnnd bestendiger
anruffung

Jo
h
xxvij
Ioannes
Euangeli-
sta.

December, Christmonat.

entrüffung Jesu Christi gestorbē/vñ daselbst begraben worden/ Euf. li.3. ca. 31. Die Historiam von Cherinto/wie er in der badstuben/den Johannes geflogen/ist erschlagen worden/die beschreibt Iren. lib.3. cap.3.

pu
C
xxviij
Vnschuldigen Kindlin tag.

DIsen tag begeht mann vñ der vnschuldigen Kindlin willen/welche der Mörder Herodes jämerlich erwürgē hat lassen/vñ vermeynt er wolt auch das kindlin Christum/den newgebornen König/daruon jm die Weisen gesagt hatten/finden. Dise Historia Matt.ij. zeyget vns an/daß der Teufel alle zeit von dem anfang der geburt Christi biß auff vnns/die vnschuldige Kirchen Christi grewlich hat angefochten/wie wir soliches zu vnserer zeit noch wol befinden. Vnd gleich wie die erste Kirche mit Tyrannei beladen gewest/ also wirdt sie auch jhr ende nemen/vnd sonderlich zu disen letzsten zeiten hefftig angefochten werden/wie soliches dise zwen alte Verß anzeygen:

Sanguine mundata est Ecclesia, sanguine cœpit,
Sanguine succreuit, sanguine finis erit.

Diser

December, Christmonat.

Dser ist Episcopus Cantuariensis ge-
west/ welcher wider die vnbilligkeyt
des Königs das recht vnd freiheyt der Kir-
chen verthediget/ vnnd allerley Abgötte-
rey/ vnnd auch sonst das vnzüchtige leben
des Königs vnd seines Gottlosen Hoffge-
sindts ernstlich gestraffet hat/ darumb
ist er inn das ebendt geschicket worden.
Nach sechs jaren ist er wider heym komen/
vnnd von etlichen Gottlosen dieneren des
Königs/

Thomas Bischoff.

Königs/ im Tempel inn seiner Christlichen andacht jämerlich vmbbracht worden/ Anno Christi 1174.

Thomas Rhedonensis ein geborner Frantzoß/ welcher mit der Venediger Legation in Italiam vnd ghen Rohm kommen/ daselbst hat er das grewlich Sodoma vnd Gomorrha gesehen/ vnd des Bapsts vnd gantzen Römischen Stüls sünd vnnd grewliche laster mit ernst gestraffet/ darumb er gefangen vnnd verbrandt worden/ Anno Christi 1436. im vierdten Jar nach dem er ghen Rohm kommen war. Bapst Eugenius soll nach dises todt ein groß leid vn̄ rew darüber gehabt haben.

Thomas Buglus ein Engelender/ ein Vicarius Mauendensis/ ist auch vmb gleicher vrsach willen zu dem fewer verdampt/ vnd verbrandt worden im jar Christi 1431. Item Thomas Honore in der verfolgunge zu Meldis. Item Thomas Sampaulinus ein ehrlicher mann/ welcher/ dieweil er sich mit seiner lieben müttter ghen Geneuam begeben hatt/ ist er von jhnen in Franckreich gehasset/ vnnd endtlich da er etlicher seiner geschefft halber heim kommen/ verrathen/ gefangen/ vnd verbrandt worden/ im 1551. Jar.

Diser

December, Christmonat.

Dser David ist von Jsai geborn / welcher zu Bethlehem gewonet / dieweil Saul der König sich widder Gottes gebott in seinem Regiment gantz gotloß gehalten hat / ist der geyst des Herren von jhm gewichen / vnnd mit dem bösen geyst besessen. Derhalben ward er verstossen / vnd David von Samuel zum König vber Jsrael erwelet vnd gesalbet / im ersten Buch der König am sechtzehenden Capittel. In solchem seinem Regiment hat er vil anfechtung nicht allein vom Saul / Goliath / sonder von seinem eygenen Sohn Absolon erlitten. Solches alles hat er mit Gottes hülff standhafftig vberwunden / wie dann solches sein Hi-

stori in Büchern der König gnügsam auß-
weisen. Er war zwentzig Jar alt / da er
vonn Samuel gesalbet / vnnd dreissig Jar
da er König warde. Hat regieret sieben
Jar zu Hebron/ vnnd drei vnd dreissigk jar
zu Hierusalem.

Syl A xxxj
Syluester
Bapst.

Iser wirdt gemeynlich der letste im Ca-
lender gesetzet/ Er ist ein Römer gewe-
sen / hat erstlich die Firmung eingesetzet/
vnnd das Crisam zuweihen befolhen. Er
soll auch die Alb / so der pfaff vnder dem
Meßgewandt anthůt / eingesetzet haben/
Auch soll er Gradus jeglichem Orden ein-
gesetzt/ vnd nach der leer des Heyligen Pau-
li befolhen haben/ daß ein jeglicher inn sei-
ner ordenung bleiben / vnnd eines Weibs
mann sein sol. Soliches wirdt anfengklich
von jhm Christlicher meynung verordnet
sein worden / Wie es aber jetzt gehalten
wirdt/ sicht mann mit schmertzen wol.

¶ Gott verleihe vns/ wie den hierinnen
erzelten Heyligen Martyrern/ sein rechte
kandtnuß

December, Christmonat.

kandtnuß/vnd in allen anfechtungen bestendigkeit im glauben/durch seinen lieben Son Jesum Christum/Amen.

✶

Ende dises Buchs.

✶ ✶
✶

Erzelung was inn einem jegklichen Monat für Heyliger Bischoffe/ Lerer vnd Martyrer/ Weib vnnd Jungfrawen/ verfasset sein.

Januarius, Jenner/
Hat xxxj. Tag.

Im Jenner ist dir fast gesundt/
Warm speiß essen zu aller stundt.
Auff warm baden hab du groß acht/
Vnd meyd Artznei/ob du es magst.

j   Die Beschneidung Christi. Newe Jar.
ij   Abel der gerecht vnd vnschuldige Martyrer.
iij   Johannes Huß zu Costnitz verbrandt.
iiij   Abdenago mit seinn zween Gesellen.
v   Simeon welcher auff die zükunfft Christi gewartet. Item Simeon Bischoff.

vj Der

vj	Der heyligen drei König tag/ von den Weisen.
vij	Isidorus Bischoff.
viij	Erhardus Schotlender. Item Snephius.
ix	Julianus vnnd etliche andere mehr diß namens.
x	Zacharias vnnd etliche mehr diß namens.
xj	Eugenius Bischoff.
xij	Cresconius Martyrer.
xiij	Hilarius Bischoff.
xiiij	Felix Martyrer.
xv	Adauctus Martyrer.
xvj	Marcellus Bischoff.
xvij	Anthonius Eremita.
xviij	Prisca Christliche Jungfraw.
xix	Blandina Jungfraw.
xx	Fabian Bischoff / Sebastian ein Kriegsman.
xxj	Agnes keusche Jungfraw.
xxij	Vincentius Martyrer.
xxiij	Emerentiana Jungfraw.
xxiiij	Timotheus S. Pauli geferdt.
xxv	S. Pauli bekerung.
xxvj	Policarpus S. Johannis Jünger.

a iij

xxvij Ignatius Bischoff zu Alexandria.
xxviij Carolus Magnus Römischer Christlicher Keyser.
xxix Valerius Bischoff zu Trier.
xxx Anthimus/Adelgundis.
xxxj Vigilius der erste Christlich Bischoff zu Triendt an der Etsch.

Februarius, Hornung
Hat xxviij. Tag.

Im Hornung übt das Feber sich/
Vor Kraut/Antuögeln hüte dich.
Laß auff dem Daumen/meid das kalt/
Nimm Artzenei/zum bad dich halt.

j Brigida ein Schottlendische Christliche Jungfraw.
ij Mariæ Liechtmeß.
iij Blasius vnd Basilius.
iiij Victoria ein heylige Fraw.
v Agatha Christliche Jungfraw.
vj Dorothea ein Alexandrinische Jungkfraw. Item noch eine.

vij Ro-

vij	Robertus Barn ein Engelendischer Martyrer.
viij	Malachia der letst Prophet der Juden.
ix	Apollonia ein Alexandrinische keusche Jungfraw.
x	Scholastica/vnd Soloma ein ehrliche Matrona.
xj	Chrispina ein Christliche Martyrin.
xij	Dionysia ein Gottselige vnnd Christliche Matrona.
xiij	Castor ein Steinmetz/vnd darnach ein Martyrer Christi worden.
xiiij	Valentinianus ein bestendiger Christ.
xv	Faustinus Presbyter. Faustus Martyr.
xvj	Juliana Jungfraw.
xvij	Dioscorus Martyrer.
xviij	Germanus Martyrer. Item einer diß namens Bischoff.
xix	Antonius mit seiner gesellschafft Martyrer.
xx	Zwen Edle knaben Martyrer.

a iiij

xxj	Aurentius Martyrer.
xxij	S. Peter Stůlfeyr.
xxiij	Tertullianus ein leerer.
xxiiij	Mathias Apostolus. Mathias Weibel Martyrer.
xxv	Nestor Martyrer.
xxvj	Victorianus vnd Victorinus.
xxvij	Leander Bischoff.
xxviij	Hildegardis Prophetin/ nicht weit von Bingen am Rheyn in einem Closter. Item Sabina ein heylige Jungkfraw zu Rhom.

Martius, Mertz/
Hat xxxj. Tag.

Der Mertz die feuchtigkeyt auffthůt/
Sůsse speiß/ die macht dir gůt blůt.
Brat Quitten/ vnd Bade all mol/
Mit Artzenei mann lassen soll.

j	Albinus/ vñ etlich andere mehr diß namens.
ij	Simplicius vnd Salutaris.
iij	Lucius Bischoff.
iiij	Adrianus Miles.

v Eu-

v	Eusebius Bischoff.
vj	Fulgentius Bischoff.
vij	Perpetua vnd Felicitas.
viij	Pusices Martyrer.
ix	xl. Christliche Ritter.
x	Apollonius Martyrer.
xj	Azades Martyrer.
xij	Gregorius Bischoff/vnd andere diß namens.
xiij	Macedonius Martyrer.
xiiij	Reparatus Martyrer.
xv	Longinus ein Christlicher Kriegsman.
xvj	Hormisdas Martyrer.
xvij	Gertrudis ein Tochter Pipini des Königs in Franckreich.
xviij	Alexander vnnd etliche andere mehr diß namens.
xix	Joseph von Arimathia.
xx	Gordius vnd Gotthardus.
xxj	Onesimus/Onesiphorus vnnd Otho.
xxij	Victor Martyrer/vnnd andere mehr diß namens.
xxiij	Fides mit jren Schwestern.
xxiiij	Paphnutius Martyrer.

a v

xxv	Mariæ verkündigung.
xxvj	Obadia Prophet.
xxvij	Babylas Martyrer.
xxviij	Eustachius Bischoff.
xxix	Maria in Egypten.
xxx	Quinta ein Christliche Fraw.
xxxj	Sabina ein Durchleuchtige Matrona.

Aprilis, Aprill/
Hat xxx. Tag.

Der Aprill bringt den Lentz daher/
Die Erdt thůt sich auff wunderbar.
Das blůt wächßt natürlich darbey/
Laß an den füssen/brauch Artznei.

j	Hugo de S. Victor.
ij	Anastasius Bischoff.
iij	Palmtag/Aduentus.
iiij	Ambrosius H. leerer vnd Bischoff.
v	Historia des leidens Christi.
vj	Historia vom Nachtmal.
vij	Vom Olbergk.
viij	Vom Creutz Christi.
ix	Vom begräbnuß Jesu Christi.
x	Oster-

| x | Ostertag/von der aufferste-hung Christi.
| xj | Von Erscheinung Christi den Aposteln.
| xij | Julius Bischoff. Julianus Martyrer.
| xiij | Justinus ein Christlicher Philosophus.
| xiiij | Theodorus Martyrer.
| xv | Olden Castel ein Engelender Martyrer.
| xvj | Calixtus Bischoff.
| xvij | Historia von etlichen Martyrern in Franckreich.
| xviij | Cletus der dritte Bapst nach S. Petro/Scilicet.
| xix | Anicetus ein Syrier Bapst.
| xx | Dryander Hispanus/vnd Johannes Diazius Martyrer.
| xxj | Florentius Martyrer zu Leon.
| xxij | Gillotus vnnd Michael Faber Martyres in Flandern.
| xxiij | Georgius Schörer vonn Salueldsen Martyrer in Beyern.
| xxiiij | Richardus Dominicanus Martyrer zu Heydelberg.

xxv Mar-

xxv	Marcus Euangelista.
xxvj	Claudius Gallus / Martyrer in Franckreich.
xxvij	Ananias Martyrer.
xxviij	Vitalis Martyrer.
xxix	Gaudetus Martyrer.
xxx	Eulogius Martyrer.
xxxj	Americus ein Christlicher Fürst in Franckreich / Martyrer.

Maius, Mey/
Hat xxxj. Tag.

Lassen im Meyen ist nicht schad/
purgier dich/ vnd such Wasserbad.
Iß speiß bereyt mit Specerey/
Ab Benedict trinck vnd Salbey.

j	Philip vnd Jacobus.
ij	Athanasius ein Christlicher Bischoff.
iij	Creutz erfindung.
iiij	Florianus ein Christlicher kriegßman.
v	Godefridus Martyrer.
vj	Johan Castellan ein Brabänder / Martyrer.

vij Be-

vij	Benedictus Mönch.
viij	Taylerus ein Engelendischer Martyrer.
ix	Henricus Voes vnnd Johannes/Brabänder.
x	Gangolphus ein Christlicher Hauptman.
xj	Pancratius Martyrer.
xij	Seruatius Martyrer. Seruetus Ketzer.
xiij	Suenes Martyrer.
xiiij	Ingenuus mit seiner Gesellschafft/Martyrer.
xv	Creutzwochen Abgöt.
xvj	Potamiena ein Christliche keusche Jungfraw.
xvij	Prisca ein Römische Jungfraw.
xviij	Liberatus vnd seine sechs brüder/Martyres.
xix	Auffart Christi ghen Himmel im Bapstumb mißbraucht.
xx	Bernhardus Apt Clareuallis.
xxj	Constantinus Christlicher Römischer Keyser.
xxij	Wigetus ein Engelendischer Martyrer.

xxiij

xxiij Desiderius Bischoff.
xxiiij Dominicus Prediger Mönchs
ordens anfenger.
xxv Vrbanus Bischoff/ vnd der
Christen Bachus.
xxvj Beda Presbyter Anglus.
xxvij Lucianus Presbyter Antio-
chie.
xxviij Wilhelm Torpe Engelender
vnd sein gesell Zwolln Mar-
tyres.
xxix Pfingstag des Newen Testa-
ments.
xxx Berthelotus Gallus Marty-
rer.
xxxj Petronella S. Petri Tochter.
Petrus Berberius.

Junius, Brachmonat/
Hat xxx. Tag.

In dem Brachmon hüt dich vor Meth/
Trinck nicht new Bier oder Köth.
Laß wenig/ denn die hitz dir schadt/
Mit öl vnd Lattich iß Salat.

j. Renatus Poietus Gallus.
ij Ma-

ij	Marinus ein Christlicher Hauptman.
iij	Erasmus Bischoff. Erasmus Roterodamus ein Christlicher Philosophus.
iiij	Celerinus Martyrer.
v	Bonifacius ein Bischoff vnnd stiffter des Closters Fulde.
vj	Beneuolus Martyrer.
vij	Paulus Sergius von Paulo bekert.
viij	Medardus vnd Metras Bischoff.
ix	Festum Corporis Christi gantz Abgöttisch.
x	Onophrius Mönch.
xj	Barnabas ein Jünger Christi.
xij	Meldensische verfolgung in Franckreich.
xiij	Cyrillus Bischoff Alexandrinus.
xiiij	Heliseus Propheta.
xv	Vitus vnd Modestus.
xvj	Aureus Bischoff zu Meyntz/ Nach Bonifacio.

xvij Wi-

xvij	Wilibaldus Bischoff zu Brem in Sachsen.
xviij	Marcellinus ein Christlicher Philosophus.
xix	Geruasius vnd Prothasius/ Martyres.
xx	Siluerius Martyrer.
xxj	Albanus auß Macedonia ghen Meyntz kommen.
xxij	xj. Tausent Martyrer.
xxiij	Basilius Magnus ein fürtrefflicher leerer.
xxiiij	Johannes der Täuffer.
xxv	Eupsichius Martyrer.
xxvj	Johan Cleric Martyrer zu Metz.
xxvij	Sieben Schleffer.
xxviij	Leo j. Leo iij. Bapst.
xxix	Sanct Peter vnd Paulus Apostel.
xxx	Paulus Crucius ein Engelendischer Christlicher Martyrer.

Julius,

Julius, Hewmonat/
Hat xxxi. Tag.

Im Hewmon Artzenei dir schadt/
Nicht laß/schlaff wenig/selten badt/
Der vnkeuscheyt auch gantz vergiß/
Eniß/Salbey/gestossen iß.

 Johannes de Caduc. Tholo-
 sanus Martyrer.
 Marie heimsuchung.
j Joerius Gallus Martyrer.
ij Vdalricus Christlicher Bischoff
 zu Augspurg.
 Anshelmus Anglus. Anshel-
 mus Lucanus.
j Alexander Canus martyrer zu
 vnsern zeiten.
ij Wildbaldus ghen Meyntz kom-
 men.
iij Kilianus Bischoff zu Wirtz-
 burg.
 Charemon martyrer.
 Sieben brüder.
j Philoromus martyrer.
ij Henricus ein Christlicher Key.
iij Margaretha Jungkfraw.

b

xiiij   Henricus vnd Johannes zu Antorff Martyrer.
xv   Der Apostel theylung.
xvj   Susanna ein fürbildt aller keuschen Frawen.
xvij   Theodora vnnd Theodosia/ Christliche Martyrin.
xviij   Maternus Bischoff vnd H(eyliger) leerer zu Trier.
xix   Ruffinus Presbyter/ vnd Ruffus Römischer Ritter.
xx   Helias Prophet.
xxj   Armogastes Martyrer.
xxij   Maria Magdalena.
xxiij   Apollinaris S. Petri discipulus.
xxiiij   Christina Jungkfraw.
xxv   Jacobus Apostel Christi.
xxvj   Anna mütter Mariæ. Anna Aßkewe Martyrin.
xxvij   Martha Jüngerin Christi.
xxviij   Panthaleon Martyrer.
xxix   Christophori bedeutung.
xxx   Adolphus zu Cölln Martyrer.
xxxj   Germanus vnd Germinianus Christliche Bischoff.

Augu=

Augustus, Augstmonat/ Hat xxxj. Tag.

Im Augstmonat meßlich dich zeuch/
Schlaff selten/ vnd vnkenscheyt fleuch.
Nicht laß / maß dich hitziger speiß/
Artzney/ vnd bad fleuch bistu weiß.

j	S. Petri ketten feyer.
ij	Stephanus Brunus ein Frantzösischer Martyrer.
iij	Stephanus de la Forge Parisiensis Martyrer.
iiij	Prothogenes Martyrer.
v	Oßwaldus ein Christlicher Engelendischer König.
vj	Sixtus Bischoff.
vij	Donatus Bischoff.
viij	Cyriacus ein Christlicher Diaconus zu Rhom.
ix	Romanus Martyrer.
x	Laurentius ein trewer Schatzmeister der Kirchen.
xj	Tiburtius Martyrer.
xij	Clara ein Christliche Matrona.
xiij	Hippolitus Martyrer.
xiiij	Eusebius Bischoff zu Cæsaria.
xv	Marie Himelfart mißbraucht.

b ij

| xvj | Rochus martyrer.
| xvij | Veronica Jüngerin Christi.
| xviij | Agapetus martyrer.
| xix | Sebaldus Bischoff zu Nürnberg/vnd Vitus Theodorus.
| xx | Berno Münch.
| xxj | Anastasia Jungfraw.
| xxij | Thyrsus Policarpi discipel.
| xxiij | Zacheus Jünger Christi.
| xxiiij | Bartholomeus Apostel.
| xxv | Ludouicus Christlicher König in Franckreich.
| xxvj | Seuerinus Bischoff zu Cöllen.
| xxvij | Ruffus ein Ritter.
| xxviij | Augustinus Bischoff zu Hippone.
| xxix | Johañes Fridericus Churfürst vnd Hertzog zu Sachsen/bekenner.
| xxx | Adelbertus Bischoff zu Prag in Behem.
| xxxj | Paulinus Bischoff zu Trier.

September, Herbstmonat/ Hat xxx. Tag.

Des Herbstmons Frücht die seind sehr gůt/
Nütz zimlich speiß/vnd spreng das blůt.
Bieren mit Wein/auch Geyßmilch iß/
Des kůlen Weins doch nicht vergiß.

j Egidius bekenner.
ij Antonius ein Frantzösischer martyrer.
iij Milles martyrer.
iiij Serapion Bischoff zu Antiochia.
v Herculanus Bischoff.
vj Magnus martyrer.
vij Regina Jungfraw.
viij Maria vñ Vrsula in Brabandt verbrandt.
ix Künigundis ein Christliche Keyserin.
x Hildebertus Bischoff.
xj Pothimus Bischoff zu Leon in Franckreich.
xij Murita Carthaginensis Episcopus.
xiij Cyprianus der fürtrefflich Carthaginens. Bischoff.
xiiij Creutz erhebung mißbraucht.
xv Numidicus ein Christlicher

b iij

diener der Kirchen zu Cartha-
go.
xvj Euphemia Jungkfraw.
xvij Lampertus Martyrer.
xviij Fortunatus Martyrer.
xix   Januarius mit seiner Gesell-
      schafft diß namens.
xx   Faustina Jungfraw.
xxj   Mattheus ein Apostel vnd
      Euangelist.
xxij Mauritius ein Hauptman.
xxiij Tecla ein Jüngerin Sanct
      Pauli.
xxiiij Robertus ein Closterman.
xxv   Cleophas ein Jünger Christi.
xxvj Cesarius ein Diacon.
xxvij Cosmas vnd Damianus zwen
      gebrüder Martyrer.
xxviij Wenceslaus ein Christlicher
      König in Behem.
xxix Michael Ertzengel.
xxx   Hieronymus ein fürtrefflicher
      leerer vnnd Bischoff.
      Hieronymus von Prag mar-
      tyrer zu Costnitz.

Octo-

October, Weinmonat

Hat xxx. Tag.

Der Weinmon vns gůt Wildprät gibt/
Feyßt Gänß/ gůt vögel schaden nit.
Doch lůg allzeit/ iß nicht zuuil/
Denn vberfüllen schadt bey vill.

j	Renaudus ein Englendischer Martyrer.
ij	Leodigarius Martyrer.
iij	Simphorianus.
iiij	Franciscus ein anfenger Barfůsser Ordens.
v	Aurea Jungkfraw.
vj	Fidentius Martyrer.
vij	Marcus vnd Marcellinus Martyrer.
viij	Publia ein Christlich Widtfraw.
ix	Dionysius vnd etliche mehr diß Namens.
x	Gereon martyrer.
xj	Burchardus Bischoff zu Würtzburg.
xij	Maximilianus Christlicher Keyser.

b iij

| xiij | Colomannus Martyrer.
| xiiij | Calapodius ein Presbyter.
| xv | Hildebertus Bischoff.
| xvj | Gallus ein Christlicher Bischoff zu Costnitz.
| xvij | Cassiodorus Bischoff zu Rauenna.
| xviij | Lucas ein Apostel vnd Euangelist.
| xix | Ptolomeus Martyrer.
| xx | Willehadus Bischoff zu Breme in Sachsen.
| xxj | Vrsula mit jhrer Gesellschafft ghen Cölln kommen.
| xxij | Columbanus ein Christlicher vnd fleissiger leerer.
| xxiij | Sempronius Martyrer.
| xxiiij | Cleosippus Martyrer.
| xxv | Crispinus vnd Crispinianus.
| xxvj | Amandus Bischoff.
| xxvij | Sem Noahs son.
| xxviij | Simon vnd Judas Apostoli.
| xxix | Narcissus Bischoff.
| xxx | vvj. Tausent Martyrer.
| xxxj | Wolffgangus Bischoff zu Regenspurg. Item Wolffgāgus Schůch martyrer.   No-

November, Wintermonat / Hat xxx. Tag.

Meth trincken das heyßt diser Mon.
Honig / Ingber den brauch auch schon.
Bad / vnd alle vnkeuscheyt meid /
Du wirdst sonst lam vor rechter zeit.

j	Aller Heiligen Tag.
ij	Aller Seelen tag.
iij	Theophilus Bischoff.
iiij	Modestus Martyrer.
v	Emeranus Gallus Martyrer.
vj	Leonhardus Bischoff.
vij	Leonhart Keyser zu Schärding Martyrer.
viij	Vier gekrönte.
ix	Theodosius ein Christlicher Keyser.
x	Martinus ein milter Bischoff.
xj	Martinus Lutherus leerer vnd Propheta.
xij	Ludouicus Berquinus Gallus Martyrer.
xiij	Briccius Martyrer
xiiij	Constantinus ein Christlicher Keyser.

b v

xv   Constantinus ein bestendiger
       bekenner.
xvj   Othmarus mit seiner flaschen.
xvij   Hupertus Gallus Martyrer.
xviij Pauane Martyrer zu Meldis.
xix   Elisabetha Königin auß Hun-
       garia.
xx   Flandrinus Martyrer.
xxj   Maria ein martyrin in Franck-
       reich.
xxij   Cecilia Jungfraw.
xxiij Chrisanthus Martyrer.
xxv   Catharina ein geleerte heilige
       Jungfraw.
xxvj   Conradus Bischoff zu Cost-
       nitz.
xxvij Ponitet Gallus Martyrer.
xxviij Heuglinus von Lindaw mar-
       tyrer.
xxix   Saturninus martyrer.
xxx   Andreas ein bestendiger Apo-
       stel vnd leerer/ɪc.

December, Christmo-
nat/ Hat xxxj. Tag.

Der

Der Christmon wil warm speise han/
 Zum haupt magst on schaden wol lan.
Hüt dich vor der kälte gantz wol/
 Von Zimmethörn mann trincken sol.

j   Adaulberta in Franckreich
      martyrer.
ij   Thierius Gallus martyrer.
iij Athalus bekenner Christi.
iiij Barbara auß Nicomedia ein
      bestendige Martyrin.
v   Seraphia Jungfraw.
vj   Nicolaus ein Christlicher mil‑
      ter Bischoff.
vij Nicolaus von Antorff/daselbst
      Martyrer.
viij Marie empfengknuß.
ix   Wendelmüt ein gar Christli‑
      che Widtfraw.
x   Rogerius Anglus Martyrer.
xj   Damasus Bapst/ꝛc.
xij Carpentarius Martyrer im
      Beierlandt.
xiij Lucia vnd Otilia Jungfrawen.
xiiij Nicasius Bischoff.
xv   Valentinianus ein Christlicher
      Kriegshauptman.
                        xvj La‑

xvj   Lazarus vnd sein bedeutung.
xvij   Adam vnser erster Vatter.
xviij   Abraham der fürtrefflich patriarch.
xix   Isaac Patriarch.
xx   Jacob patriarch.
xxj   Thomas Apostolus.
xxij   Joseph der vierdt patriarch
xxiij   Micheas Prophet.
xxiiij   Isaias Prophet vnd Euangelist.
xxv   Jesu Christi vnsers Heylandts Geburts tag.
xxvj   Stephanus der erste Martyrer nach der Aufferstehung Christi.
xxvij   Johannes Euangelist.
xxviij   Der vnschuldigen Kindelin tag/ vnd jhre bedeutung.
xxix   Thomas vnnd etliche mehr dises Namens.
xxx   Dauid der Königlich Prophet.
xxxj   Syluester Bapst.

¶ Ende.

Zeyger

Zeyger vnd anweisung/

was für heylige Martyrer/ꝛc. in disem büchlin begriffen/vnd an welchem blat sie zu finden / nach ordenung des Alphabets.

A.

Abdenago mit seinen zweyen gesellen	5
Abel der gerecht	3
Abentmal Christi mit seinen Jüngern	89
Abraham der fürtrefflich Patriarch	329
Adelbertus Bischoff zu Prag in Behem	235
Adam vnser erster Vatter	329
Adauctus Martyrer	13
Adaulberta in Franckreich Martyrin	315
Adelgundis Eptissin	27
Adolphus Clarenbach Martyrer	202
Adrianus Kriegshauptman	58
Agapitus Martyrer	221
Agatha Jungkfraw	34
Agnes Jungkfraw	19
Albanus Bischoff.	162
Albinus Bischoff/ꝛc.	56
Aller heyligen Tag	289
Aller Seelen tag	291

Alexan-

Register.

Alexander Bischoff — 71
Alexander Canus Martyrer zu vnsern zeitten — 177
Amandus Bischoff — 284
Ambrosius Bischoff — 86
Amon vnd seine gesellschafft martyrer — 47
Ananias martyrer — 108
Anastasia Jungkfraw — 224
Anastasius Bischoff — 84
Anna ein mutter Mariæ der Jungfrawen — 197
Anna von Askewe martyrin — ibi.
Andreas Apostel. — 312
Anicetus Bapst — 101
Anshelmus ein Engelender — 176
Anthimus Bischoff zu Nicomedia — 27
Antonius Eremita — 15
Antonius Magnus martyrer — 237
Apollinaris ein Jünger S. Petri — 194
Apollonia Jungfraw — 38
Apollonius martyrer — 62
Apostel theylung — 185
Armogastes Martyrer — 192
Athalus bekenner Christi — 316
Athanasius Bischoff — 113
Auffart Christi im Bapstumb mißbraucht — 127
Augustinus Bischoff — 230

Aures

Register.

Aurea Jungfraw	269
Aurea ein Christliche Matron	159
Aurcus Bischoff	158
Auxentius Martyrer	49
Azades martyrer	63

B.

Babylas Martyrer	79
Barbara von Nicomedia/ein bestendige Martyrin	317
Barnabas S. pauli gefert	153
Bartholomeus Apostel	227
Basilius Bischoff	38
Beda Engelendischer priester	135
Begrebnuß Christi	93
Benedictus Mönch	118
Beneuolns Martyrer	148
Bernhardus Abt	129
Berno Mönch	224
Berthelotus ein Frantzoß/martyrer	139
Beschneidung Christi	1
Blandina Jungfraw	17
Blasius	31
Bonifacius Bischoff zu Meyntz gewest/ vnd stiffter des Closters Fulde	147
Briccius Martyrer	301
Brigida Schottlendische Jungkfraw	29
Burchardus Bischoff zu Würtzburg	237

C xsat

Register.

C.

Cæsarius Diacon	259
Calapodius priester	275
Calixtus Bischoff	99
Carolus Magnus Römisch Christlicher Keyser	25
Carpentarius Martyrer	324
Cassiodorus Bischoff zu Rauenna	277
Castor Steynmetz vnd Martyrer	42
Catharina Jungkfraw	308
Cecilia Jungkfraw	307
Celerinus Martyrer	146
Charemon Martyrer	179
Chrysanthus Martyrer	308
Crispina Martyrin	41
Crispinus vnd Crispinianus martyrer	283
Christina Jungkfraw	195
Christophori bedeutung	200
Clara Jungkfraw	214
Claudius pistor ein Frantzoß/martyrer in Franckreich	107
Cleophas ein Jünger Christi	258
Cleosippus Martyrer	283
Cletus Bapst	100
Colomannus martyrer	275
Columbanus ein Christlicher leerer	281
Conradus Bischoff zu Costnitz	310

Cor=

Register.

Cornonus martyrer	301
Constantinus ein bestendiger bekenner	362
Constantinus ein Christlicher Keyser	131
Cosmas vnd Damian / zwen gebrüder martyrer	259
Cresconius martyrer	11
Creutz erhebung wirdt mißbraucht im Bapstumb	249
Creutz Christi	91
Creuwoch. im Bapstumb mißbraucht	127
Cyprianus Bischoff	247
Cyriacus ein Bäpstischer Diacon zu Rohm	210
Cyrillus Bischoff zu Alexandria	155

D.

Damasus Bischoff	323
Dauid der Königlich prophet	345
Desiderius Bischoff	132
Dionysia ein Gottselige Matron	42
Dionysius Areopagita von S. paulo zum Christlichen glauben bekert	272
Dioscorus martyrer	45
Dominicus prediger ordens anfenger	134
Donatus Bischoff	109
Dorothea Jungfraw	35
Dryander Hispanus martyrer	101

E.

Egidius bekenner	236

Register.

Elisabetha Königin auß Vngern	304
Emeranus Frantzoß martyrer	293
Emerentiana Jungfraw	21
Erasmus Bischoff	144
Erasmus Roterodamus philosophus	144
Erhardus Schnephius	9
Erhardus Schottlender	ibi.
Erscheinung Christi den Jüngern auff dem weg ghen Emaus	93
Eucharius ein Jünger S. Petri/ vnnd der erst Christlich Bischoff zu Leon	188
Eugenius Bischoff	11
Eulogius Martyrer	110
Euphemia Jungkfraw	251
Eupsichius Martyrer	166
Eusebius Bischoff	59
Eusebius Bischoff zu Vercellis	216
Eustachius Bischoff	80

F.

Fabian Bischoff	17
Faustina Jungkfraw	254
Faustinus presbyter	44
Faustus martyrer	ibi.
Felix Martyrer	13
Felicitas Martyrin	60
Fidentius Martyrer	270
Fides Jungkfraw	75

Fir

Register.

Firmillianus Bischoff	116
Flandrinus Martyrer	306
Florentius Martyrer	102
Florianus Kriegsman	116
Fortunatus Martyrer	252
Franciscus Barfüsser Ordens anfenger	267
Fulgentius Bischoff	60

G.

Gallus ein Christlicher Bischoff zu Costnitz	276
Gägolphus ein Christlicher hauptman	121
Georgius Ritter	104
Georgius Schörer von Saluelden/martyrer in Beyern	ibi.
Gereon Martyrer	272
Germanicus martyrer	46
Germanus Bischoff	203
Germinianus Bischoff	ibi.
Gertrud Jungkfraw	70
Gervasius vnd Prothasius Martyrer	160
Gillotus Vinerius Martyrer in Flandern	103
Godefridus martyrer	116
Gordius ein Kriegsman	73
Gothardus Apt	74
Gregorius Bischoff	64
Gregorius Magnus	65

Register.

Gregorius Nazianzenus 65

H.

Heylig drei König tag 6
H. Creutz erfindung 114
Helias prophet 190
Heliseus prophet 155
Henricus ein Christlicher Keyser 182
Henricus Voes Augustiner Mönch zu
   Brüssel verbrandt 120. 184
Herculanus Bischoff 240
Herren Leychnams tag im Bapstumb
   mißbraucht 151
Hieronymus ein trefflicher leerer der
   Kirchen 262
Hieronymus von prag Theologus/vnd
   ein Jünger S. Johann Hussen/zu
   Costnitz verbrandt 264
Hilarius Bischoff 12
Hildebertus Bischoff 245. 276
Hildegardis prophetin 55
Hippolitus martyrer 214
Histori des leidens Christi 87
Hormisdas martyrer 69
Hugo Canonicus 83
Hupertus Gallus/martyrer 303

J.

Jacob patriarch 332
Jacob Apostel von Herode geköpfft 196

Januarius

Register.

Jannarius martyrer 253
Jesu Christi vnsers heylandts geburt 337
Ignatius discipulus Johannis Euangelistæ/vnd Bischoff zu Antiochia 24
Ingenuus mit seiner Gesellschafft martyrer 123
Joerius ein Frantzoß/martyrer 174
Johannes der Täuffer 166
Johannes Dläzius martyrer 109
Johannes Esch Augustiner Mönch/zu Brüssel verbrandt 120. 184
Johan Castella Brabänder/martyrer 117
Johan Cleric martyrer zu Metz 167
Johan de Caduc von Toloß/martyrer 172
Johan Friderich Churfürst/vnd Hertzog zu Sachsen 232
Johannes Euangelist 342
Johannes Heuglinus von Lindaw martyrer 311
Johan Huß zu Costnitz verbrandt 5
Joseph Jacobs Son auß Rachel 334
Joseph Marie der reinen Jungfrawen/vnd der mütter des Herzen vertrawter 73
Joseph Patriarch 72
Joseph von Arimathia 73
Isaac patriarch 331
Isaias prophet 316

c iij

Register.

Isidorus Bischoff   8
Juliana Jungkfraw   45
Julianus   8
Julianus podagricus/martyrer   96
Julius Bischoff   ibi.
Justinus philosophus   97

K.

Kilianus Bischoff zu Würtzburgk   178
Kunigundis ein Christliche Keyserin   244

L.

Lampertus martyrer   252
Laurentius ein trewer Schatzmeyster der Kirchen/ martyrer   211
Lazarus vnd seine bedeutung   327. 328
Leander Bischoff   55
Leo j. ij. Bäpst   169
Leodigarius martyrer   266
Leonhardus Bischoff   293
Leonhart Keyser zu Schärding/ martyrer   294
Liberatus vnd seine sechs brüder/ Martyres   126
Longinus Hauptman vnd Martyrer   68
Lucas Apostel vnd Euangelist   277
Lucia vnd Otilia   324
Lucianus priester   136
Lucius Bischoff   53

Ludo

Register.

Ludouicus Berquinus Gallus/Martyrer   300
Ludouicus ein Christlicher König in Franckreich   228

M.

Macedonius Martyrer   66
Magnus Martyrer   240
Malachias Prophet   38
Marcellinus ein Christlicher philosophus   160
Marcellus Bischoff   14
Marcus Euangelist   107
Marcus vnd Marcellinus Martyrer   170
Margaretha Jungkfraw   183
Maria ein Martyrin in Franckreich   307
Maria in Egypten   80
Maria Magdalena   193
Maria vnd Vrsula in Brabandt verbrandt   243
Marie empfengknuß   321
Marie heymsuchung   173
Marie himmelfart wirdt im Bapstumb mißbraucht   217
Marie Liechtmeß   30
Marie verkündigung   77
Marinus ein Christlicher Hauptman   142
Martha von Bethania   199
Martinus Bischoff   296

Register.

Martinus Lutherus leerer vnd prophet 297
Martyrer in Franckreich 99
x. tausent Martyrer 163
xvj. tausent Martyrer 286
Waternus Bischoff vnd leerer zu Trier 188
Mattheus Apostel vnd Euangelist 254
Matthias Apostel 51
Matthias Welbel martyrer 52
Mauritius ein Christlicher hauptman 256
Maximilianus ein Christlicher Keyser 274
Medardus Bischoff 150
Meldensische verfolgung in Franckreich 154
Metras martyrer 150
Michael Ertzengel 261
Micheas prophet 335
Michael Schmidt martyrer in Flandern 103
Milles martyrer 238
Modestus martyrer 116. 292
Muritz Diacon 246

N.

Narassus Bischoff 286
Nestor martyrer 53
New Jar 1
Nicasius Bischoff 326
Nicolaus

Register.

Nicolaus von Antorff/martyrer 320
Nicolaus Bischoff 319
Numidicus ein Kirchendiener zu Cartha
  go 250

O.

Obadia Achabs Hoffmeyster 78
Obadia prophet ibi.
Olberg 89
Olden Castell ein Englender/martyrer
   98
Onesimus 74
Onesiphorus Jünger S. pauli ibi.
Onophrius Mönch 152
Ostertag 93
Ostermontag Histori 95
Oswaldus ein Englendischer König 207
Othmarus mit seiner fläschen 302
Otho Bischoff 74

P.

palmtag/Advent 85
pancratius martyrer 121
panthaleon martyrer 200
paphnucius martyrer 76
pauane martyrer zu Meldis 304
paulinus Bischoff zu Trier 235
paulus Crucius martyrer 172
paulus Sergius von Sanct paulo be╴
  kert 149

c v

Register.

Perpetua Martyrin	60
Peter Flystedt/Martyrer	102
Peter Kettenfeyer	204
Peter vnd Paul Apostel	169
Petronella S. Peters Tochter	140
Petrus Bischoff zu Alexandria/Martyrer	50
Petrus Berbertus zu Leon verbrandt	140
Petrus Gaudetus Martyrer	109
Pfingsten des Newen Testaments	138
Phileas ein Christlicher Bischoff	181
Philippus vnd Jacobus	111
Philoromus Martyrer	181
Policarpus S. Johannis Jünger	24
Ponitet Gallus/martyrer	310
Potamiena Jungkfraw	125
Pothimus Bischoff zu Leon in Franckreich	246
Prisca ein Christliche Jungfraw	16, 126
Priscus Martyrer	16
Prothogenes Martyrer	107
Ptolomeus martyrer	279
Publia ein betagte Christliche Fraw	271
Pusices Martyrer	63

Q.

Quinta ein Christliche Fraw	82

Register.

R.

Regina Jungfraw	141
Renatus Poyetus Martyrer	141
Renandus Pecholtz Martyrer	265
Reparatus Martyrer	67
Richardus ein Prediger Mönch/Martyrer zu Heyldelberg	105
xl. Christliche Ritter	62
Robertus Apt	257
Robertus Barn Martyrer	36
Rochus Martyrer	219
Rogerius ein Christlicher Ritter	322
Romanus Martyrer	210
Ruffinus Priester	189
Ruffns ein Römischer Ritter	190. 230

S.

Sabina ein Gottselige Matron	82
S. Pauli bekerung	23
S. Peter stůlfeyer	49
Salutaris Martyrer	57
Saturninus Martyrer	312
Scholastica S. Bernhardi Schwester	40
Sebaldus Bischoff zu Nürnberg	222
Sebastian Kriegsman	18
Sem Noahs son	284
Sempronius Martyrer	282
Seraphia Jungkfraw	318
Serapion Bischoff	239

Ser-

Register.

Sernatins Bischoff	121
Servetus ein Ketzer	ibid.
Severinus Bischoff zu Cöllen	229
Sieben brüder	180
Sieben Schläffer	168
Simeon Bischoff	6
Simeon ein Gottsförchtiger Bürger zu Hierusalem	5
Simon vnd Judas Apostoli	285
Simphorianus	267
Simplicius martyrer	57
Sixtus Bapst	208
Soloma ein ehrliche Matron	40
Stephanus Brunus martyrer	205
Stephanus de la Forge	206
Stephanus der erste martyrer nach der Aufferstehung Christi	340
Suenes martyrer	122
Susanna	186
Syluerius martyrer	161
Syluester Bapst	346

T.

Tecla ein Jüngerin S. Pauli	256
Certullianus ein leerer	51
Theodora ein Christliche Matron	187
Theodorus martyrer	97
Theodosia Jungfraw	188
Theodosius ein Christlicher Keyser	295

Theo

Regifter.

Theophilus ein Bischoff 292
Thierius Gallus martyrer 316
Thomas Apostel 333
Thomas Bischoff 343
Thyrsus ein Jünger policarpi 225
Tiburtius martyrer 213
Timotheus S. pauli gefert 21

V.

Valentinianus ein beständiger Christ 43
Valentinianus ein Christlicher Kriegs-
  hauptman 326
Valerius Bischoff zu Trier 26
Vdalricus Bischoff zu Augspurg 175
Veronica Jüngerin Christi 221
Victoria ein heylige Matron 33
Victorianus 54
Victorinus 55
Victor Bischoff 74
Vier gekrönte 294
Vigilius erster Bischoff zu Trient an
  der Etsch 28
Vincentius martyrer 20
Vitalis martyrer 109
Vitus martyrer 156
Vitus Theodorus 223
Vnschuldig Kindlin tag 342
Vrbanus Bischoff 134
Vrsula vnd jhre Gesellschafft 281

Wen-

Regiſter.

W.

Wenceslaus ein Chriſtlicher König in
   Behem   260
Wendelmůt ein Chriſtliche Matron   321
Wigerus martyrer   132
Wilibaldus Biſchoff zu Eichſtat in Fran=
   cken   178
Wilhelmus Taylerus Martyrer   119. 137
Wilhelmus Torpe Martyrer   136
Willehadus Biſchoff zu Brem in Sach=
   ſen   279
Wolffgangus Biſchoff zu Regenſpurg
    288
Wolffgangus Schuch martyrer   ibi.

Z.

Zacharias prophet/ꝛc.   10
Zacheus oberſter der Zöllner   225
Zwen edle knaben martyrer   48

¶ Ende des Regiſters.

Getruckt zu Franckfurt am Meyn/
Bei Chriſtian Egenolffs Er=
ben/ Im Jar
M. D. LXIIII.